TRAINING

Gymnasium

Physik – Mittelstufe 1

Florian Borges

STARK

Autor: Florian Borges ist Studiendirektor für die Fächer Mathematik und Physik an einem bayerischen Gymnasium. Im Berufsverband der Gymnasiallehrkräfte (BPV) engagierte er sich seit 1997 als Bezirksfachgruppenleiter Physik in Oberbayern und als Landesfachgruppenleiter Mathematik für seine Schülerinnen und Schüler. Aus der täglichen Unterrichtspraxis heraus kennt er deren Probleme und Förderbedarf in diesen Fächern sehr gut. Als Autor lässt er diesen Erfahrungsschatz zusammen mit seiner Fachkompetenz in diverse Trainings- und Prüfungsbände des Stark Verlags einfließen. Dabei versteht er es, seine jungen Leserinnen und Leser wirksam in ihrer Vorbereitung auf Unterricht, Klausuren und Prüfungen zu unterstützen: mit schülergerechter Sprache, klarer Darstellung des Stoffs, passend gewählten Beispielen und Aufgaben sowie ausführlichen, kommentierten Lösungen.

Bildnachweis
Umschlagbild: Oasishifi. Shutterstock

Inhalt

Autor: Florian Borges

Hinweise:

Die mit dem Smartphone-Symbol gekennzeichneten Abschnitte enthalten ein **Lernvideo**. An den jeweiligen Stellen im Buch befindet sich ein QR-Code, der mit einem Smartphone oder Tablet gescannt werden kann. Im Hinblick auf eine eventuelle Begrenzung des Datenvolumens wird empfohlen, beim Ansehen der Videos eine WLAN-Verbindung zu nutzen.

Die mit **NTG** gekennzeichneten Abschnitte behandeln vertiefende Themen, die vorwiegend in Gymnasien oder Klassen mit naturwissenschaftlich-technologischer Schwerpunktsetzung vorgesehen sind.

Vorwort

Liebe Schülerin, lieber Schüler,

vielleicht hast du dir ja schon einmal die Frage gestellt, wieso sich Nüsse mit einem Nussknacker leichter knacken lassen als mit der bloßen Hand. Oder vielleicht hast du eine Brille und wolltest schon immer einmal wissen, wie eine Brille es schafft, dass du wieder besser siehst.

Mit solchen und noch viel mehr Fragen beschäftigt sich das Fach Physik. Die beiden Bücher „Training Physik Mittelstufe“ helfen dir, physikalische Zusammenhänge zu verstehen und das Rechnen von Physikaufgaben zu trainieren. Der Physikstoff der Klassen 8 bis 10 wird in beiden Bänden ausführlich dargestellt.

Im vorliegenden Band 1 findest du die wichtigen Themengebiete **Elektrischer Strom, Optik, Dynamik zweidimensionaler Bewegungen, Kraft, Energie und Atome**.

Jedes Buchkapitel ist einheitlich gegliedert:

- Zunächst wird der Unterrichtsstoff besprochen, **Fachausdrücke** erklärt und **Formeln** erläutert. Dabei sind die wichtigsten **Regeln** immer in Kästen zusammengefasst und hervorgehoben, sodass sie auch beim Durchblättern leicht auffindbar sind.
- Zu jedem Stoffgebiet lernst du anhand von **Beispielaufgaben** die typischen Fragestellungen zu diesem Thema kennen. Ausführliche Lösungen zeigen dir unmittelbar anschließend, wie man derartige Aufgaben am besten angeht.
- Ganz wichtig sind die zahlreichen **Aufgaben**, die nach jedem neuen Sinnabschnitt folgen. Dadurch, dass du diese Aufgaben **selbstständig** löst, lernst du den Stoff und das Lösen von Physikaufgaben am besten. Orientiere dich dabei an den Beispielaufgaben. Zur **Kontrolle** des Lösungsweges und deiner Ergebnisse findest du die **ausführlichen Lösungen** zu jeder Aufgabe im Lösungsteil am Ende des Buches.
  Die mit einem Stern **(✱)** gekennzeichneten Aufgaben sind etwas anspruchsvoller und regen in besonderer Weise zum Nachdenken an; du kannst sie beim ersten Durcharbeiten auch überspringen.
- Zwei Abschnitte und einige Aufgaben sind mit **NTG** gekennzeichnet. Hier werden vertiefende Themen behandelt, die vorwiegend in Gymnasien oder Klassen mit naturwissenschaftlich-technologischer Schwerpunktsetzung vorgesehen sind.

Zu ausgewählten Themen gibt es **Lernvideos**, in denen wichtige Zusammenhänge dargestellt werden. An den entsprechenden Stellen im Buch befindet sich ein QR-Code, der mit einem Smartphone oder Tablet gescannt werden kann. Eine Zusammenstellung aller Videos ist über den nebenstehenden QR-Code so wie über folgenden Link abrufbar:
https://www.stark-verlag.de/qrcode/lernvideos_90303

Einige Aufgaben zielen darauf ab, dass du mithilfe einer **Simulationssoftware** kleine Experimente durchführst. Mithilfe von Anweisungen im Buch wirst du Schritt für Schritt durch das jeweilige Experiment geführt. Nach der Durchführung kannst du die Fragen zum Experiment beantworten. An den entsprechenden Stellen im Buch befindet sich ein QR-Code, der mit einem Smartphone oder Tablet gescannt werden kann. Eine Zusammenstellung aller Simulationen ist über den nebenstehenden QR-Code so wie über folgenden Link abrufbar:
https://www.stark-verlag.de/qrcode/simulation_90303

Ich wünsche dir viel Erfolg bei deinem Physiktraining mit diesem Buch!

1 Elektrischer Strom

1.1 Grundlegende Begriffe der Elektrik

Aus der Unterstufe wissen wir, dass sich elektrostatische Phänomene wie Reibungselektrizität durch das **Kern-Hülle-Modell** des Atoms erklären lassen, dass elektrischer Strom aus bewegten Ladungen besteht und Wärme-, Leucht- und magnetische Wirkungen hat.

Ausgangspunkt für sämtliche Vorgänge, die in diesem Abschnitt besprochen werden, ist der Begriff der **elektrischen Ladung**.

Regel

> Alle elektrischen Wirkungen und Vorgänge sind auf die Eigenschaften und das Verhalten von **elektrischen Ladungen** zurückzuführen. Es gibt positive (+) und negative (–) elektrische Ladungen, die aufeinander wechselseitig unterschiedliche Kräfte ausüben: Gleichnamige Ladungen (+|+ oder –|–) stoßen einander ab, ungleichnamige Ladungen (+|– oder –|+) ziehen sich an.

Elektrische Ladungen treten stets in (immer gleich) winzig kleinen Portionen auf, den so genannten **Elementarladungen**. Auf einem neutralen Körper sitzen ebenso viele negative wie positive Ladungen und diese heben sich paarweise in ihrer Wirkung jeweils auf. Ein negativ geladener Körper trägt einen Überschuss an negativen Ladungen, diese stoßen sich gegenseitig ab und versuchen größtmöglichen Abstand voneinander einzunehmen. Verbindet man diesen Körper leitend mit einer neutralen Metallkugel, dann werden die Ladungen sich auch gleichmäßig über die Kugel verteilen. Es entsteht ein **elektrischer Strom**, der von dem negativ geladenen Körper zur Kugel fließt. Wir halten fest:

Regel

> **Elektrischer Strom** entsteht durch die Bewegung elektrischer Ladungen in einem **Stromkreis**. Die Bewegung dient dem Ladungsausgleich zwischen leitend verbundenen, elektrisch geladenen Körpern.

Für die Erarbeitung der Grundgesetze im Stromkreis hat sich ein anschauliches Modell bewährt, das wir im Folgenden genauer untersuchen wollen.

1.2 Das Wasserstromkreis-Modell für den elektrischen Stromkreis

Eine Schwierigkeit beim Verständnis der Elektrizitätslehre liegt darin, dass wir für diesen Bereich der Physik keine geeigneten Sinnesorgane besitzen, denn elektrischer Strom selbst ist unsichtbar, riecht und knistert nicht. Zwar leuchten stromdurchflossene Lampen, es riechen verschmorte Leitungen und unter einem Hochspannungsmasten hört man schon mal ein sonderbares Knistern, das wohl mit der Elektrizität zusammenhängt – aber dies sind eben alles nur einige **Wirkungen des elektrischen Stromes** (und nicht er selbst), die wir wahrnehmen können.
Um dem entgegenzuwirken und den elektrischen Stromkreis sowie die Abläufe darin besser zu verstehen, ist das Wasserstromkreis-Modell sehr hilfreich. Es wird zunächst vorgestellt, später wird dann an geeigneter Stelle immer wieder darauf Bezug genommen. Für jeden Vorgang und auch für jeden Bestandteil im elektrischen Stromkreis gibt es einen entsprechenden im Wasserstromkreis.

Grundlegende Bauteile und Größen im Stromkreis

Als erstes und wichtigstes Bauteil ist hier die **Pumpe** zu nennen, die das Wasser zunächst zum Fließen bringt und anschließend in Bewegung hält. Wie sie genau funktioniert, überlegen wir uns später.
Als „Schaltsymbol" wählen wir das in Bild A gezeigte Zeichen.
Als Gerät, welches wir mit dem Wasserstrom betreiben wollen, verwenden wir hier ein **Schaufelrad** (Bild B).
Der **Wasserhahn** dient als „Schalter"; wir stellen uns einen Glaskörper mit einer Querbohrung (Bild C rechts) vor, der passgenau in einem anderen Glasteil (Bild C Mitte) steckt und je nach Drehstellung das Wasser durchfließen lässt (oben) oder nicht (unten).

A

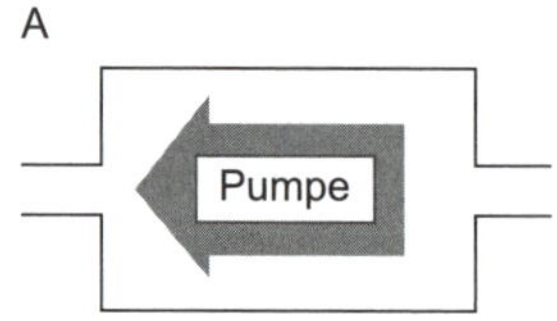

B

C

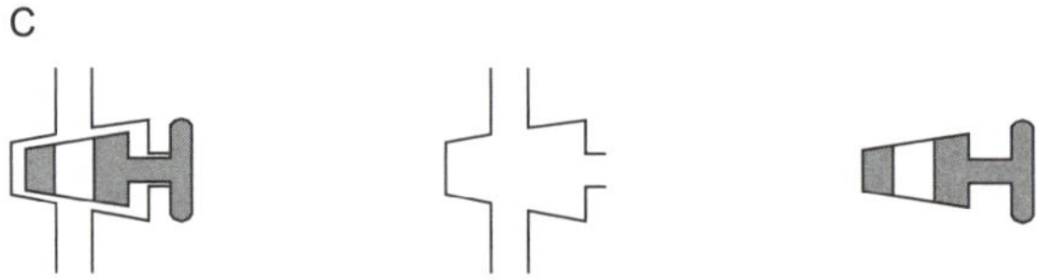

Hahn in Durchlass-Stellung (Schalter geöffnet)

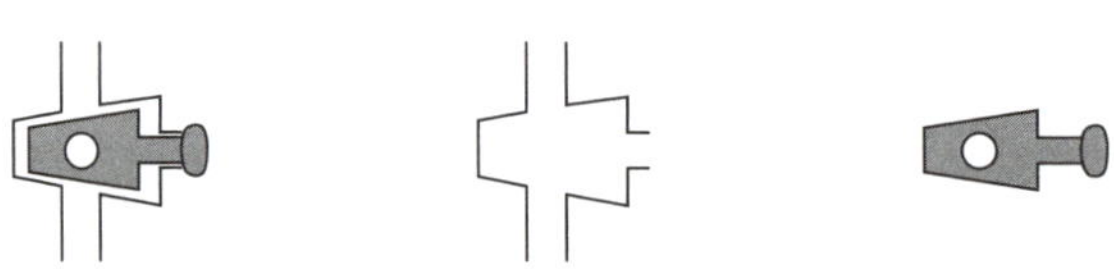

Hahn in Absperr-Stellung (Schalter geschlossen)

Das Wasser wird in **Rohrleitungen** geführt, der Wasserstromkreis hat dann das in der Abbildung gezeigte Aussehen. Ist der Hahn geschlossen (A), kann das Wasser (trotz des von der Pumpe aufgebauten Wasserdruckes) nicht durch den Wasserstromkreis fließen. Nach Öffnen des Hahnes durch Drehen um 90 Grad (B) beginnt es sich zu bewegen, das Schaufelrad als „Stromstärke-Anzeiger" beginnt sich entsprechend schnell zu drehen (vgl. auch Zapfsäule an der Tankstelle!).

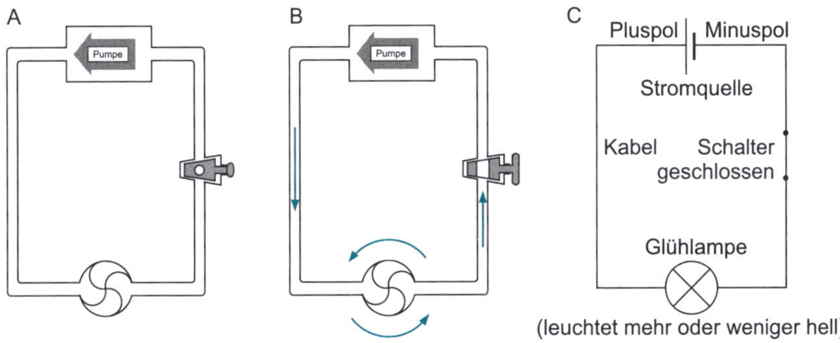

Lernvideo

Im **elektrischen Stromkreis** entspricht nun der Pumpe die **Stromquelle**, dem Schaufelrad ein **Verbraucher**, z. B. eine Glühlampe, und dem Absperrhahn ein **Schalter**; verbunden sind diese Teile mit **Kabeln** (statt Rohren); der entsprechende elektrische Schaltplan ist in (C) dargestellt. Dem Wasser entspricht die **elektrische Ladung**, die durch den Stromkreis fließt.

Regel

> Die Ladungsmenge, die pro Sekunde durch einen elektrischen Stromkreis fließt, heißt **elektrische Stromstärke I**.
> Die Einheit der elektrischen Stromstärke ist 1 Ampere: $[I] = 1\,A$

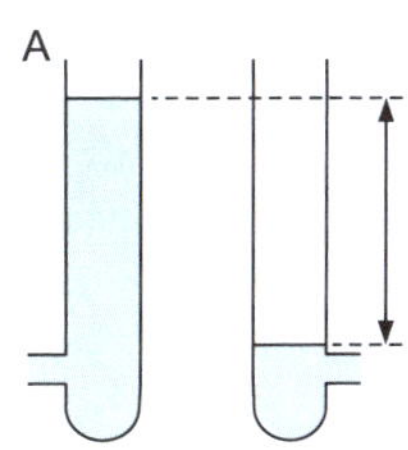

Den Druckunterschied, den die Pumpe erzeugt, erklärt ein Blick auf das „Innenleben" der Pumpe, das in der folgenden Abbildung skizziert ist: Zwei unterschiedlich hoch mit Wasser gefüllte Behälter werden durch Rohrleitungen (unten) miteinander verbunden. Wegen des Druckunterschiedes beginnt das Wasser aus dem linken in den rechten Behälter zu fließen, bis beide Wasserstände gleich hoch sind („kommunizierende Röhre", Bild A).
Dieser Stromfluss ist jedoch nur von kurzer Dauer: Der Höhenunterschied kann nicht gehalten werden, er bricht umgehend zusammen.

In unserem Modell können wir uns mit einer weiteren Pumpe behelfen, die (je nach Leistungsfähigkeit) den Höhenunterschied in den Behältern aufrechterhält (Bild B).

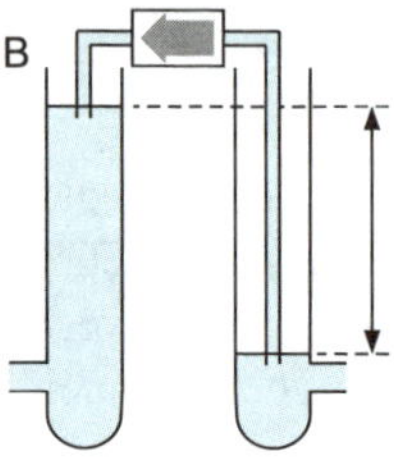

Im elektrischen Stromkreis löst den Stromfluss die **elektrische Spannung U** aus.

Regel

> Die **elektrische Spannung U** zwischen zwei Raumpunkten ist ein Maß für das Bestreben der elektrischen Ladungen zum Stromfluss zwischen diesen Punkten. Die Einheit der elektrischen Spannung ist 1 Volt: $[U] = 1$ V

Stromrichtung und Strom-/Spannungsquellen

Als **technische Stromrichtung** in einem Stromkreis ist die Richtung vom Plus- zum Minuspol einer Spannungsquelle festgelegt. Diese Festlegung ist historisch bedingt. Demgegenüber berücksichtigt die **physikalische Stromrichtung** die tatsächliche Fließrichtung der Ladungsträger. In einem gewöhnlichen Stromkreis sind das Elektronen, die vom Minus- zum Pluspol und somit entgegengesetzt zur technischen Stromrichtung fließen.

Grundsätzlich ist jede Stromquelle auch eine Spannungsquelle und umgekehrt. Als typische Stromquelle bezeichnet man aber meist eine solche, bei der das Zulassen einer großen Stromstärke die Spannung nur geringfügig absinken lässt.

- Eine **typische Stromquelle** ist ein großes Kraftwerk: Auch wenn viele Geräte angeschlossen werden und insgesamt eine hohe Stromstärke zu messen ist, muss doch die Netzspannung von etwa 230 Volt gewährleistet bleiben.
- Dagegen ist der Bandgenerator eine **typische Spannungsquelle**, weil er zwar eine hohe Spannung erzeugen kann, diese aber bei geringstem Stromfluss bereits wieder „verliert".
- Man unterscheidet zwischen **Gleichstrom-** bzw. **Gleichspannungsquellen**, die dauerhaft einen Plus- und einen Minuspol haben, sowie **Wechselstrom-** bzw. **Wechselspannungsquellen**, die regelmäßig Plus- und Minuspol tauschen. Z. B. wird der Netzstrom mit 50 Hz betrieben, d. h., er wechselt 50-mal pro Sekunde die Polung, also alle 20 Millisekunden.

Widerstand und ohmsches Gesetz

Die Begriffe Stromstärke und Spannung sind grundlegend für das Verständnis aller weiteren Größen und Gesetzmäßigkeiten der Elektrizitätslehre, denen wir uns nun zuwenden wollen.
Der **elektrische Widerstand R** ist ein Maß für die Fähigkeit von **Leitern**, den Strom durch sich fließen zu lassen. Materialien, die den Strom nicht leiten, heißen **Isolatoren**, bei ihnen ist der Widerstandswert „unendlich" groß.

Man könnte genauso gut die Leitfähigkeit als („optimistisches") Maß verwenden mit größeren Werten bei besseren Leitern (und dem Wert null bei Isolatoren), stattdessen hat sich der Widerstand als deren Kehrbruch durchgesetzt.

Regel

Der **elektrische Widerstand R** ist definiert als Quotient aus elektrischer Spannung U und elektrischer Stromstärke I:

$$R = \frac{U}{I}$$

Die Einheit des Widerstands ist 1 Ohm: $[R] = 1\ \Omega$

Der Widerstand gibt also anschaulich an, wie viel Volt Spannung angelegt werden müssen, um 1 A durch den Leiter zu „pressen". Ein guter Leiter benötigt dazu nur eine geringe Spannung, ein schlechter dagegen eine hohe. Im Wasserstromkreis-Modell verwendet man für einen großen bzw. kleinen Widerstand eine mehr bzw. weniger starke Verengung im Rohr, an der das Wasser beim Fließen unterschiedlich stark behindert wird.

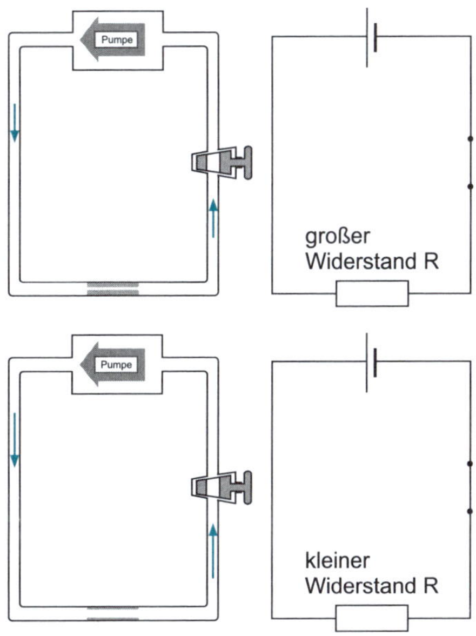

Wie sich in Experimenten zeigt, ändert sich im Normalfall mit steigender angelegter Spannung nicht nur die Stromstärke durch ein bestimmtes Bauteil, sondern auch dessen Widerstand. Dies hat mit der steigenden Temperatur zu tun, die eine Erhöhung der Spannung mit sich bringt. Es gibt aber Leiter, deren Widerstand (zumindest in einem bestimmten Bereich von Spannungswerten) konstant ist. Sie werden **ohmsche Widerstände** genannt. Das dazugehörige **ohmsche Gesetz** drückt den – in der Praxis oftmals nur annähernd erfüllten – Idealfall einer perfekten Proportionalität $U \sim I$ zwischen der Spannung U und der Stromstärke I in einem Stromkreis aus.

Lernvideo

Werden die elektrischen Pole einer Spannungsquelle durch eine Leitung mit sehr geringem Widerstand ($R \approx 0\ \Omega$) verbunden, nennt sich dies **Kurzschluss**. Die Folge ist eine sehr hohe Stromstärke, von der erhebliche Risiken (z. B. Brandgefahr) ausgehen. In Stromkreisen im Haushalt soll dieser Fall durch eigens dafür verbaute **Sicherungen** vermieden werden.

Zusammenfassung

- In einem elektrischen Stromkreis fließt **elektrische Ladung**. Die in jeder Sekunde fließende Ladungsmenge an einer Kontrollstelle bildet die **elektrische Stromstärke**. Das Bestreben der Ladungsträger an den beiden Polen der Stromquelle, zum jeweils anderen Pol zu fließen, ist mit einem Druckunterschied in der Mechanik vergleichbar (**Wasserstromkreis-Modell**) und heißt **elektrische Spannung**.
- Es gibt zwei verschiedene Festlegungen der Richtung, in der der Strom fließt: die **technische** (von + nach –) und die **physikalische** (von – nach +) **Stromrichtung**.
- Der **elektrische Widerstand** ist definiert als Quotient aus elektrischer Spannung und elektrischer Stromstärke. Das **ohmsche Gesetz** beschreibt den Sonderfall, dass der Widerstand bei steigender Spannung konstant bleibt. Anders ausgedrückt ist in diesem Fall Spannung und Stromstärke zueinander direkt proportional, die entsprechende Proportionalitätskonstante ist eben der Widerstand.
- Ist der Gesamtwiderstand in einem Stromkreis sehr gering, spricht man von einem **Kurzschluss**.

Aufgaben

1. An einen Widerstand von 5,0 Ω wird eine Spannung von 2,0 V angelegt. Berechne die erreichte Stromstärke.

2. Berechne den Widerstand eines Geräts, das bei einer anliegenden Spannung von 12,0 V eine Stromstärke von 6,0 A zulässt.

3. Ein 100-Ω-Widerstand wird von einem Strom der Stärke 2,00 A durchflossen. Berechne die anliegende Spannung.

4. Elektrische Geräte werden gelegentlich auch als „Stromverbraucher“ bezeichnet.
   Beschreibe ein geeignetes Experiment, mit dem du nachweisen kannst, dass der Strom (beispielsweise bei einem Lämpchen) nicht „verbraucht“ wird.

5. Ein Lämpchen wird von einem Netzgerät mit veränderlicher Spannung betrieben, bei höherer Spannung leuchtet das Lämpchen heller. Mit einem Spannungs- und einem Stromstärkemessgerät soll das näher untersucht werden.

a) Zeichne eine mögliche Schaltskizze, bei der sowohl die Spannung U am als auch die Stromstärke I im Lämpchen gemessen wird.

b) Folgende Wertepaare haben sich bei einer solchen Messreihe ergeben. Trage sie in ein Diagramm ein (Rechtswertachse: Spannung; Hochwertachse: Stromstärke). Achte dabei auf sinnvolle Einheiten.

U in V	2	3	4	6	8
I in A	1,7	2,5	3,3	5	6,7

c) Beurteile, ob das Lämpchen in diesem Messbereich ein ohmscher Widerstand ist.

Simulation

6. Simulation: „Virtuelles Gleichstromlabor“

- Erstelle einen Stromkreis aus Schalter, Batterie, Widerstand, einem Amperemeter zur Stromstärkemessung (in Reihe schalten!) und einem Glühlämpchen zum Sichtbarmachen des Stromflusses.
- Stelle verschiedene Werte für die Batteriespannung ein und notiere diese in einer Messwerttabelle ebenso wie die jeweils gemessene Stromstärke. (*Tipp:* Die Spannung kann durch Anklicken der Batterie verändert werden.)
- Zeichne mit den Wertepaaren ein Diagramm (eine U-I-Kennlinie) und prüfe, ob das ohmsche Gesetz hier gilt.
- Wiederhole das Experiment mit einem veränderten Widerstand. (*Tipp:* Der Regler erscheint beim Anklicken des Widerstands, der alte Stromkreis kann bleiben).

Simulation

7. Simulation: „Virtuelles Gleichstromlabor“

- Wähle rechts auf dem Bildschirm unter „Fortgeschrittene“ die Option „Reale Lampen hinzufügen“.
- Baue von der Sammlung eine reale Lampe in einen Stromkreis (mit Batterie und Strommessgerät) ein.
- Vervollständige mithilfe einer geeigneten Messreihe die Messwerttabelle und beurteile, ob die Lampe ein ohmscher Widerstand ist.

U in V	5	15	30	45	60	75	90
I in A							

8. Widerstände, die keine ohmschen Widerstände sind, werden entweder **Kaltleiter** oder **Heißleiter** genannt. Die Abbildung zeigt die U-I-Kennlinie eines Heiß- und eines Kaltleiters.

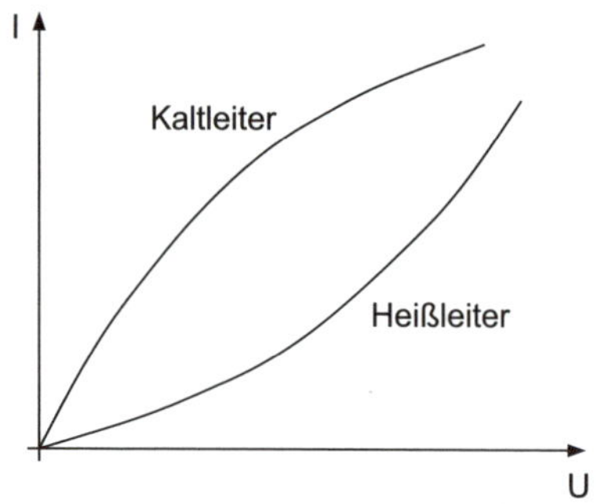

a) Erkläre die Bezeichnungen der beiden Arten von Leitern. Gehe bei der Erklärung darauf ein, welche Widerstände besser bei niedrigen Temperaturen leiten und welche bei hohen Temperaturen.
Tipp:
Die Temperatur in einem Widerstand steigt im Allgemeinen bei steigender Spannung.

b) Skizziere das entsprechende I-U-Diagramm (Rechts- und Hochwertachse vertauscht!).

1.3 Schaltsymbole

Zur Mindestausstattung eines elektrischen Stromkreises gehören eine Stromquelle, ein Widerstand („Verbraucher“, Gerät), ein Schalter und Kabel. Stromkreise werden oft schematisch in übersichtlichen **Schaltskizzen** dargestellt. Bei deren Erstellung gelten weit verbreitete Standards, wie z. B. die Verwendung der richtigen **Schaltsymbole**. Die folgende Tabelle zeigt wichtige Bauelemente und die zugehörigen Schaltsymbole.

Bauelement	Schaltsymbol
Batterie	
Gleichspannungs-/ Wechselspannungsquelle	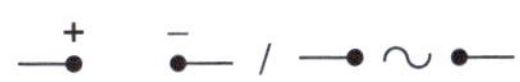
Glühlampe	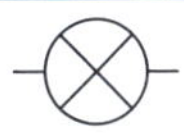
Leuchtdiode (LED)	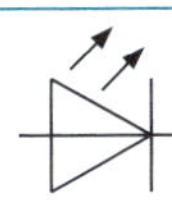
Glimmlampe	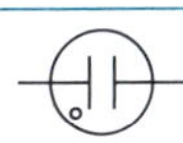
Messgerät	
Wechselschalter	
Kreuzschalter	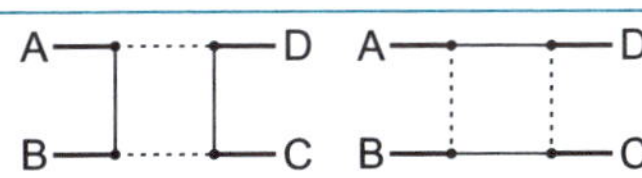 oder auch 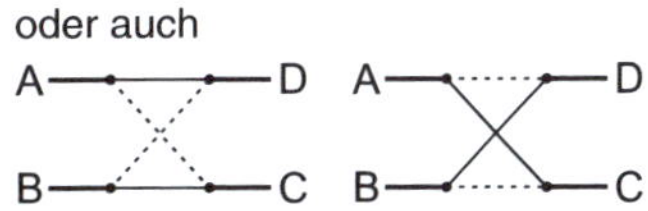
Widerstand	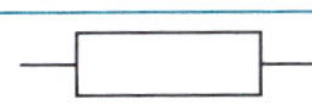
Spannungsmessgerät (stets parallel geschaltet)	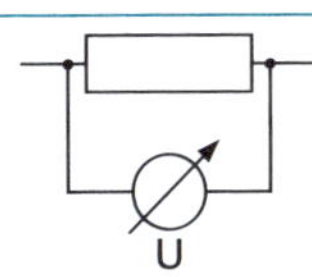
Stromstärkemessgerät (stets in Reihe geschaltet)	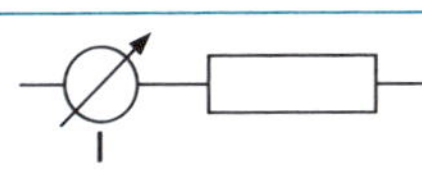

1.4 Einfache elektrische Schaltungen

Einige grundlegende Kombinationen von Schaltern tauchen in Haushalt und Technik immer wieder auf und sind als Bausteine schwierigerer Schaltungen unerlässlich. Je nachdem, unter welchen Bedingungen Strom fließen soll, unterscheidet man drei Typen von Schaltungen:

ODER-Schaltung

Eine Lampe soll leuchten, wenn wenigstens einer der (hier: drei) Schalter geschlossen ist.
Diese Schaltung ist etwa üblich bei Autos: Eine Warnlampe L leuchtet, wenn wenigstens eine der Türen (S_1 und S_2) oder die Heckklappe (S_3) nicht richtig geschlossen sind.

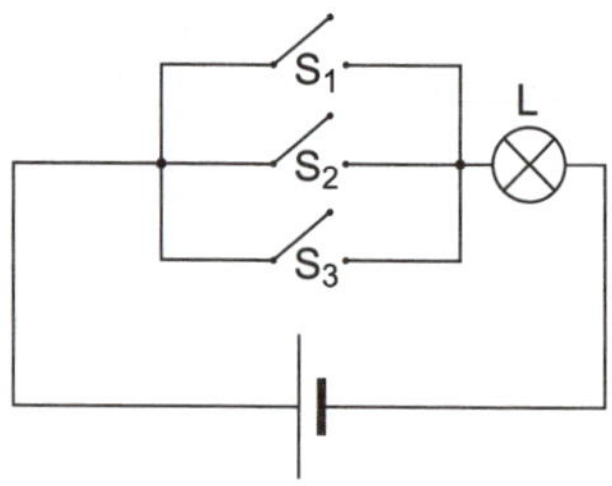

UND-Schaltung

Eine Lampe soll erst dann leuchten, wenn alle (hier: drei) Schalter geschlossen sind: Diese Schaltung ist etwa bei Aufzügen üblich, die sich erst dann in Bewegung setzen dürfen, wenn alle Türen geschlossen sind.

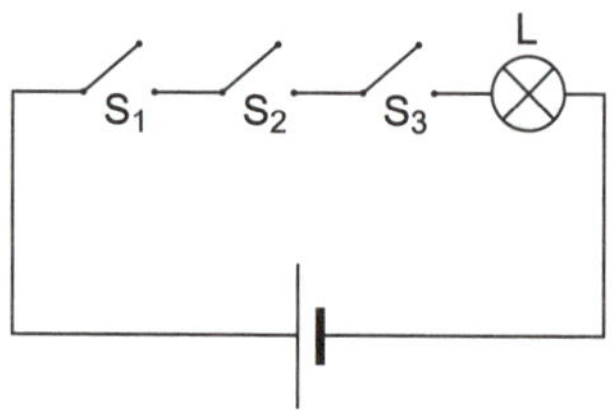

Wechselschaltung

Eine Lampe soll von (hier: drei) verschiedenen Schaltern aus unabhängig vom Beleuchtungszustand geschaltet werden können.

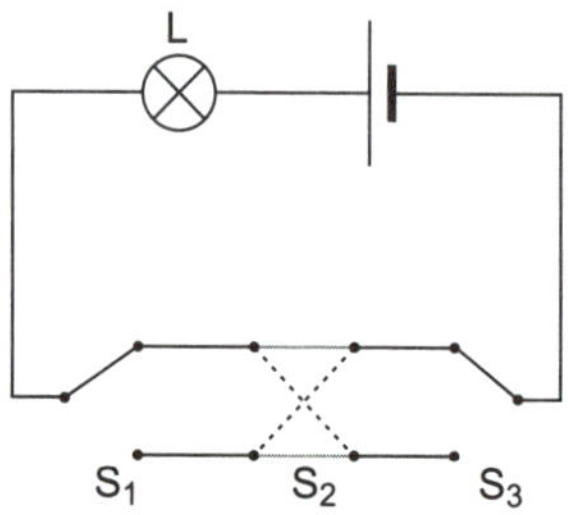

Beispiel

Für eine Gartenbeleuchtung (eine Lampe L, eine Stromquelle B) soll eine geeignete Schaltung geplant werden, sodass sowohl von der Gartentüre aus (Schalter S_1) als auch von der Haustüre aus (Schalter S_2) unabhängig vom Zustand des jeweils anderen Schalters die Lampe L ein- bzw. ausgeschaltet werden kann. Zeichne eine Schaltskizze.

Lösung:
Da der Beleuchtungszustand unabhängig vom jeweils anderen Schalter gesteuert werden soll, benötigen wir eine Wechselschaltung mit zwei Schaltern und verwenden hierzu einen Kreuzschalter.

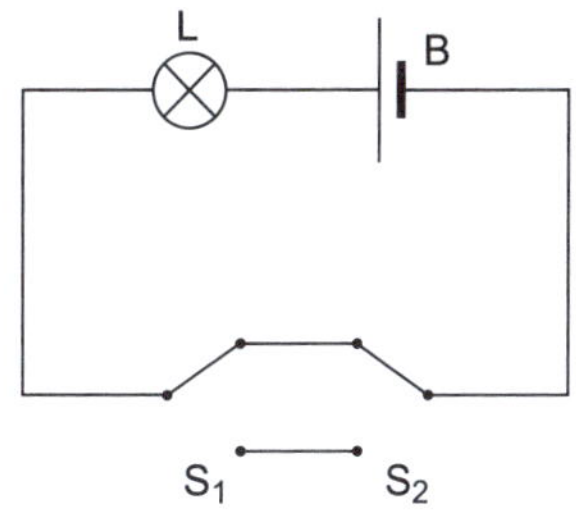

Aufgaben

9. Die Innenbeleuchtung (Lampe L) eines Autos soll beim Öffnen von einer der beiden Türen (Schalter S_1 und S_2) bzw. der Heckklappe (Schalter S_3) eingeschaltet werden.
Zeichne eine mögliche Schaltskizze und erläutere deine Lösung.

10. Der Zusatzscheinwerfer L_2 eines Autos soll mit dem Schalter S_2 nur dann eingeschaltet werden können, wenn bereits das Abblendlicht L_1 durch den Schalter S_1 eingeschaltet ist.
Zeichne eine mögliche Schaltskizze.

11. Eine Schaltung mit der Lampe L und den drei Schaltern S_1, S_2 und S_3 (sowie einer Stromquelle B) liefert die folgende Schalttabelle. In ihr sind alle Kombinationen der Schalterstellungen und der zugehörige Schaltzustand der Lampe festgehalten (0 = Schalter offen bzw. Lampe leuchtet nicht; 1 = Schalter geschlossen bzw. Lampe leuchtet).
Zeichne die Schaltskizze.

S_1	0	1	0	0	0	1	1	1
S_2	0	0	1	0	1	0	1	1
S_3	0	0	0	1	1	1	0	1
L	0	0	0	0	1	1	0	1

12. Ergänze in der Tabelle die Leuchtzustände der Lampen L_1 bis L_5 in Anhängigkeit von der Stellung der vier Schalter S_1 bis S_4.

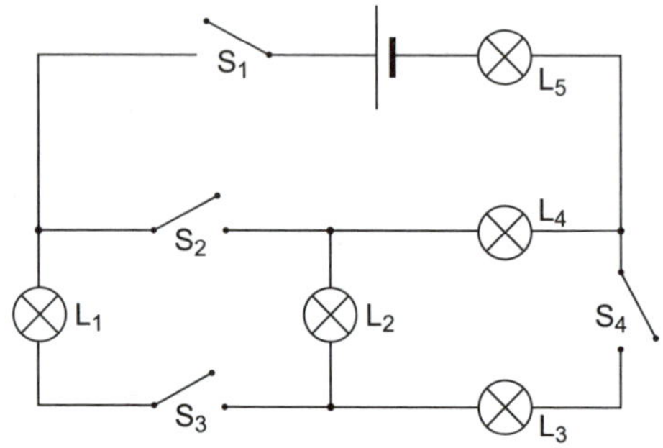

S_1	0	1	0	0	0	1	0	0	1	0	1	0	1	1	1	1
S_2	0	0	1	0	0	1	1	0	0	1	0	1	0	1	1	1
S_3	0	0	0	1	0	0	1	1	1	0	0	1	1	0	1	1
S_4	0	0	0	0	1	0	0	1	0	1	1	1	1	1	0	1
L_1																
L_2																
L_3																
L_4																
L_5																

1.5 Reihen- und Parallelschaltung von Widerständen

Alle Anordnungen der Bauelemente in einem Stromkreis lassen sich auf zwei elementare Schaltungen zurückführen, die Parallel- und die Reihenschaltung.

Parallelschaltung

Bei der **Parallelschaltung** liegt die volle Spannung an allen Zweigen an (vergleiche Wasserhähne auf einem Stockwerk eines Hauses), die Stromstärke teilt sich auf die verschiedenen Zweige auf.
In dem Ast mit dem kleineren Widerstand fließt dabei mehr Strom als in dem anderen, insgesamt fließt aber mehr als durch den kleinsten Widerstand.

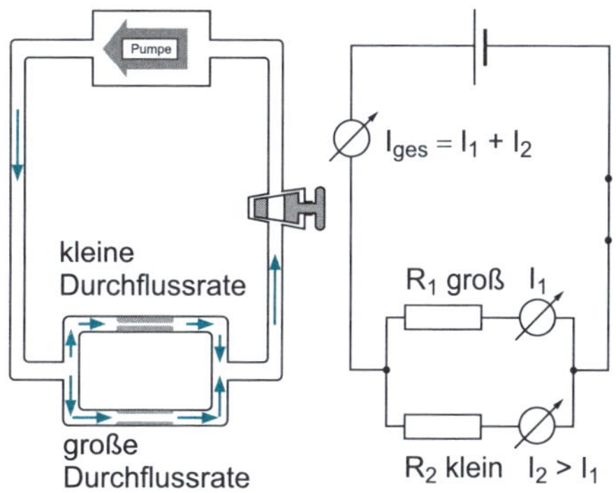

Bei zwei Widerständen R_1 und R_2 gilt für den Gesamtwiderstand R_{ges}:

$$\left.\begin{aligned} R_{ges} &= \frac{U_{ges}}{I_{ges}} \\ I_{ges} &= I_1 + I_2 \\ U_{ges} &= U_1 = U_2 \end{aligned}\right\} \Rightarrow \frac{1}{R_{ges}} = \frac{I_{ges}}{U_{ges}} = \frac{I_1 + I_2}{U_{ges}} = \frac{I_1}{U_1} + \frac{I_2}{U_2} = \frac{1}{R_1} + \frac{1}{R_2}$$

Diese Beziehung lässt sich auf beliebig viele parallel geschaltete Widerstände verallgemeinern:

Regel

> Der **Gesamtwiderstand in einer Parallelschaltung** ist stets kleiner als der kleinste der Einzelwiderstände. Liegen n Einzelwiderstände $R_1, R_2, \ldots, R_n$ vor, so gilt:
>
> $$\frac{1}{R_{ges}} = \frac{1}{R_1} + \frac{1}{R_2} + \cdots + \frac{1}{R_n}$$

Reihenschaltung

Bei der **Reihenschaltung** (auch **Serienschaltung** genannt) muss die volle Stromstärke durch alle Reihenwiderstände fließen, die Spannung fällt dabei portionsweise ab.

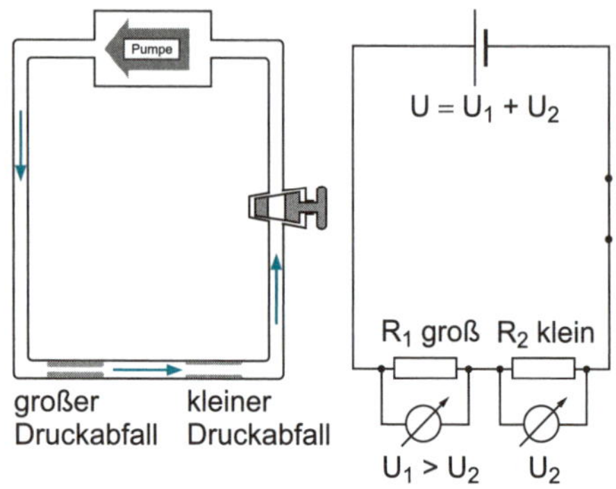

Für den Gesamtwiderstand gilt:

$$\left.\begin{array}{l} R_{ges} = \frac{U_{ges}}{I_{ges}} \\ I_{ges} = I_1 = I_2 \\ U_{ges} = U_1 + U_2 \end{array}\right\} \Rightarrow R_{ges} = \frac{U_1 + U_2}{I_{ges}} = \frac{U_1}{I_1} + \frac{U_2}{I_2} = R_1 + R_2$$

Dieser Zusammenhang lässt sich wiederum auf beliebig viele in Reihe geschaltete Widerstände verallgemeinern:

Regel

> Der **Gesamtwiderstand in einer Reihenschaltung** ist stets größer als der größte der Einzelwiderstände. Liegen n Einzelwiderstände R_1, R_2, …, R_n vor, so gilt:
> $R_{ges} = R_1 + R_2 + \dots + R_n$

Beispiele

1. In einer Parallelschaltung zweier Widerstände R_1 und R_2 ist $R_1 = 200\ \Omega$, die gesamte Schaltung lässt bei einer anliegenden Spannung von $U = 4{,}00\ V$ eine Stromstärke von $I = 0{,}100\ A$ zu.

   a) Berechne R_2.

   b) Berechne die Teilstromstärken I_1 und I_2.

Lösung:

a) Wir zeichnen zunächst eine Schaltskizze. Aus der Gesamtstromstärke von I = 0,100 A und der anliegenden Spannung von U = 4,00 V kann man sofort den Gesamtwiderstand der Parallelschaltung berechnen:

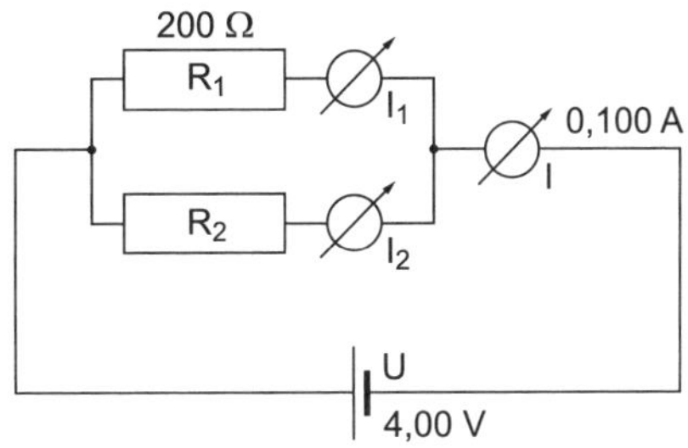

$$R_{1,2} = \frac{U}{I} = \frac{4{,}00\text{ V}}{0{,}100\text{ A}} = 40{,}0\ \Omega$$

Bei der Parallelschaltung addieren sich die Kehrwerte der Einzelwiderstände zum Kehrwert des Gesamtwiderstandes, also gilt:

$$\frac{1}{R_{1,2}} = \frac{1}{R_1} + \frac{1}{R_2}$$

$$\frac{1}{40\ \Omega} = \frac{1}{200\ \Omega} + \frac{1}{R_2}$$

$$\frac{5}{200\ \Omega} = \frac{1}{200\ \Omega} + \frac{1}{R_2}$$

$$\frac{4}{200\ \Omega} = \frac{1}{R_2}$$

$$R_2 = 50\ \Omega$$

b) Bei der Parallelschaltung liegt an beiden Zweigen die Spannung U = 4,00 V an, insbesondere auch am oberen Zweig mit $R_1 = 200\ \Omega$. Wegen $R_1 = \frac{U}{I_1}$ ist auch

$$I_1 = \frac{U}{R_1} = \frac{4{,}00\text{ V}}{200\ \Omega} = \frac{1}{50}\text{ A} = 0{,}0200\text{ A}.$$

Bei einer Gesamtstromstärke von 0,100 A bleiben dann für den unteren Zweig die restlichen

$I_2 = I - I_1 = 0{,}100\text{ A} - 0{,}0200\text{ A} = 0{,}0800\text{ A}.$

Die Teilstromstärken sind also $I_1 = 0{,}0200$ A und $I_2 = 0{,}0800$ A.

2. Berechne in folgender Schaltung
   a) den Widerstand R_x,
   b) die Stromstärke I_2 durch R_2 sowie
   c) die Spannung U_1 an R_1.

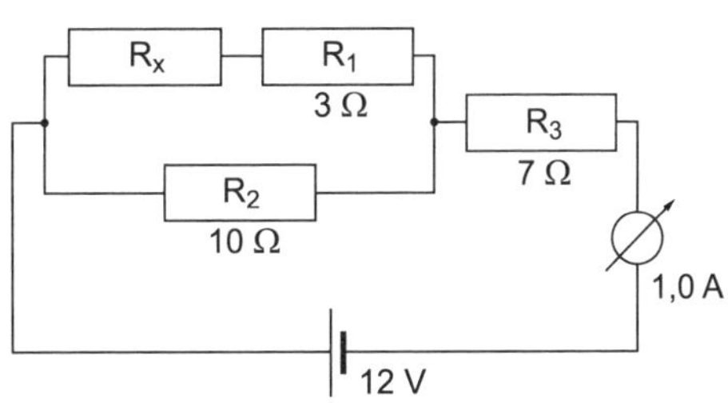

Lösung:
Bei verschachtelten Kombinationen aus Reihen- und Parallelschaltungen gibt es prinzipiell zwei Arten von Aufgaben: Bei dem einen Aufgabentyp muss man sich „von außen nach innen" vorkämpfen in der Schaltung, um das Ziel zu erreichen, bei dem anderen Typ führt der Weg „von innen nach außen". Hier liegt eine Aufgabe des ersten Typs vor.

a) Zunächst kann man aus der Gesamtspannung von U = 12 V und der Gesamtstromstärke von I = 1,0 A sofort den Gesamtwiderstand der Schaltung berechnen, nennen wir ihn R_{123x} (als Ersatzwiderstand für R_1, R_2, R_3 und R_x; er ersetzt den farbig markierten Bereich der Schaltung). Er hat den Wert:

$$R_{123x} = \frac{12\ \text{V}}{1{,}0\ \text{A}} = 12\ \Omega$$

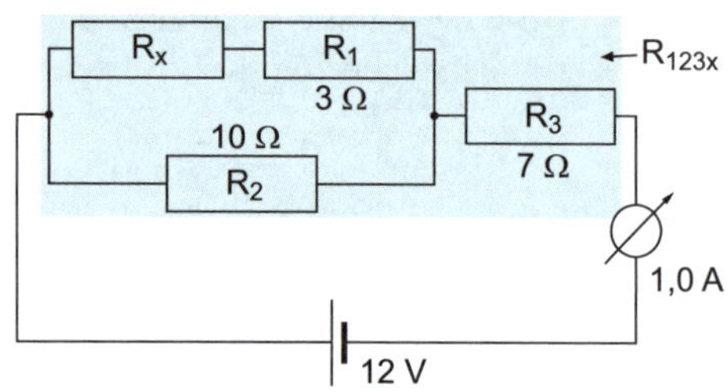

Dieser Gesamtwiderstand $R_{123x} = 12\ \Omega$ resultiert wiederum aus einer Reihenschaltung aus dem Ersatzwiderstand R_{12x} und $R_3 = 7\ \Omega$, folglich gilt:

$$R_{12x} = 12\ \Omega - 7\ \Omega = 5\ \Omega$$

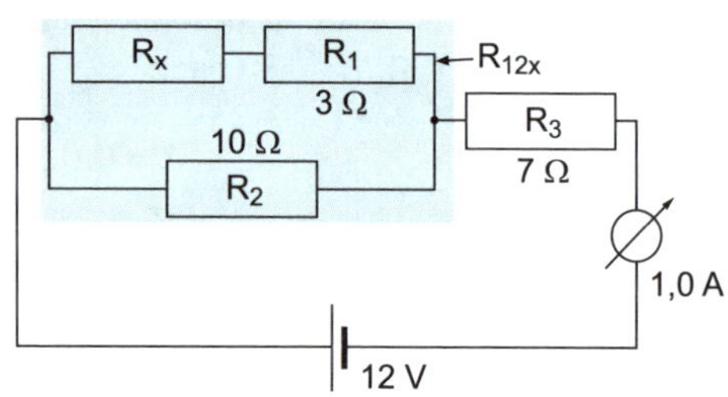

Bei $R_{12x} = 5\ \Omega$ handelt es sich wiederum um eine Parallelschaltung aus R_{1x} (oberer Zweig) und $R_2 = 10\ \Omega$ (unterer Zweig), für R_{1x} ergibt sich:

$$\frac{1}{R_{1x}} + \frac{1}{10\ \Omega} = \frac{1}{5\ \Omega}$$
$$\frac{1}{R_{1x}} = \frac{1}{5\ \Omega} - \frac{1}{10\ \Omega}$$
$$= \frac{1}{10\ \Omega}$$
$$R_{1x} = 10\ \Omega$$

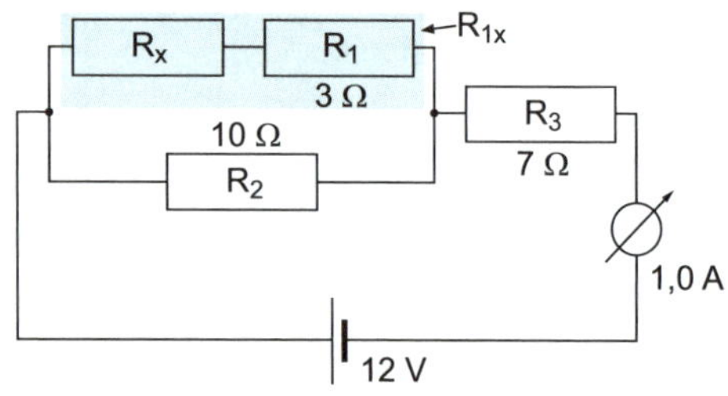

$R_{1x} = 10\ \Omega$ ist wiederum eine Reihenschaltung aus dem gesuchten R_x und $R_1 = 3\ \Omega$, also ist schließlich $R_x = 10\ \Omega - 3\ \Omega = 7\ \Omega$.

b) Um die Stromstärke I_2 durch $R_2 = 10\ \Omega$ berechnen zu können, benötigt man die anliegende Spannung U_2. Sie ist (wegen der Parallelschaltung zu R_{1x}) ebenso groß wie U_{1x}, die Spannung am oberen Zweig; es ist also $U_2 = U_{1x} = U_{12x}$.
Weil die Teilschaltung $R_{12x} = 5\ \Omega$ in Reihe geschaltet ist zu $R_3 = 7\ \Omega$, fällt die Gesamtspannung von $U = 12$ V anteilig ab, also gilt:

$$\left.\begin{array}{l} \frac{U_{12x}}{U_3} = \frac{R_{12x}}{R_3} = \frac{5}{7} \\ U_{12x} + U_3 = 12\ \text{V} \end{array}\right\} \Rightarrow U_{12x} = 5\ \text{V}$$

Es ist also auch $U_2 = 5$ V, sodass der Strom durch R_2 die Stärke

$$I_2 = \frac{5\ \text{V}}{10\ \Omega} = 0{,}5\ \text{A}$$

besitzt.

c) Wenn wir die Spannung U_1 an $R_1 = 3\ \Omega$ berechnen wollen, müssen wir die Stromstärke I_1 kennen, die diesen Widerstand durchfließt. Weil wir aus den Teilaufgaben a und b wissen, dass die beiden Parallelzweige mit jeweils $R_{1x} = R_2 = 10\ \Omega$ bei gleichem Widerstand auch gleiche Stromstärken durchlassen werden, die zusammen laut Angabe 1,0 A ausmachen, muss diese Stromstärke gerade $I_1 = 0{,}5$ A sein.

Zusammenfassung

- Stromkreise werden schematisch in **Schaltskizzen** dargestellt. Für die **Schaltsymbole**, mit denen die einzelnen Bauteile gekennzeichnet werden, gelten einheitliche Standards.
- Es gibt bestimmte Kombinationen von **Schaltern**, die in vielen Stromkreisen in Haushalt und Technik vorkommen: **UND-Schaltungen**, **ODER-Schaltungen** und **Wechselschaltungen**
- Schaltet man mehrere Widerstände **parallel**, so ist der Gesamtwiderstand der Kehrwert der Kehrwertsumme der Einzelwiderstände; schaltet man die Widerstände **in Reihe**, so ist der Gesamtwiderstand die Summe der Einzelwiderstände.

Aufgaben

13. Gib die Stromstärken I_3 und I_4 in der abgebildeten Schaltung an.

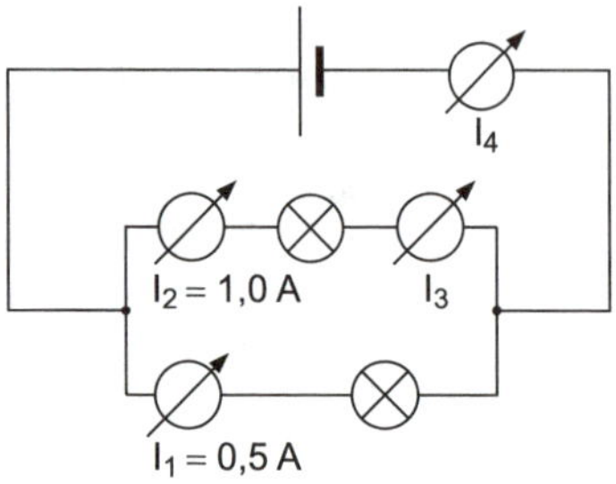

14. Begründe, dass bei folgender Schaltung zwar die Spannung richtig gemessen wird, die Stromstärke jedoch nicht ganz. Ist diese größer oder kleiner als die „wahre" Stromstärke im Widerstand R?

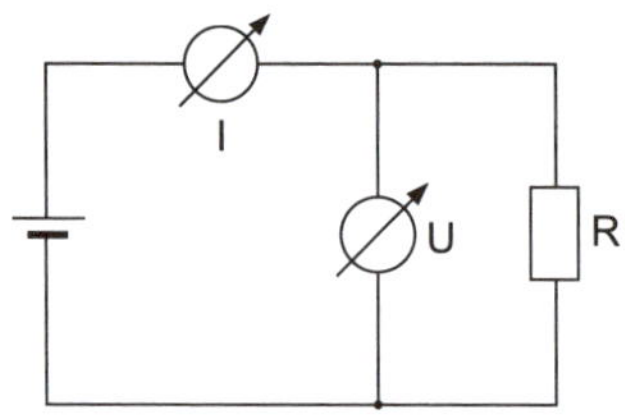

15. Eine Goldkrone wird durch eine „Alarmanlage" gegen Diebstahl gesichert. Die nebenstehende Abbildung zeigt die dazugehörige Schaltskizze.
Erkläre die Funktionsweise.

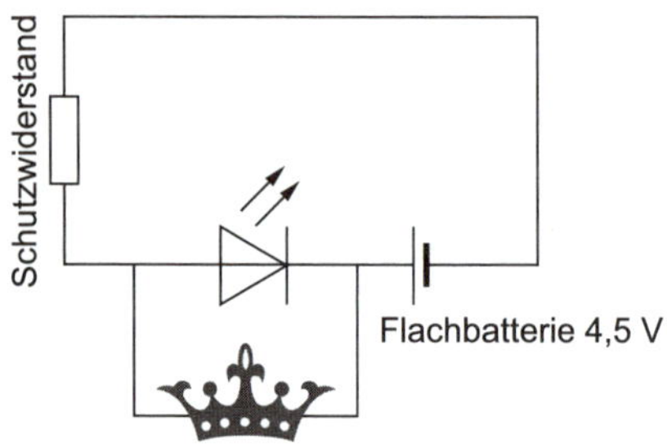

16. Sind die Steckdosen einer Wohnung parallel oder in Reihe geschaltet? Begründe deine Antwort.

17. In München wird ein Elektroherd eingeschaltet.
Wie ändert sich dadurch der Gesamtwiderstand des Münchener Stromnetzes? Begründe deine Antwort.

18. Wie sind die einzelnen Steckdosen einer Dreifachsteckdose geschaltet? Begründe deine Antwort.

19. Für eine elektrische Christbaumbeleuchtung werden 23 baugleiche Glühlämpchen in Reihe geschaltet.

a) Welche Betriebsspannung haben die Lämpchen, wenn die ganze Lichterkette an 230 V Netzspannung angeschlossen wird?

b) Was geschieht, wenn bei einem Lämpchen der Glühdraht reißt und der Stromkreis in diesem Lämpchen dadurch unterbrochen wird?

20. Welche Beziehungen bestehen zwischen den Spannungen U_1 bis U_6 in der abgebildeten Schaltung?
Gib die entsprechenden Gleichungen an.

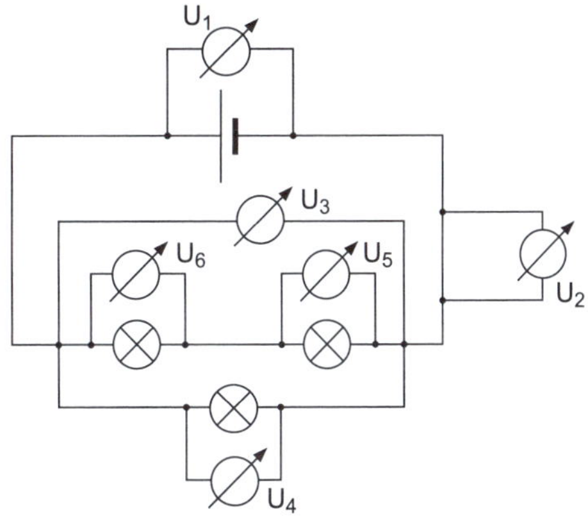

21. Aus vier gleichartigen Widerständen (je R_0) soll durch geeignete Schaltung
a) ein möglichst großer Gesamtwiderstand bzw.
b) ein möglichst kleiner Gesamtwiderstand zusammengebaut werden.

Zeichne jeweils eine Schaltskizze und berechne den zugehörigen Gesamtwiderstand.

22. Aus drei gleichen Widerständen zu je 8,0 Ω sollen durch verschiedene Schaltungen möglichst viele verschiedene Widerstände gebaut werden.
Wie viele und welche Varianten gibt es, wenn dabei stets alle Einzelwiderstände verwendet werden sollen? Zeichne die Schaltskizzen und berechne die zugehörigen Gesamtwiderstände.

* **23.** Zwei Widerstände ergeben in Parallelschaltung 2,4 Ω, in Reihenschaltung 10 Ω. Berechne die Werte der Einzelwiderstände.

24. Von zwei Widerständen hat einer den doppelten Wert des anderen. Sie haben den Gesamtwiderstand 6 Ω, wenn sie
a) in Reihe geschaltet sind.
b) parallel geschaltet sind.

Berechne jeweils die Einzelwiderstände.

25. Ein unbekannter Widerstand R_0 wird mit zwei Widerständen von je 3 Ω und einem Widerstand von 4 Ω parallel geschaltet, der Gesamtwiderstand beträgt 1 Ω. Berechne R_0.

26. a) Ermittle, welche Gesamtstromstärke in folgender Schaltung zu erwarten ist.
[*Ergebnis:* $I_{gesamt} = 4$ A]

b) Berechne die Teilspannungen an allen Einzelwiderständen.

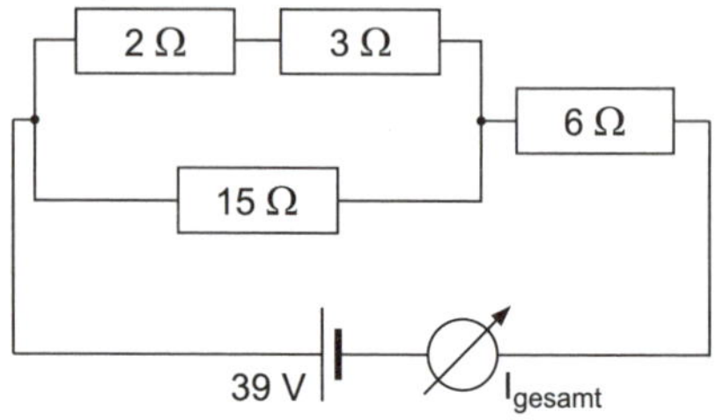

✱ 27. Berechne den Ersatzwiderstand R_{ges} der folgenden Schaltung.
Hinweis: Der Schaltplan ist etwas verwirrend; ändere zuerst die Kabelführung so ab, dass sich zwar physikalisch nichts ändert, die Schaltung aber übersichtlicher wird.

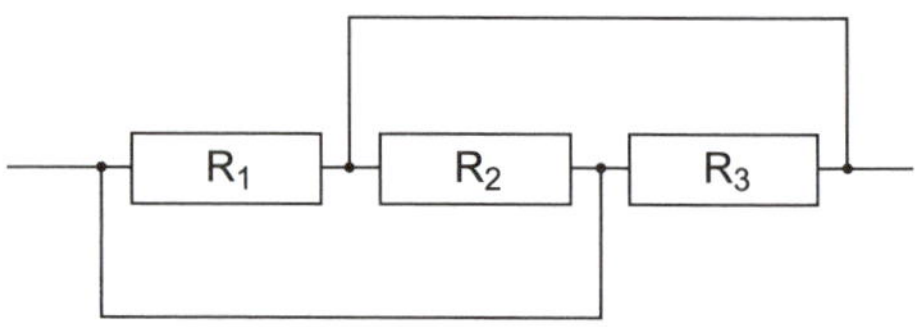

28. Vier baugleiche Glühlampen A, B, C und D (jede der Lampen hat den Widerstand R) werden wie abgebildet geschaltet.

a) Zunächst wird Lampe A aus ihrer Fassung geschraubt.
Wie ändert sich das Leuchtverhalten der übrigen Lampen (unter der Annahme, dass alle Lampen alle vorkommenden Stromstärken ohne Schaden aushalten)?

b) Nun wird zusätzlich Lampe D entfernt. Wie leuchten daraufhin die Lampen B und C?

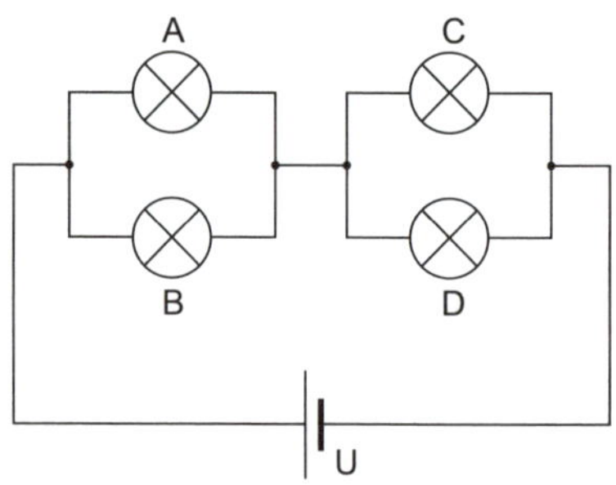

29. a) Bestimme in der gezeichneten Schaltung die Spannung U_2.

b) Der Schalter S wird nun geschlossen.
Berechne den Wert für U_2, der sich jetzt einstellt.

c) Wird Lampe L_2 das Experiment ohne Schaden überstehen (von anderen Einflüssen abgesehen)?
Begründe deine Antwort.

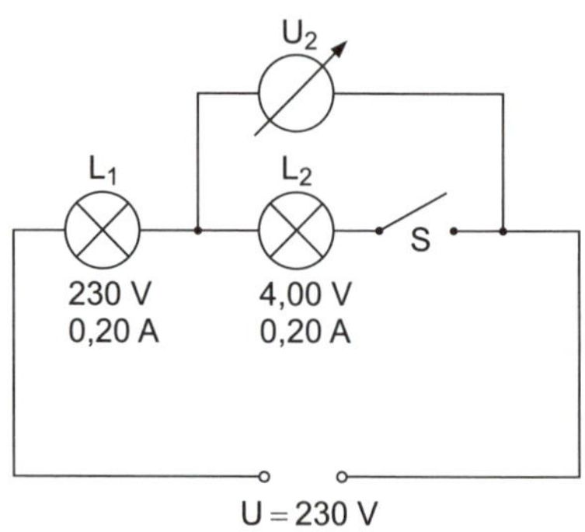

✱ 30. Gleichzeitige Stromstärke- und Spannungsmessung an einem unbekannten Widerstand R_x mithilfe der Schaltung A führen zu den Ergebnissen $U = 6{,}0\ V$ und $I = 10\ \mu A$. Die Innenwiderstände der Messgeräte betragen $R_I = 1{,}0\ \Omega$ und $R_U = 1{,}0\ M\Omega$.

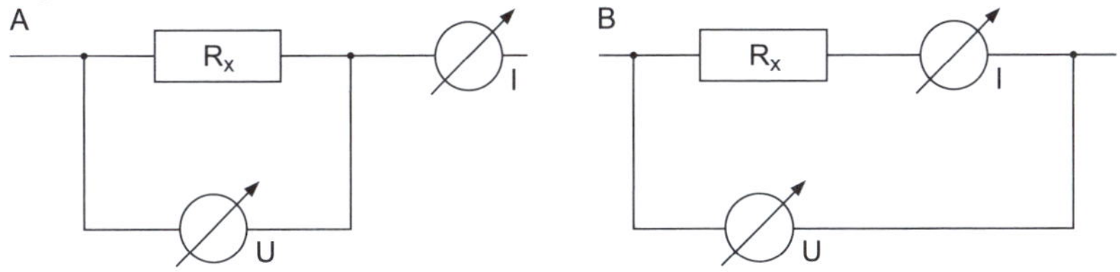

a) Welcher Wert für den Widerstand R_x ergibt sich, wenn man nur die beiden Messwerte verwendet? Berechne.

b) Berechne den Wert, der sich für R_x ergibt, wenn man in Schaltung A die Innenwiderstände der Messgeräte berücksichtigt. Beurteile das Ergebnis aus Teilaufgabe a hinsichtlich seines Fehlers.

c) Die Schaltung B dient ebenfalls der gleichzeitigen Stromstärke- und Spannungsmessung. Begründe, warum man bei dieser Schaltung mit den Messwerten von U und I (mit einer Rechnung wie in Teilaufgabe a) nahezu exakt auf den tatsächlichen Widerstandswert $R_X = 1{,}5\ M\Omega$ schließen kann.

d) Vergleiche die Fehler für beide Schaltungen, die die einfache Berechnung wie in Teilaufgabe a bei einem Widerstand R_x liefern würde, der tatsächlich $1{,}0\ \Omega$ klein ist.

e) Gehe zusammenfassend darauf ein, worin jeweils der prinzipielle Messfehler in den Schaltungen A und B besteht.

f) Formuliere eine Regel, die besagt, für welche zu messenden Widerstände R_x die Schaltung A und für welche die Schaltung B die besseren Ergebnisse liefert, wenn man wie in Teilaufgabe a einfach

$$R_x = \frac{U_{gemessen}}{I_{gemessen}}$$

berechnet.

31. Ein so genannter **FI-Schalter** (oder Fehlerstrom-Schutzschalter) vergleicht Stromzufluss und Stromabfluss in den beiden Leitungen, die an einer Stromquelle angeschlossen werden. Wenn ein Teil des zugeflossenen Stromes den Stromkreis auf „falschem" Weg verlässt (weil der Stromkreis schadhaft ist), wird weniger abfließender Strom gemessen. Unterscheiden sich die Zufluss- und die Abflussstromstärke, unterbricht der FI-Schalter den ganzen Stromkreis.

a) An welcher Stelle im häuslichen Stromnetz ist der FI-Schalter am sinnvollsten? Gib eine Begründung an.

b) Erläutere kurz, was passiert, wenn in einem FI-Schalter geschützten Haushalt ein Föhn in die (gefüllte) Badewanne fällt.

NTG **32.** Ein **Drehspulinstrument**, das zur Messung der Stromstärke verwendet wird, hat einen Innenwiderstand von 0,81 Ω und einen Messbereich bis maximal 1,00 A. Wie lässt sich der Messbereich auf 10,0 A vergrößern? Begründe mithilfe einer Rechnung und einer Schaltskizze.

NTG **33.** Ein Drehspulinstrument hat Vollausschlag bei $I_0 = 1{,}0$ mA, sein Innenwiderstand beträgt 10 Ω. Gib jeweils begründet an,

a) was an dem Gerät geändert werden muss, um den Messbereich auf 250 mA zu erweitern.

b) was man an dem Gerät ändern muss, um es als Voltmeter mit Messbereich 20 V zu verwenden.

c) welche kleinste Spannung man mit dem Messwerk messen könnte. Ist es ratsam, diesen Messbereich zu verwenden?

NTG **34.** Ein **elektrisches Thermometer** besteht im Wesentlichen aus einem Stromkreis mit einer Versorgungspannung. Mit dieser Spannung wird die Spitze der Messsonde verbunden, an der ein kleiner NTC-Widerstand („negative temperature coefficient"; Heißleiter) befestigt ist, der bei hohen Temperaturen besser leitet, also eine höhere Stromstärke zulässt. Ausgehend von dieser Eigenschaft lässt sich eine Messreihe eichen, indem man den gemessenen Stromstärken I Temperaturwerte T zuordnet.
Gehe von einem linearen Zusammenhang aus und bestimme mit den vier Eichwerte-Paaren in der Tabelle die Temperatur bei einer gemessenen Stromstärke von 14,5 mA:

T in °C	0	40	80	100
I in mA	4,0	12,0	20,0	24,0

NTG 1.6 Aufbau und Eigenschaften von Elektrizitätsquellen

Wir wissen bereits, dass Spannung- bzw. Stromquellen, allgemein auch Elektrizitätsquellen genannt, Grundvoraussetzung für einen Stromfluss ist. Aber wie wird in der Praxis die notwendige Trennung von positiven und negativen Ladungen vorgenommen, die es uns z. B. ermöglicht, dass wir in unseren Haushalten elektrische Geräte betreiben?

Wichtige Elektrizitätsquellen

Eine wichtige Elektrizitätsquelle der Gegenwart und Zukunft stellt die **Solarzelle** dar. Sie wandelt die Energie des Sonnenlichts in elektrische Energie um. Ihre Funktionsweise basiert auf der Halbleitertechnik. Zumeist besteht eine Solarzelle aus dem Element Silizium, einem sogenannten **Halbleiter**. Indem man bestimmten Bereichen des Siliziums kleine Mengen anderer Elemente (z. B. Phosphor, Bor) beimischt – man spricht dann von **Dotierung** – erreicht man je nach Dotierung entweder einen Überschuss oder einen Mangel an freien Leiterelektronen. Werden zwei unterschiedlich dotierte Schichten zusammengebracht, so kommt es zu einer Raumladungszone rund um die Grenzschicht.

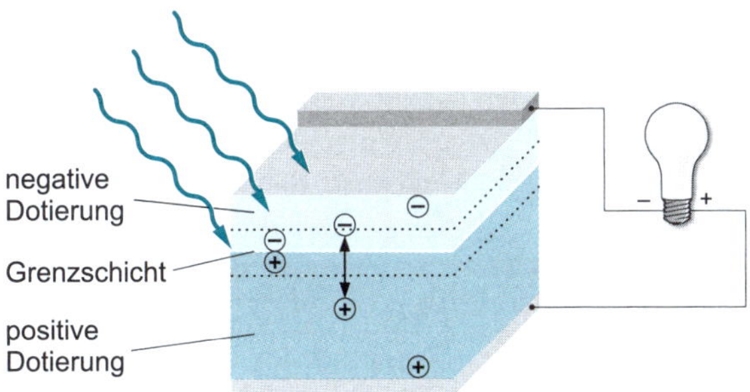

Das auftreffende Licht sorgt dafür, dass an der Grenzschicht Elektronen aus den Atomen gelöst werden. Diese freien Ladungsträger schaffen innerhalb der Raumladungszone eine dauerhafte Ladungstrennung.

Solarmodule, wie sie etwa bei Fotovoltaikanlagen auf Häuserdächern zu finden sind, bestehen aus dem Zusammenschluss vieler Solarzellen. Dabei können die einzelnen Zellen **in Reihe** oder **parallel** geschaltet werden. Bei der Reihenschaltung erhöht sich die Gesamtspannung, die Gesamtstromstärke bleibt aber gleich. Bei der Parallelschaltung verhält es sich genau umgekehrt.
Die optimale Nutzung von Solarmodulen ist abhängig von äußeren Einflussfaktoren. So muss z. B. sichergestellt werden, dass die Module möglichst lange und mit der richtigen Neigung der Sonneneinstrahlung ausgesetzt sind.

Nach wie vor zu den wichtigsten Elektrizitätsquellen gehören **Batterien**, die je nach Einsatzgebiet in den verschiedensten Bauformen existieren (z. B. Taschenlampenbatterie, Autobatterie). In einer Batterie ist die Energie chemisch gespeichert. In einen sogenannten Elektrolyten ragen zwei Elektroden, die Pole der Batterie. Der Elektrolyt ist ein Stoff, der Strom durch den Transport von geladenen Atomen (Ionen) leitet; er kann fest oder flüssig sein. Am Pluspol der Batterie sammeln sich überzählige positive Ladungsträger, am Minuspol negative. Diesem Vorgang sind durch die zunehmende gegenseitige Abstoßung gleichnamiger Ladungen zunächst Grenzen gesetzt. Lässt man jedoch durch einen äußeren Stromkreis die positiven Ladungsträger vom Plus- zum Minuspol wandern oder die negativen vom Minus- zum Pluspol, dann fällt diese gegenseitige Abstoßung fast weg und es werden ständig weiter Ladungen getrennt, bis die chemischen Substanzen aufgebraucht sind und die Batterie „leer" ist. Der gesamte Vorgang lässt sich auch umkehren, indem man der Batterie Strom von außen zuführt. Solche aufladbaren Batterien heißen **Akkumulatoren** (kurz: Akkus).

Batterien und Akkumulatoren gehören zur Familie der **galvanischen Zellen**, genauso wie eine weitere Elektrizitätsquelle, die es möglich macht, Autos mit Wasserstoff zu betreiben: die **Brennstoffzelle**. In ihr reagiert in der am häufigsten verwendeten Bauform Wasserstoff mit Sauerstoff zu ungiftigem Wasserdampf. Dabei wird ebenfalls mit hohem Wirkungsgrad Strom erzeugt.

Innenwiderstand von Elektrizitätsquellen

Bisher sind wir davon ausgegangen, dass Elektrizitätsquellen eine konstante Spannung liefern. Die Spannung verringert sich jedoch, wenn Strom fließt. Das liegt daran, dass jede Elektrizitätsquelle selbst einen Widerstand besitzt, den **Innenwiderstand**. Ursache des Innenwiderstands bei einer Batterie ist z. B. der Elektrolyt.

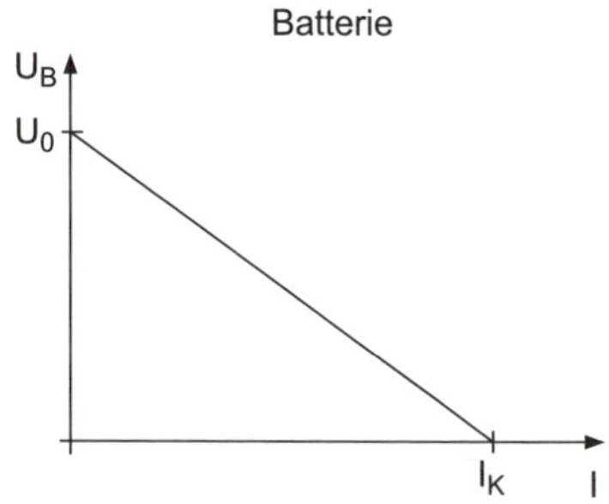

Eine (reale) Elektrizitätsquelle kann man sich aus einer konstanten **Quellenspannung** (oder Leerlaufspannung) U_0 und einem Innenwiderstand R_i zusammengesetzt denken. Je mehr Strom fließt, desto mehr Spannung fällt am Widerstand ab. Folglich wird die tatsächlich von der Elektrizitätsquelle zur Verfügung gestellte **Betriebsspannung** (oder Klemmenspannung) U_B kleiner. Das Diagramm für eine Batterie zeigt, dass bei der **Kurzschlussstromstärke** I_K keine Betriebsspannung mehr vorliegt bzw. die gesamte Quellenspannung am Innenwiderstand abfällt. Ein Kurzschluss tritt dann auf, wenn an der Betriebsspannung nur sehr kleine oder gar keine Widerstände angeschlossen werden.

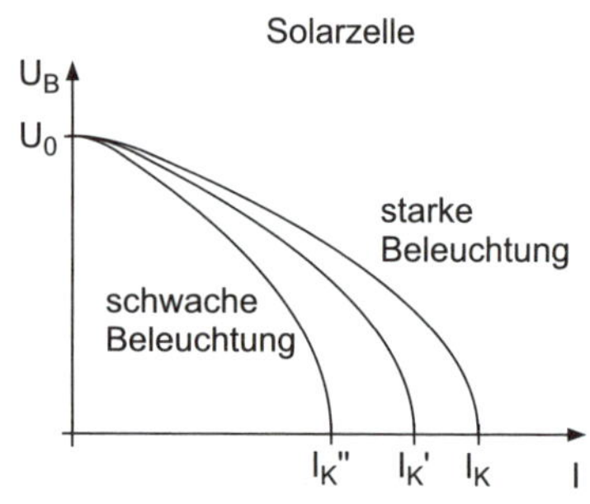

Führt man Messungen mit Solarmodulen durch, in denen die Betriebsspannung in Abhängigkeit von der Stromstärke untersucht wird, erhält man für verschiedene Beleuchtungsstärken Graphen, wie sie in nebenstehender Abbildung zu sehen sind. Es fällt auf, dass die Bestrahlung lediglich auf die Kurzschlussstromstärke einen wesentlichen Einfluss hat, nicht jedoch auf die Quellenspannung. Begründet werden kann das mit dem Funktionsprinzip einer Solarzelle: Die Spannung, die aufgrund der Raumladungszone entsteht, wird vom Aufbau der dotierten Siliziumschichten bestimmt. Die Anzahl der fließenden Elektronen und damit der Stromstärke hingegen von den einfallenden Lichtstrahlen.

Aufgaben

35. Recherchiere im Internet Vor- und Nachteile von Silizium-Solarzellen gegenüber sogenannten Grätzel-Zellen.

36. Eine Silizium-Solarzelle liefert eine Spannung von etwa 0,5 V. Übliche Solarmodule haben 24 Zellen in Reihe und davon 12 dieser Stränge parallel geschaltet. Sie liefern maximal 200 mA. Auf einem Hausdach werden die Module nach den gleichen Regeln wie die Zellen verlegt und geschaltet. Ein Solardach liefert 72 V Spannung und maximal 10 A. Überlege dir, wie viele Module in Reihe und wie viele der entsprechenden Stränge parallel geschaltet wurden.

2 Optik

Aus der Unterstufe wissen wir, dass weißes **Licht** aus den Regenbogenfarben besteht und sich mit einem **Prisma** in diese zerlegen lässt.
Farbiges Licht mischt sich auf weißem Untergrund nach den Regeln der **additiven Farbmischung**, es genügen die Grundfarben Rot, Grün und Blau (Rot + Grün = Gelb; Rot + Blau = Magenta oder Purpur, Grün + Blau = Cyan oder Türkis). Farbige Oberflächen reflektieren nur bestimmte Farbanteile von einfallendem Licht (eine Tomate z. B. den roten Anteil), es gelten die Regeln der **subtraktiven Farbmischung**, weil Farbanteile geschluckt („subtrahiert") werden: So werden in der Druckerei die subtraktiven Grundfarben Cyan, Magenta und Yellow (Gelb) verwendet, dazu aus technischen Gründen noch „reines" Schwarz. Kleine gelbe Punkte neben kleinen Magenta-Punkten ergeben einen roten Farbeindruck.
Über Licht wissen wir außerdem bereits, dass es sich immer geradlinig ausbreitet. Deshalb werfen punktförmige **Lichtquellen** hinter undurchsichtigen Objekten einen **Schatten**, ausgedehnte Lichtquellen liefern Bereiche mit **Kern-** bzw. **Halbschatten**. Mit diesen Prinzipien lassen sich **Sonnen-** und **Mondfinsternisse** erklären.

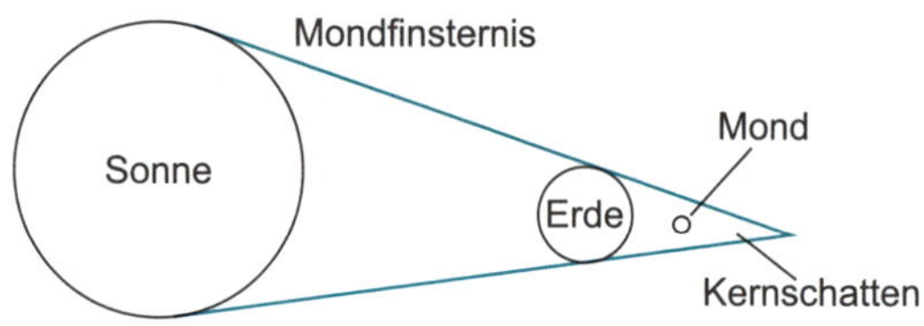

2.1 Lichtausbreitung und Reflexion

Regel

Licht breitet sich von einer **Lichtquelle** (einem selbstleuchtenden oder reflektierenden Körper) **allseitig** und **geradlinig** mit großer Geschwindigkeit (im Vakuum am schnellsten mit etwa 300 000 km pro Sekunde) aus.

Die Lichtausbreitung stellt man sich modellhaft in Form von **Lichtstrahlen** vor: Man versteht darunter Halbgeraden, die sich, an der Quelle beginnend, in einem Bündel divergent ausbreiten (divergent: auseinander laufend, breiter werdend). Die Gesamtheit dieser Halbgeraden bildet den **Lichtkegel**, der tatsächlich beobachtbar ist.

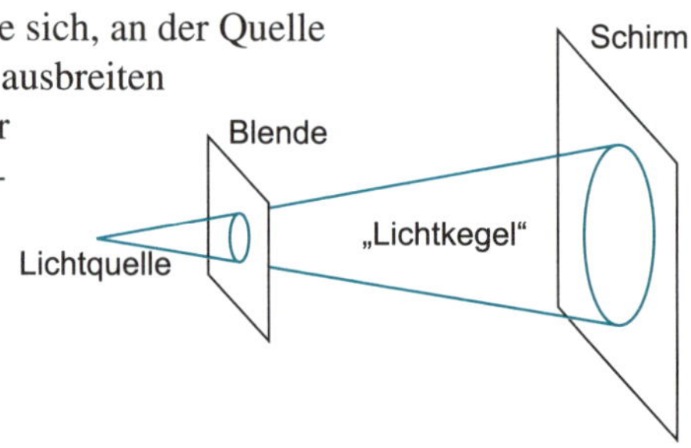

Wenn Licht in einer Richtung einen bestimmten Weg wählt, dann würde es in der umgekehrten Richtung den gleichen Weg wählen.

Regel

> Ein Grundprinzip der Strahlenoptik lautet: Der **Lichtweg** ist stets **umkehrbar**.

Diese Regel ist oft sehr hilfreich bei Überlegungen zu Strahlengängen.

Körper können **durchsichtig** sein, **farbig durchsichtig** oder **undurchsichtig**. Wird ein undurchsichtiger Körper von einer Seite beleuchtet, bildet sich auf der gegenüberliegenden Seite ein Bereich aus, den das Licht nicht erreichen kann, der so genannte **Schatten**. Bei ausgedehnten Lichtquellen gibt es hinter dem Objekt einen Bereich, der nur teilweise von Licht erreicht wird **(Halb-** bzw. **Teilschatten)**, und einen Bereich, der ganz dunkel bleibt **(Kernschatten)**.

Beispiel

Skizziere den Kern- und Halbschatten, den die Erde im Licht der Sonne wirft.

Lösung:

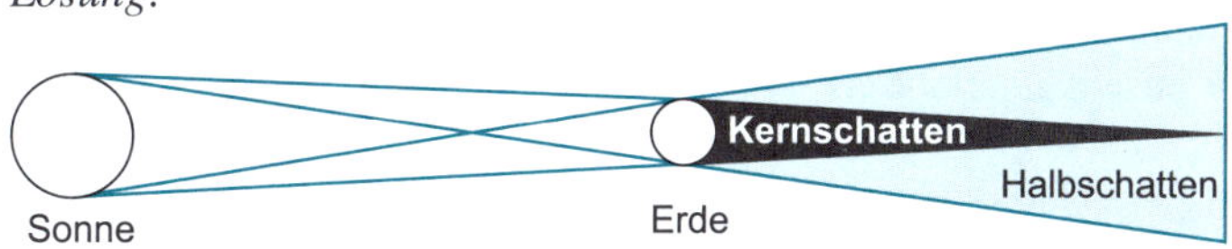

Unsere Augen **sehen** einen Körper, wenn von ihm ausgehende Lichtstrahlen in unser Auge treffen. Ist der Körper selbstleuchtend, wird er als **aktive** Lichtquelle bezeichnet. Trifft hingegen Licht auf einen nicht selbstleuchtenden Körper, wird es im Allgemeinen allseitig (diffus) **reflektiert**. Der beleuchtete Körper wirkt dann selbst wie eine Lichtquelle und wird daher **passive** Lichtquelle genannt. Speziell bei glatten Oberflächen gilt folgende wichtige Gesetzmäßigkeit.

Regel

> Glatte Oberflächen können einfallendes Licht gemäß dem **Reflexionsgesetz** nur in einer Richtung reflektieren. Dabei gilt:
> - Einfallstrahl und Ausfallstrahl liegen in einer Ebene.
> - Einfallswinkel = Ausfallswinkel (gemessen zum Einfallslot).
>
> Körper mit derartigem Reflexionsverhalten heißen **Spiegel**.

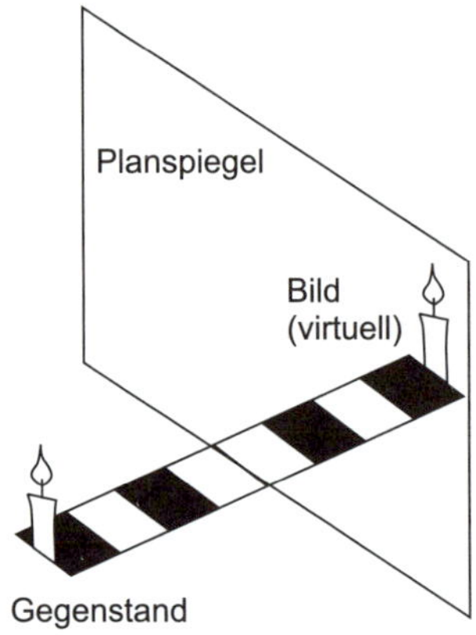

Beim ebenen Spiegel (**Planspiegel**) sieht man das **Bild** eines **Gegenstandes** (z. B. sich selbst) symmetrisch zur Spiegelebene auf der anderen Seite im gleichen Abstand, also „hinter“ dem Spiegel. Dort befindet sich natürlich die Wand und kein Bild; solche Bilder heißen daher **virtuell** und lassen sich nicht mit einem Schirm auffangen, was bei den **reellen** Bildern sehr wohl der Fall ist (Beispiel: Videoprojektor bzw. „Beamer“).
Beim kugelschalenförmig gewölbten Spiegel wird parallel einfallendes Licht als Bündel divergierender Strahlen (**Wölbspiegel**, z. B. Christbaumkugel, Übersichtspiegel vor versteckten Garageneinfahrten, Überwachungsspiegel in Kaufhäusern) reflektiert oder als Bündel konvergierender Strahlen (**Hohlspiegel**, z. B. Sammelspiegel, Rasierspiegel), die sich dann in einem kleinen Bereich (**Brennpunkt**) treffen und anschließend ebenfalls auseinanderlaufen.

Beispiele

1. Der magere Gernot Geizhals bestellt einen neuen Garderobenspiegel, in dem er sich vom Scheitel bis zur Sohle sehen kann. Bei einer Körpergröße von 1,90 m und einer Augenhöhe von 1,80 m möchte er die minimale Spiegelhöhe ermitteln und die geeignete Aufhänghöhe.

   Lösung:
   Das Spiegelbild von Gernot steht scheinbar hinter dem Spiegel im gleichen Abstand (siehe Abbildung). Blickt er über den Spiegel auf seine Füße, dann schaut er in Richtung der Füße des Spiegelbildes. In Wirklichkeit kommt das Licht seiner Füße zwar (mit Knick wegen Reflexion) vom Spiegel, der Reflexionspunkt lässt sich aber durch geradliniges Verlängern bis zum virtuellen Spiegelbild ermitteln und somit können auch Blickrichtung und Spiegelunterkante bestimmt werden. Wegen der Symmetrie ergibt sich als Unterkante gerade die halbe Augenhöhe, also 0,90 m.

   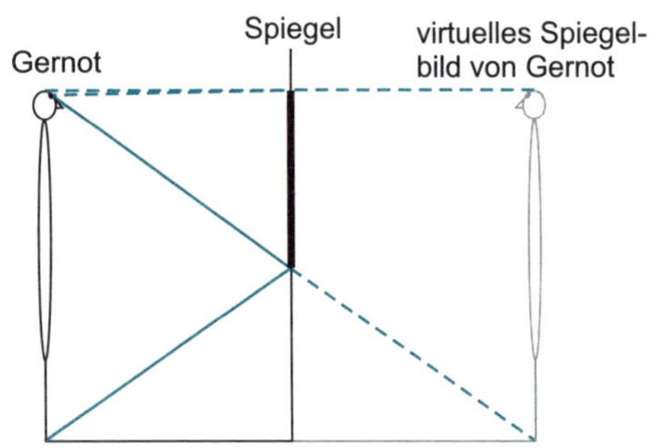

   Die Oberkante des Spiegels muss entsprechend in der Mitte zwischen Augen- und Körperhöhe liegen, damit sich Gernot bis zum Scheitel bewundern kann. Die Aufhänghöhe beträgt also 1,85 m, womit sich eine Spiegelgröße von 1,85 m – 0,90 m = 0,95 m ergibt.

2. Überlege dir anhand einer Zeichnung, ob sich der über den Spiegel einsehbare Bereich verändert, wenn Gernot weiter entfernt oder näher beim Spiegel steht.

   Lösung:
   Vergrößert oder verkleinert Gernot den Abstand zum Spiegel, muss er zwar flacher bzw. steiler auf seine Füße schauen, aber an den nötigen Spiegelabmessungen ändert dies nichts:

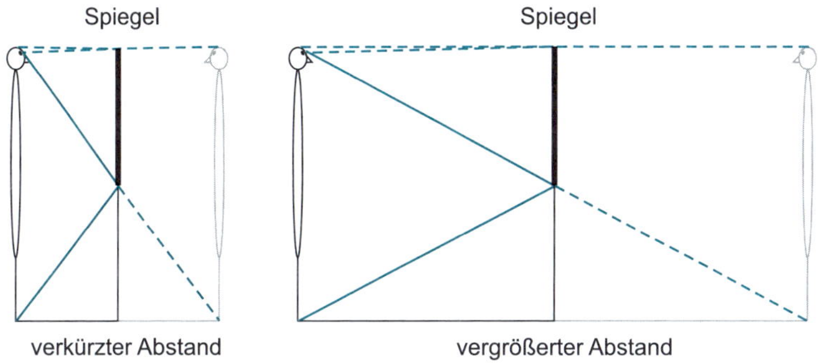

Aufgaben

37. Karl Knauser (1,80 m groß, Augenhöhe 1,70 m) soll für seine Familie einen neuen Garderobenspiegel anschaffen, der senkrecht an der Wand montiert ist. Als sparsamer Mensch wählt er den Spiegel so klein wie möglich, aber so groß wie nötig, um allen Mitgliedern den Spiegelblick „vom Scheitel bis zur Sohle" zu ermöglichen:
Ehefrau Kriemhild (1,60 m groß, Augenhöhe 1,50 m),
Tochter Kerstin (1,90 m groß, Augenhöhe 1,80 m),
Sohn Kristof (2,00 m groß, Augenhöhe 1,90 m),
Dackel Kleffi (0,25 m hoch, Augenhöhe 0,20 m).
Berechne die Mindesthöhe h und die Aufhänghöhe H der Oberkante.

✻ **38.** Eine Überwachungskamera im Punkt A beobachtet den von dort aus sichtbaren Bereich. Überlege dir, ob es eine Zone (etwa hinter einem der Regale R1 und R2) gibt, die auch über den Spiegel nicht einsehbar ist.

Hinweis: Zeichne die virtuellen Spiegelbilder der Regale ein. Beachte, dass es zu Einfach- sowie zu Doppelspiegelungen kommen kann.

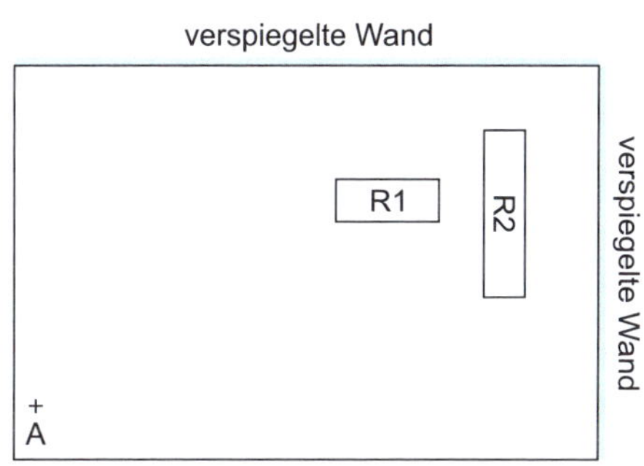

39. Es ist schwierig, über einen Spiegel auf ein Blatt Papier zu schauen und dabei seinen Namen darauf zu schreiben. Auch die Geduldspiele, bei denen eine Kugel durch leichtes seitliches Kippen in ein bestimmtes Loch gebracht werden muss, sind bei Blick über einen Spiegel kaum zu schaffen. Umso erstaunlicher erscheint somit die Leistung eines Zahnarztes, einmal direkt den Zahn anzusehen und einmal über den Spiegel, dabei den Bohrer stets in die richtige Richtung zu bewegen und den Patienten nicht zu verletzen.
Welche objektive Eigenschaft des Spiegels ist verantwortlich für diese Schwierigkeiten? Was „vertauscht" der Spiegel?

NTG **40.** Für die Bildentstehung bei **gewölbten Spiegeln** (mit „Brennpunkt" F) gibt es einfache Regeln: Parallelstrahlen (zur optischen Achse) werden zu Brennpunktstrahlen und umgekehrt.
Beim **Hohlspiegel** ergeben sich dann reelle oder virtuelle Bildpunkte dort, wo sich zwei solche Strahlen, die von einem Punkt des Gegenstands (hier von der Pfeilspitze) ausgehen, treffen. Nähert sich der Gegenstand dem Brennpunkt, wird das (kopfstehende) Bild größer (Abbildung A). Befindet sich der Gegenstand zwischen Brennpunkt und Spiegel, entsteht ein (virtuelles) aufrechtes Bild (Abbildung B).

A

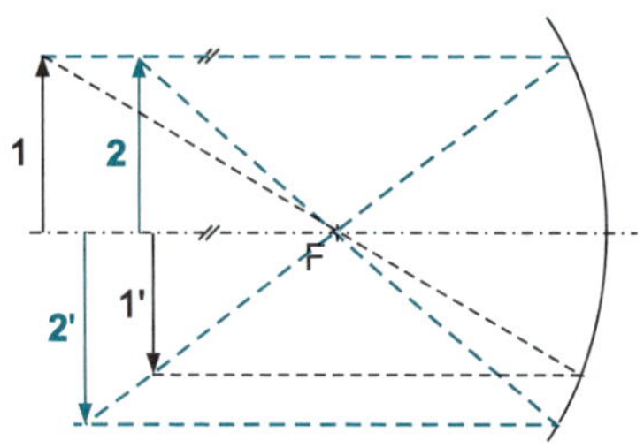

B

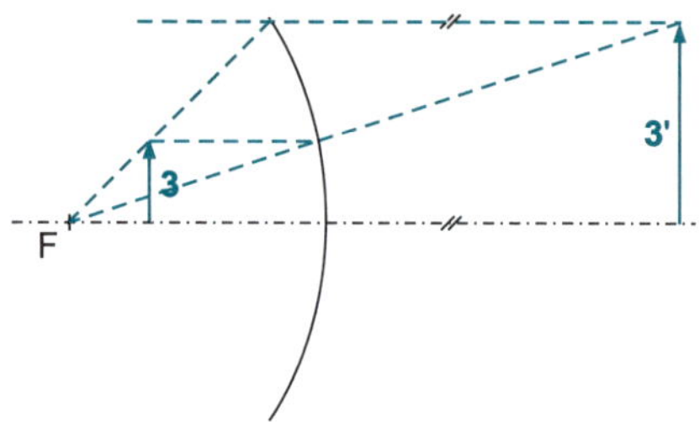

a) Bestätige diese Ergebnisse, indem du in die hohle Seite eines Suppenlöffels blickst und die Beobachtung beschreibst.
b) Was siehst du, wenn du den Suppenlöffel so umdrehst, dass du auf die nach außen gewölbte Seite blickst? Fertige analog zur Abbildung oben Konstruktionen am **Wölbspiegel** für zwei Positionen eines Gegenstandes an.

2.2 Brechung und Linsen

Brechung und Totalreflexion

Trifft ein Lichtstrahl auf die Grenzschicht zwischen einem durchsichtigen Material (z. B. Luft) und einem anderen durchsichtigen Material (z. B. Glas), dann wird wie am Spiegel ein Teil gemäß Reflexionsgesetz reflektiert, der übrige Teil tritt in das andere Material ein und ändert dabei seine Ausbreitungsrichtung.

Regel

> Unter **Lichtbrechung** versteht man die Richtungsänderung von Lichtstrahlen beim Übergang von einem optisch dichteren in ein optisch dünneres Material oder umgekehrt.

Lernvideo

Das nach der Brechung durchleuchtete Material heißt **optisch dichter** als das andere, wenn der Strahl steiler wird im Vergleich zum Verlauf vor der Grenzfläche (er wird „zum Einfallslot hin gebrochen"), im umgekehrten Falle heißt es **optisch dünner**. Mit wachsendem Einfallswinkel (also flacherem Strahl) wächst der reflektierte Anteil des Lichts (in den Abbildungen gestrichelt gezeichnet), man kennt dies etwa von Schaufenstern.

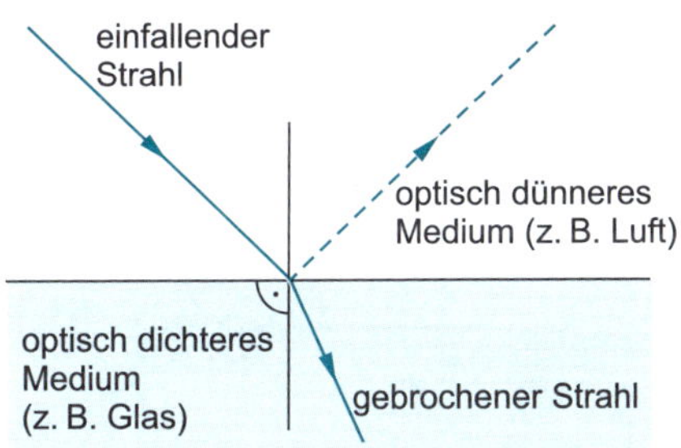

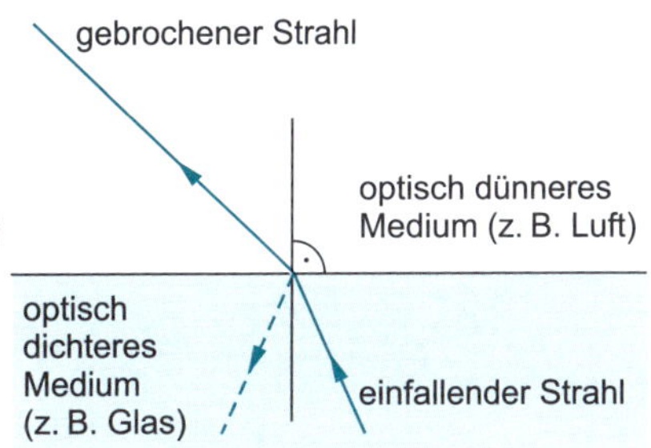

Befindet sich ein Lichtstrahl zunächst in dem optisch dichteren Material und trifft immer flacher auf die Grenzschicht, dann wird er ab einem bestimmten Winkel nicht mehr hinaus gebrochen, sondern nur noch reflektiert.

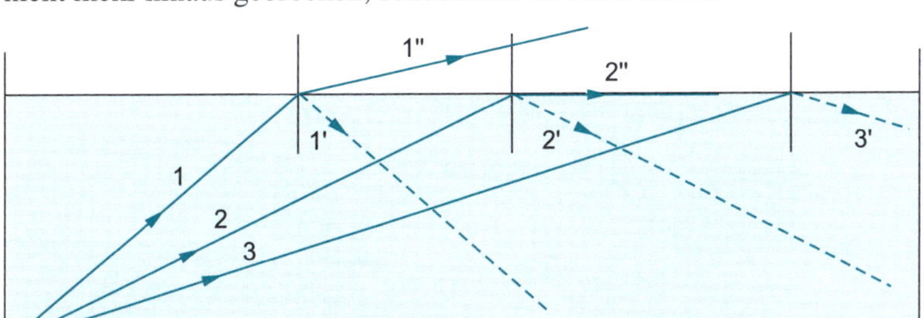

Diesen Fall nennt man **Totalreflexion**, man nutzt ihn technisch aus für die Entwicklung von **Lichtleitern** („Glasfaserkabel").

Anmerkung: Lichtleiter haben gegenüber elektrischen Leitern unter anderem den Vorteil, dass sich Lichtstrahlen (anders als elektrische Ströme) gegenseitig durchdringen können, ohne sich zu stören, wodurch so viele unabhängige Datenströme durch den Lichtleiter geschickt werden können, wie am Ende etwa durch unterschiedliche Farbfilter wieder getrennt werden können.

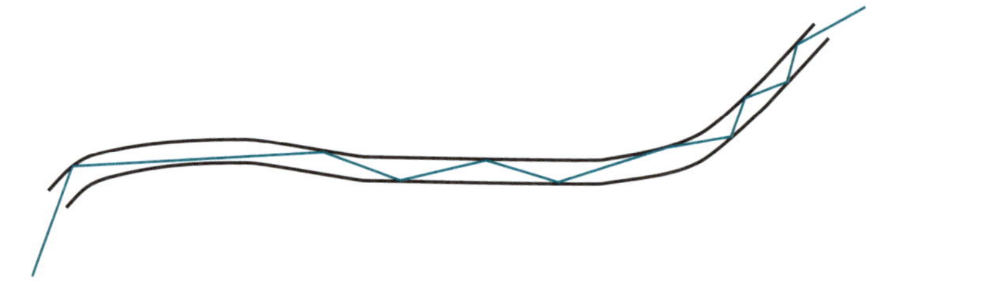

Sammellinsen

Es gibt verschiedene Brechkörper (z. B. aus Glas), die in Bezug auf ihre brechende Wirkung bestimmte Eigenschaften aufweisen und in der Optik besondere Rollen einnehmen.

Bei der Doppelbrechung an der **planparallelen Glasplatte** läuft der Strahl nachher parallel versetzt zum Ausgangsstrahl.

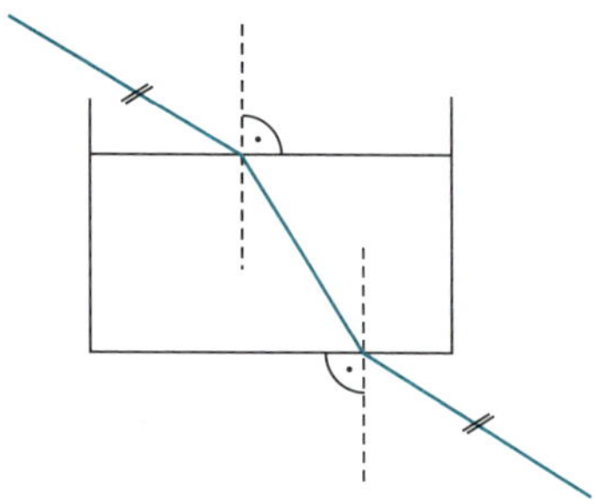

An einem durchsichtigen **Keil** finden ebenfalls zwei Brechungen statt, eine beim Eintritt (zum Einfallslot hin) und eine beim Austritt (vom Austrittslot weg).

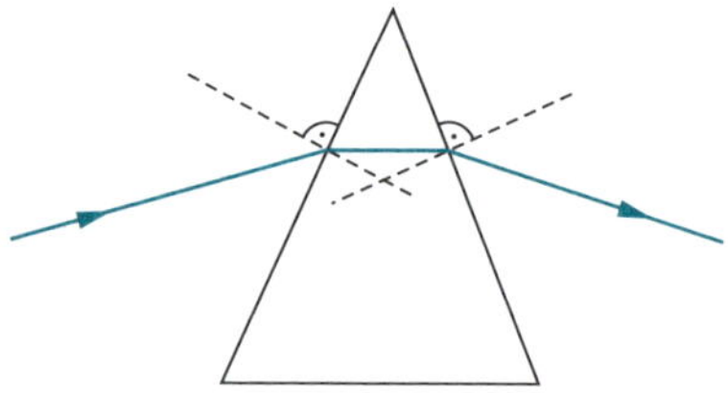

Die brechende Wirkung einer **Sammellinse** kann man sich leicht vorstellen, wenn man sie sich aus vielen, unterschiedlich steilen Keilstümpfen zusammengesetzt denkt.
Bei einer solchen, sphärisch (= kugelförmig) gewölbten Oberfläche treffen sich die senkrecht zur Linsenebene eintreffenden Strahlen nach „der" Brechung (eigentlich sind es ja zwei Brechungen, die man der Einfachheit halber durch eine einzige Brechung an der Linsenebene ersetzt) im sogenannten **Brennpunkt F**, dessen Abstand von der Linsenebene **Brennweite f** heißt.

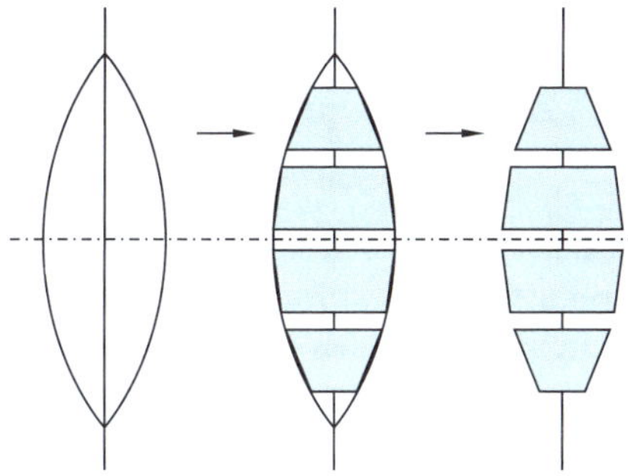

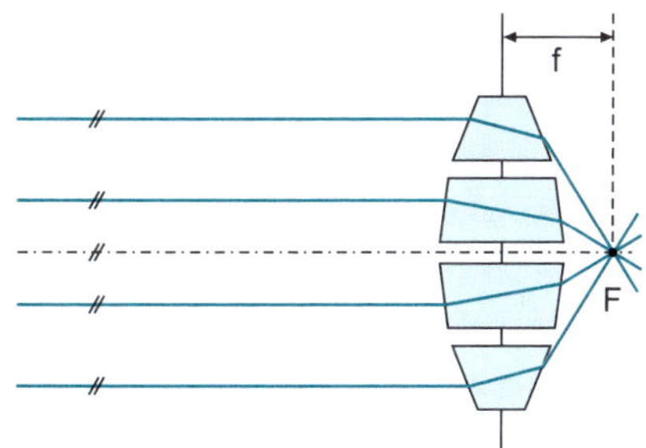

Modell mit Keilstümpfen

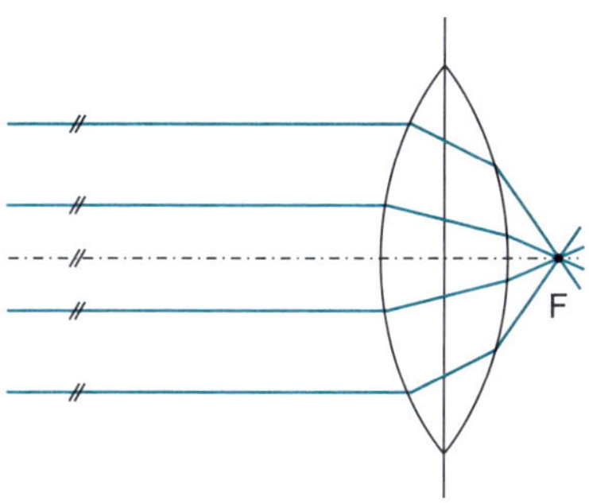

tatsächlicher Strahlenverlauf mit zweifacher Brechung

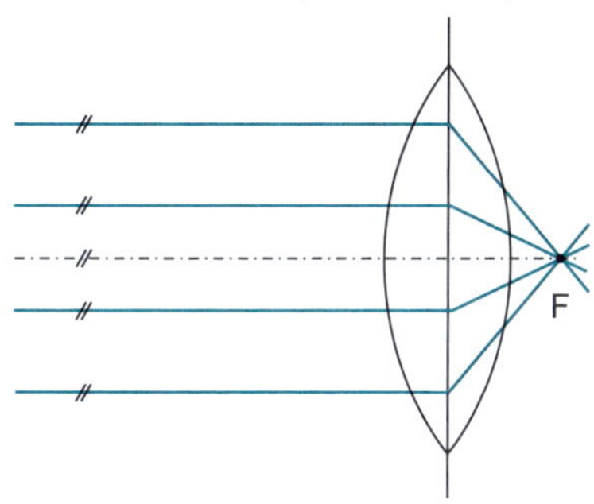

vereinfachter Strahlenverlauf mit nur einer Brechung in der Linsenebene

Parallel einfallendes Licht trifft sich oberhalb oder unterhalb des Brennpunktes in der so genannten **Brennebene**.

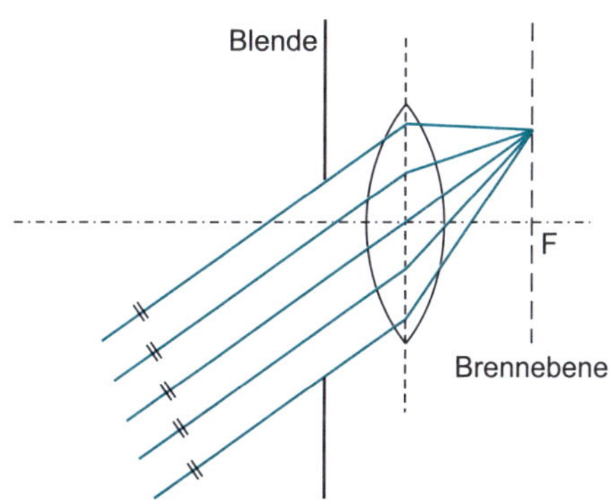

Für Konstruktionen in der Strahlenoptik ist es hilfreich, sich die Abbildungseigenschaften folgender drei charakteristischer Strahlentypen zu merken:

Regel

Lernvideo

- **Parallelstrahlen** (d. h. Strahlen parallel zur optischen Achse) werden zu Brennstrahlen (d. h. Strahlen durch den Brennpunkt).
- **Brennstrahlen** werden zu Parallelstrahlen.
- **Mittelpunktstrahlen** (d. h. Strahlen durch den Schnittpunkt von Linsenebene und optischer Achse) werden nicht gebrochen.

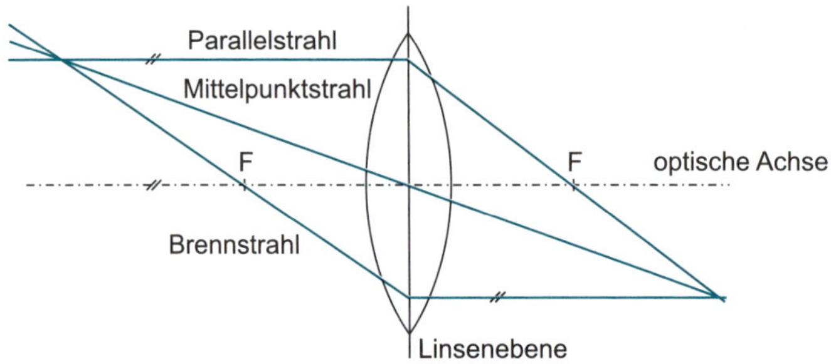

Beispiele

1. Gegeben ist eine Linse mit ihren Brennpunkten (Brennweite f), die optische Achse und ein Gegenstand (Pfeil) der Größe G. Den Abstand des Gegenstands von der Linsenebene bezeichnet man als die **Gegenstandweite g**, den Abstand zum Bild als die **Bildweite b**. Die Gegenstandsweite beträgt g = 3f. Konstruiere das Bild B des Pfeils.

   Lösung:

   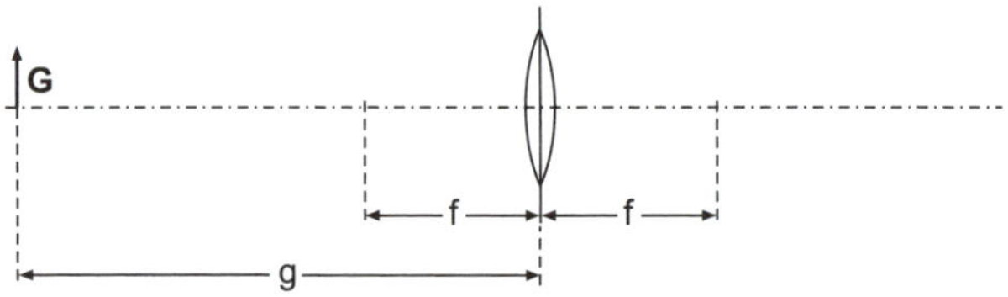

   Es wird der Bildpunkt der Pfeilspitze konstruiert, indem man von allen die Pfeilspitze (allseitig!) verlassenden Strahlen zwei der drei „besonderen" Strahlen (Parallel-, Brenn- und Mittelpunktstrahl) auswählt und deren Schnittpunkt konstruiert. Hier werden der Parallelstrahl und der Mittelpunktstrahl verwendet:

   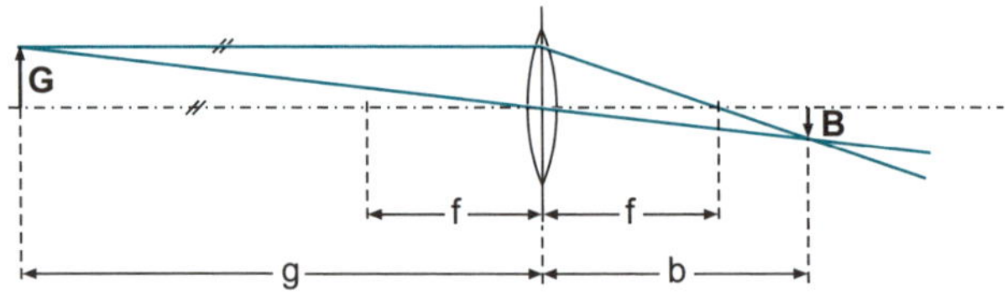

Der Parallelstrahl wird dabei nach der Brechung zum Brennstrahl, der Mittelpunktstrahl wird nicht gebrochen. Beide Strahlen, die von der Pfeilspitze ausgehen, treffen sich wieder in einem Punkt, dem Bildpunkt (und alle anderen Strahlen von der Pfeilspitze, die die Linse treffen, eben auch!). Dort ist ein scharfes Bild der Pfeilspitze (und auch des ganzen Pfeils), das man mit einem Schirm auffangen kann. Es handelt sich also um ein reelles Bild. Man hätte auch den Brennstrahl statt einem der beiden anderen wählen können, er kommt auch an der Spitze von B an:

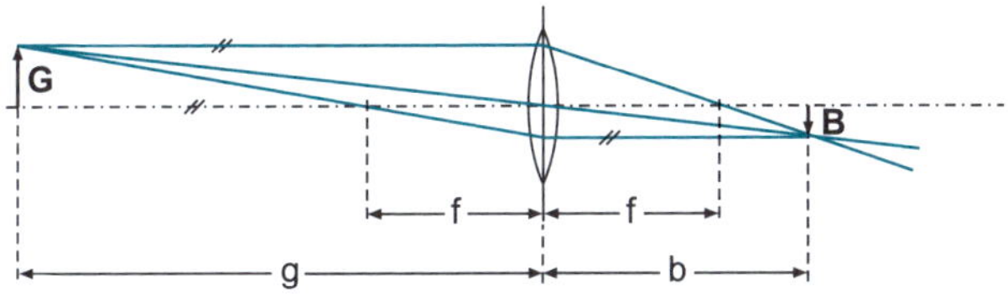

2. Will man einen Gegenstand mit einer **Lupe** betrachten, muss man diese so annähern, dass ihr Abstand kleiner als die Brennweite ist. In welcher Stellung wird die Vergrößerung am stärksten?

   Lösung:
   Bei der Lupe entsteht ein virtuelles Bild (es lässt sich also nicht auf einem Schirm auffangen).

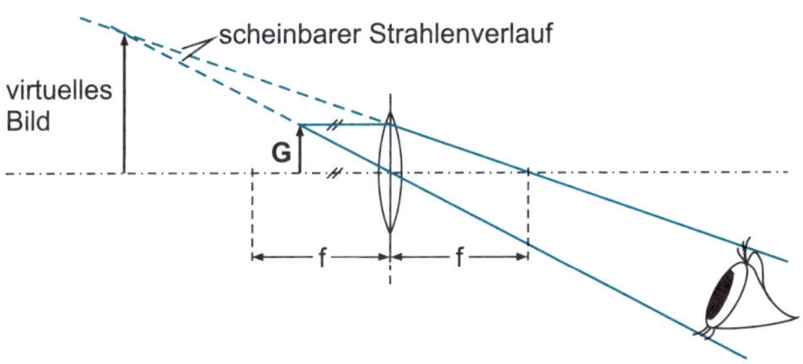

Das scheinbare Bild ist aufrecht und vergrößert. Das Bild wird größer, wenn man den Gegenstand der Brennebene nähert:

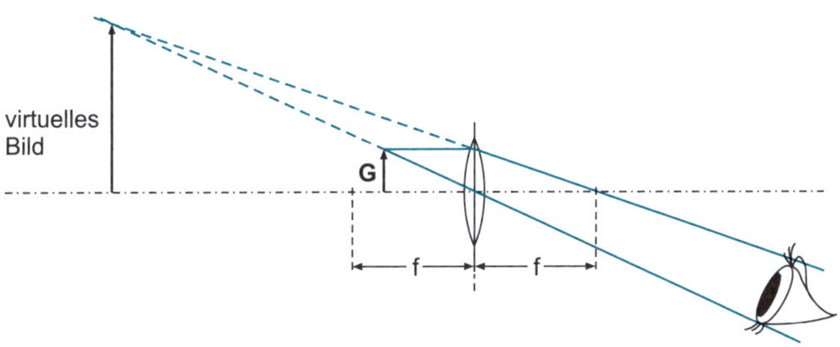

Zerstreuungslinsen

Generell wird bei optischen Linsen unterschieden zwischen den bisher beschriebenen Sammellinsen und **Zerstreuungslinsen**. Im Gegensatz zu Sammellinsen sind Zerstreuungslinsen am Rand dicker als in der Mitte. Ihre Brennweiten werden als negative Werte angegeben; gemeint ist dabei der Abstand des **fiktiven Brennpunktes**. Fiktiv bedeutet hier, dass nicht die realen Strahlen, sondern nur deren gedachten Verlängerungen sich schneiden, also scheinbar einem gemeinsamen Punkt (eben dem fiktiven Brennpunkt) entspringen.

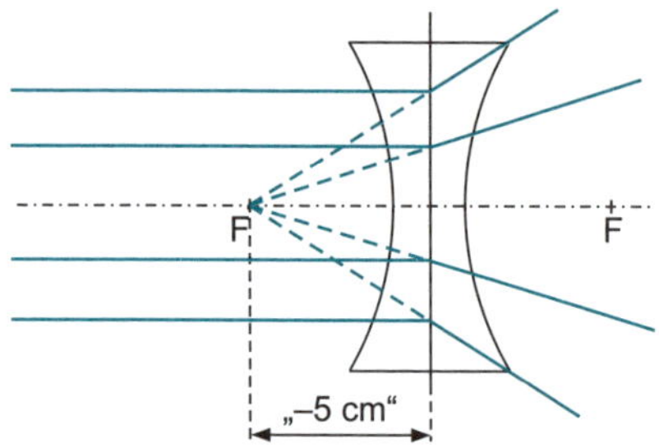

Optische Geräte

Linsen finden Anwendung in **optischen Geräten** wie dem Fernrohr oder dem Mikroskop. Dabei wird zumeist nicht nur eine Linse verwendet, sondern eine Kombination aus mehreren Linsen (Sammel- und/oder Zerstreuungslinsen).

Beispiel

Funktionsweise des Kepler-Fernrohres (astronomisches Fernrohr)

Ein Kepler-Fernrohr mit möglichst starker Vergrößerung soll gebaut werden.

a) Ist die Objektivbrennweite möglichst groß oder klein zu wählen?

b) Ist die Okularbrennweite möglichst groß oder klein zu wählen?

Lösung:

Für die Beantwortung der Fragen a und b sind die folgenden Strahlengänge hilfreich, bei denen es jeweils um die Bildpunkte P' und Q' des rechts dargestellten Pfeils mit Endpunkten P und Q geht, welcher mit P auf der optischen Achse stehen soll (damit liegt auch P' stets auf der optischen Achse).

Wenn der Pfeil weit entfernt vom Auge steht, dann liegen die Bildpunkte P' und Q' sehr nahe beieinander und das Bild des Pfeils wird dementsprechend klein. Wegen der großen Entfernung kann man die von Q ausgehenden Strahlen als nahezu parallel annehmen:

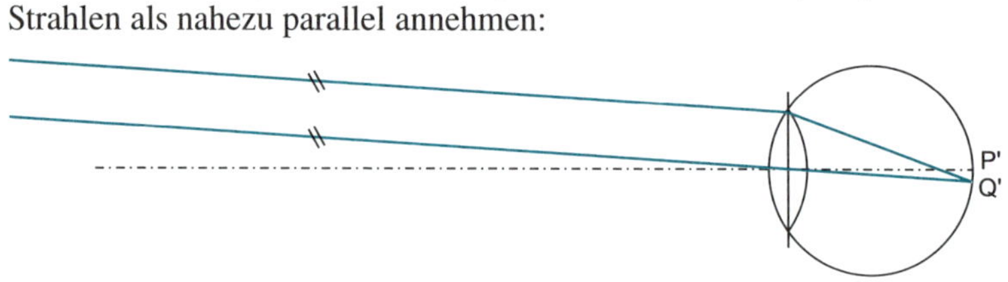

Ein Kepler-Fernrohr erzeugt nun zunächst mit dem **Objektiv** ein Bild des Pfeils in der Nähe des Auges, das dann wiederum mit einer Lupe, dem so genannten **Okular**, betrachtet wird:

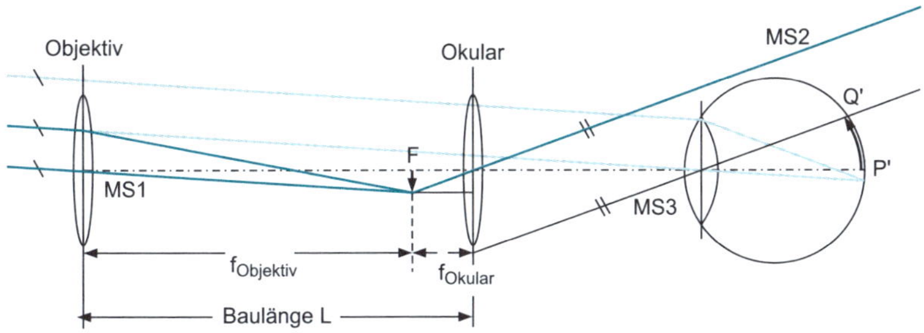

Der Strahlengang erklärt sich (unter Verwendung der Tatsachen, dass Brennstrahlen zu Parallelstrahlen werden und umgekehrt sowie Mittelpunktstrahlen nicht gebrochen werden) folgendermaßen:

Zunächst (links) kommen die Strahlen vom Punkt Q parallel zueinander wie im oberen Bild ohne Fernrohr; im Objektiv werden sie nun erstmals gebrochen, der Mittelpunktstrahl MS1 passiert die Linse ungebrochen. Weil die Strahlen parallel zueinander einfallen, treffen sie sich in einem Punkt der Brennebene, nämlich der jetzt unten liegenden Spitze des Pfeils im gemeinsamen Brennpunkt F der Linsen. Hier entsteht ein scharfes, auf dem Kopf stehendes Bild des Pfeils. Wieder gehen von jedem Punkt (also auch der Spitze) in alle Richtungen Strahlen weg, also auch einer durch den Mittelpunkt des Okulars. Dieser wird als Mittelpunktstrahl (MS2) nicht gebrochen und gibt die Richtung des nach dem Okular parallelen Lichtbündels an. Legt man dazu die Parallele durch den Mittelpunkt der Augenlinse, erhält man den Mittelpunktstrahl MS3, der wiederum von der Augenlinse nicht gebrochen wird und die Netzhaut im Bildpunkt Q' schneidet.
Bei dieser Konstruktion wird grundsätzlich nicht berücksichtigt, ob der jeweilige (z. B. Mittelpunkt-) Strahl die andere Linse auch trifft; er dient eben nur als Konstruktionshilfe. Im Nachhinein lässt sich dann (vom so konstruierten Bildpunkt Q' ausgehend) das tatsächlich vom Zwischenbild auf die Netzhaut gelangende Bündel einzeichnen (das bringt aber keine neuen Erkenntnisse, außer vielleicht, dass große Linsen die Lichtstärke des optischen Instrumentes erhöhen, weil einfach mehr Licht von Q die Netzhaut erreicht); dabei wird der Strahlbereich oben durch den oberen Pupillenrand und unten durch den unteren Okularrand begrenzt.

Die Antworten auf die eingangs gestellten Fragen lauten somit:

a) Die **Objektivbrennweite** ist möglichst **groß** zu wählen, damit das Bild zwischen den Linsen erst in großer Entfernung vom Objektiv steht (beachte den ungebrochenen Mittelpunktstrahl!) und damit selbst möglichst groß ist.

b) Die **Okularbrennweite** ist möglichst **klein** zu wählen, damit das Bild zwischen den Linsen mit einer möglichst starken Lupe (= Sammellinse mit kurzer Brennweite als Okular) weiter vergrößert wird, um dann im Auge größtmöglich abgebildet zu werden.

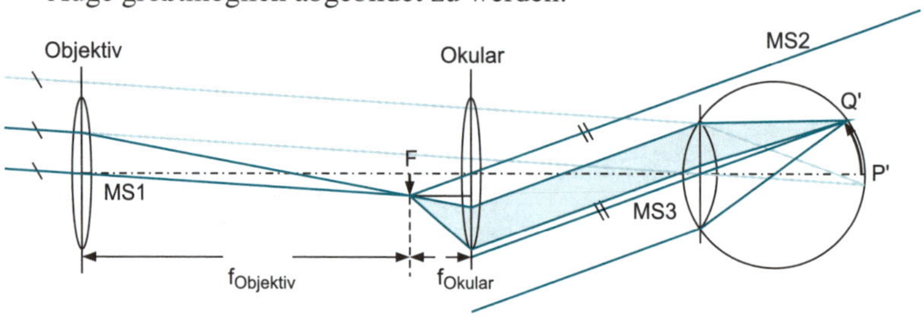

Zusammenfassung

- Licht breitet sich geradlinig und allseitig aus; an **Spiegeln** wird es **reflektiert**, dabei liegen einfallender und ausfallender Strahl in einer Ebene und schließen mit der Oberfläche des Spiegels jeweils den gleichen Winkel ein.
- Beim Übergang des Lichts von einem durchsichtigen Material in ein anderes tritt **Brechung** auf, die Richtung der Lichtstrahlen ändert sich. In welche Richtung die Strahlen gebrochen werden, hängt von der **optischen Dichte** der Materialien ab. Beim Übergang von einem optisch dichteren in ein optisch dünneres Material kommt es zur **Totalreflexion**, wenn die Strahlen sehr flach auf die Grenzschicht treffen.
- Bei **Sammellinsen** werden **Brennstrahlen** zu **Parallelstrahlen** und umgekehrt, **Mittelpunktstrahlen** werden nicht gebrochen.
- Neben Sammellinsen gibt es **Zerstreuungslinsen**. Diese sind in der Mitte dünner als am Rand.

Aufgaben **41.** Ein Fisch blickt nach oben in Richtung Wasseroberfläche. Was sieht er?

42. Die folgenden Abbildungen zeigen das Prinzip des **Regensensors** beim Auto, einmal bei trockener und einmal bei nasser Scheibe.

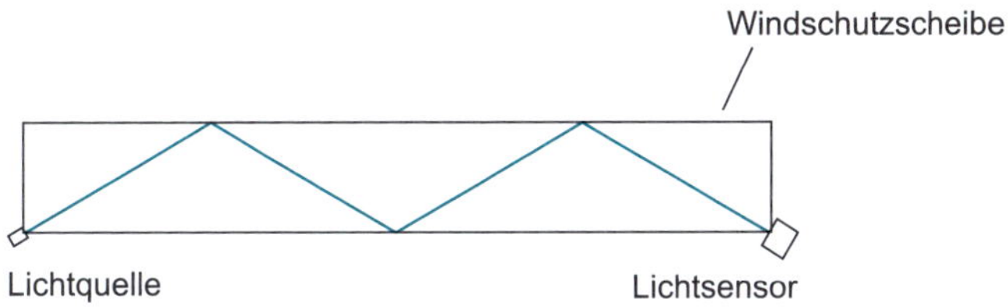

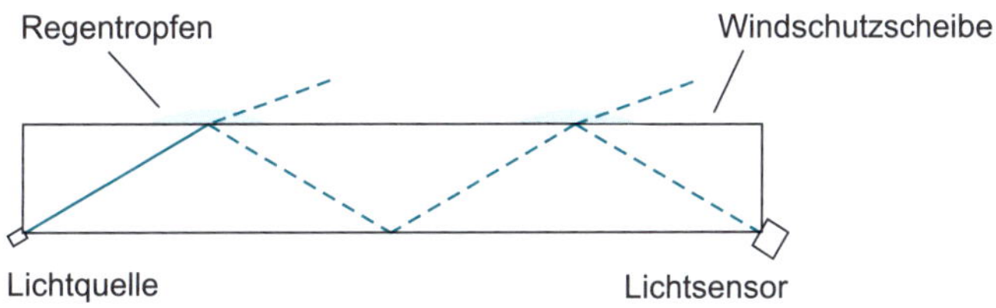

Erkläre, wie der Lichtsensor an der Intensität des einfallenden Lichtes den Regen „bemerkt“.

43. Je nach Oberflächenform unterscheidet man verschiedene Linsentypen; eine nach außen gewölbte Oberfläche heißt konvex, eine Hohlschliff-Fläche heißt konkav, ebene Flächen nennt man auch „plan“. Haben beide Seiten Hohlschliff, nennt man das eine Bikonkav-Linse.

a) Ergänze die fehlenden Bezeichnungen:

	Plankonvex-Linse		Bikonkav-Linse	

b) Welche der in Teilaufgabe a dargestellten Linsen sind Zerstreuungslinsen?

44. Die Strahlenbündel in der folgenden Zeichnung entspringen nicht im Brennpunkt, folglich werden sie nach der Brechung auch keine Parallelstrahlen sein. Skizziere den weiteren Strahlenverlauf.

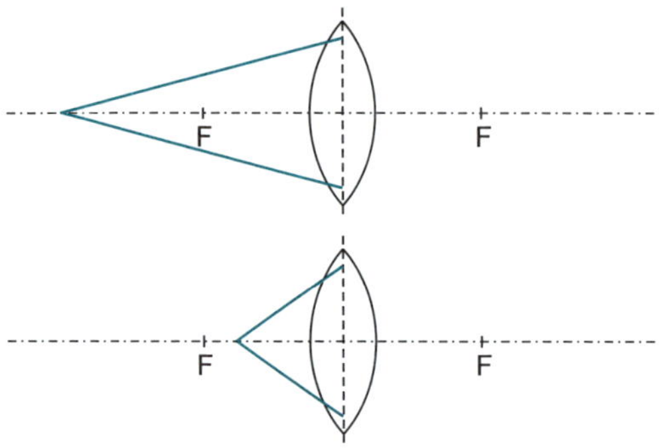

Simulation

45. Simulation: „Geometrische Optik“
- Wähle den Bereich „Linse“.
- Wähle im Drop-down-Menü links oben auf dem Bildschirm als Gegenstand „Pfeil“.
- Klicke auf das Schloss-Symbol, um die Gegenstandsgröße G während deines Experiments konstant zu halten.
- Wenn du willst, dass dir stets die Parallel-, Mittelpunkt- und Brennpunktstrahlen angezeigt werden, wähle unter „Strahlen“ links unten auf dem Bildschirm „Konstruktionsstrahlen“.
- Alle weiteren Einstellungen müssen nicht verändert werden.
- Bewege den Gegenstandspfeil in verschiedene Positionen g und beobachte, wie sich die Position b und die Größe B des Bildpfeils ändern.
- Vervollständige basierend auf deinen Beobachtungen folgende Tabelle:

Gegenstandweite g	Bildweite b	Bildgröße B	Art des Bildes
$g > 2f$	$f < b < 2f$	$B < G$	reell
$g = 2f$			
$f < g < 2f$			
$0{,}5f < g < f$			virtuell

46. Mit einer Sammellinse (Brennweite f) wird ein reelles Bild eines Gegenstands erzeugt.
Gib an, wie sich Bildgröße B und Bildweite b bei Veränderung von f (und gleichbleibenden g und G) ändern.

NTG **47.** Simulation: „Lichtbrechung“

Simulation

- Wähle den Bereich „mehr Werkzeuge“.
- Wähle als oberes Material Luft und als unteres Material Wasser (Auswahlbereich rechts auf dem Bildschirm).
- Lasse dir Einfalls- und Brechungswinkel anzeigen, indem du das Häkchen neben „Winkel“ links unten auf dem Bildschirm setzt.
- Schalte den Laser an, variiere die Wellenlänge (und damit die Farbe) des Lichts und beobachte, wie die Brechung des Lichtstrahls im Wasser von der Farbe abhängt.
- Ergänze den folgenden Satz mit „größer“ oder „kleiner“:
  Mit steigender Wellenlänge des Lichts wird der Brechungswinkel im Wasser _____________.

2.3 Das menschliche Auge

Ein stark vereinfachtes **Modell des Auges** ist eine Kugel mit einer Sammellinse, die ein Objekt auf die Netzhaut (gekrümmte Leinwand) abbildet. Auf der Netzhaut befinden sich viele Sehzellen (Zäpfchen und Stäbchen). Zwei Punkte können dann getrennt gesehen werden, wenn ihre Bilder nicht die gleiche Sehzelle treffen. Im entspannten Zustand der Linse ist das gesunde Auge so beschaffen, dass weit entfernte Gegenstände scharf gesehen werden (ist ein Gegenstand weit entfernt, dann kommen die Strahlen von einem Punkt des Gegenstandes nahezu parallel an):

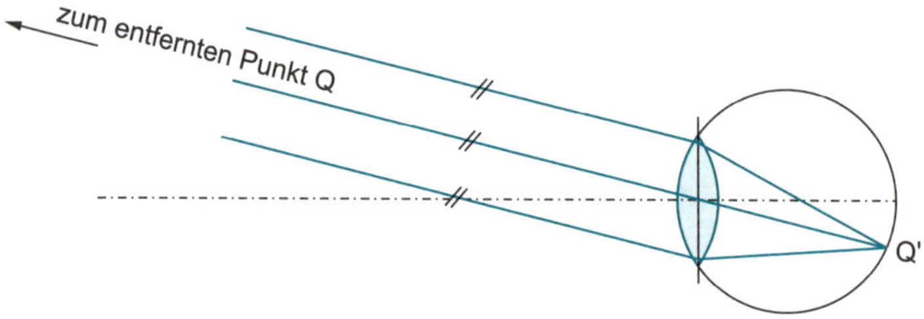

Die Strahlen von einem Punkt eines nahe gelegenen Gegenstandes sind divergent, müssen also stärker gebrochen werden, um sich auf der Netzhaut wieder zu treffen. Die Augenmuskulatur verformt die Linse entsprechend, man nennt dies **Akkommodation**:

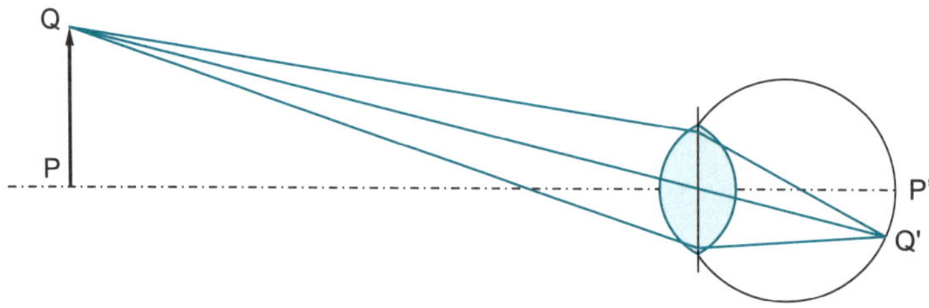

Das Bild eines Gegenstandes auf der Netzhaut wird sehr klein, wenn der Gegenstand entweder sehr weit entfernt liegt oder aber selbst sehr klein ist (das Auge kann nur auf eine Entfernung von etwa $d = 25$ cm, der deutlichen Sehweite, dauerhaft scharf stellen, sonst würde natürlich beliebiges Annähern das Bild vergrößern!).

Bei **Fehlsichtigkeiten** sind Augapfelform und Linsenbrechkraft nicht optimal aufeinander abgestimmt. Entweder sehr nahe gelegene oder sehr weit entfernte Gegenstände können nicht scharf auf der Netzhaut abgebildet werden. Abhilfe schaffen Sehhilfen (Brillen oder Kontaktlinsen): Durch das Einbringen einer Sammel- oder Zerstreuungslinse in den Weg des Lichts können die Gegenstände wieder scharf abgebildet werden.

Beispiel

Bei der **Kurzsichtigkeit** ist der Augapfel in Richtung der optischen Achse zu lang (gleichbedeutend ist die Aussage, dass die Brechkraft der Augenlinse zu groß ist).

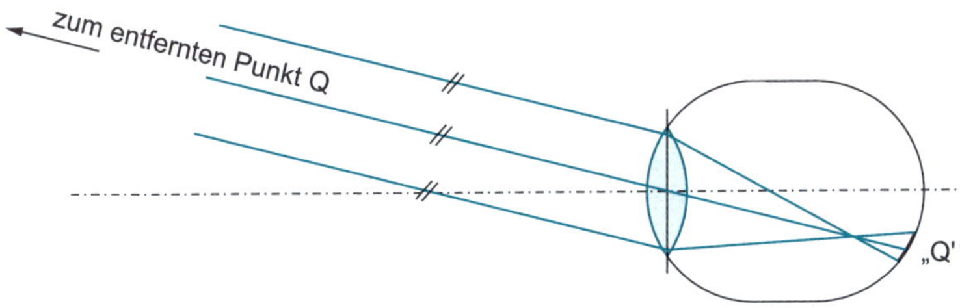

Die parallelen Strahlen von einem Punkt Q in großer Entfernung treffen sich schon vor der Netzhaut und divergieren dahinter wieder, sodass auf der Netzhaut kein scharfes Bild, sondern nur ein verschwommener Fleck „Q'" zu sehen ist.

a) Hilft gegen die Kurzsichtigkeit eine Sammel- oder eine Zerstreuungslinse? Gib eine kurze Begründung an.

b) Entscheide, ob das kurzsichtige Auge ohne Brille ein nahe gelegenes Objekt scharf sehen kann.

Lösung:

a) Um gegen die übergroße Brechkraft der Augenlinse zu wirken, muss eine Zerstreuungslinse eingesetzt werden (als Brille oder Kontaktlinse). Für das dann nicht mehr parallel, sondern leicht divergent eintreffende Lichtbündel ist die Brechkraft geeignet, um ein scharfes Bild auf der Netzhaut zu erzeugen.

b) Ein nahe gelegenes Objekt wird scharf gesehen, sogar mit geringerer Muskelanspannung im Auge, weil die Linse nicht so stark deformiert werden muss (sie bricht ja im entspannten Zustand schon zu stark). Daher kommt übrigens die Bezeichnung „Kurzsichtigkeit".

Zusammenfassung

- Das entspannte **Auge** sieht auf große Entfernungen scharf. Je näher das Objekt am Auge liegt, desto stärker divergieren die Strahlen, die von einem Objektpunkt ausgehen. Sie werden in der durch **Akkommodation** verformten Augenlinse mit dadurch größerer Brechkraft scharf auf die Netzhaut abgebildet.
- Bei **Fehlsichtigkeit** sind Augapfelform und Linsenbrechkraft nicht optimal aufeinander abgestimmt; durch Einbringen einer Sammel- oder Zerstreuungslinse kann für Abhilfe gesorgt werden.

Aufgaben

48. Bei der **Weitsichtigkeit** ist der Augapfel zu kurz bzw. die Brechkraft der Augenlinse zu gering.

a) Zeichne zunächst einen Strahlengang für diesen Fall der Fehlsichtigkeit und einen entfernt liegenden Punkt Q (bei entspannter Augenlinse).

b) Welche Sehhilfe ist geeignet? Nenne die therapeutisch sinnvolle Linsenart und gib eine kurze Begründung.

c) Entscheide, ob ein nahe gelegenes Objekt scharf gesehen werden kann (z. B. beim Lesen eines Buches).

NTG

49. Simulation: „Farbwahrnehmung“

Simulation

- Wähle den Bereich „RGB Lichter“.
- Drehe zunächst alle drei Lampen auf volle Leistung – man sieht weißes Licht.
- Drehe nun jeweils einen oder mehrere Regler ganz bzw. teilweise zurück, so ergeben sich „additive“ Mischfarben.
- Welche Farbe ist zu sehen, wenn man die blaue Lampe zurückdreht und die anderen beiden Lampen bei voller Leistung belässt?

3 Dynamik zweidimensionaler Bewegungen

3.1 Geschwindigkeit ein- und zweidimensionaler Bewegungen

Viele physikalische Größen lassen sich durch ein Vielfaches einer Einheit beschreiben, ein Geldbetrag z. B. als 150 € (oder genauer als „150 · 1 €“), eine Masse als 25 kg, eine Zeit als 45 Minuten und eine Körpergröße als 155 cm. Solche Größen nennt man **skalare Größen**.
Im Allgemeinen reicht bei Geschwindigkeiten eine solche Beschreibung nicht aus, da neben deren **Betrag** auch die **Richtung** von Bedeutung ist.

Eindimensionale Bewegungen

Eine eindimensionale Bewegung verläuft entlang einer geraden Linie, sie kann nur vorwärts oder rückwärts erfolgen – dies sind die beiden möglichen Richtungen. Deshalb lässt sich die Position eines Körpers genau durch einen Wert x angeben. Die Geschwindigkeit entspricht der Änderung dieses x-Wertes in einem bestimmten Zeitintervall. Die beiden möglichen Richtungen lassen sich durch ein Vorzeichen eindeutig unterscheiden – beispielsweise ein positives Vorzeichen für Bewegungen nach vorne, ein negatives Vorzeichen für die Gegenrichtung.

Regel

Bei der **geradlinigen (eindimensionalen) Bewegung** eines Körpers mit **konstanter Geschwindigkeit** gilt für die Geschwindigkeit v:

$$v = \frac{\Delta x}{\Delta t} = \frac{x_2 - x_1}{t_2 - t_1}$$

Δx bezeichnet den zurückgelegten Weg, Δt die dafür benötigte Zeit.
Die Einheit der Geschwindigkeit ist $[v] = 1\,\frac{m}{s}$.

Ergibt sich für die Differenz $x_2 - x_1$ ein negativer Wert, ist die Geschwindigkeit negativ, die Bewegung verläuft also z. B. rückwärts.
In vielen Aufgaben sind die Anfangswerte x_1 und t_1 gleich 0. Dann ist nur ein x- und ein t-Wert gegeben bzw. gesucht und mitunter wird der griechische Buchstabe Δ („groß Delta“) weggelassen.

Eine häufig verwendete Einheit der Geschwindigkeit ist $1\,\frac{\text{km}}{\text{h}}$. Für die Umrechnung beider Einheiten gilt:

$$1\,\frac{\text{m}}{\text{s}} = \frac{1000\,\text{m}}{1000\,\text{s}} = \frac{3{,}6}{3{,}6} \cdot \frac{1000\,\text{m}}{1000\,\text{s}} = 3{,}6\,\frac{\text{km}}{\text{h}}$$

Je nachdem, welche der drei Größen v, Δx oder Δt gesucht ist, erhält man die entsprechende Gleichung durch algebraische Äquivalenzumformung der Gleichung $v = \frac{\Delta x}{\Delta t}$.

Beispiel

Eine Brieftaube fliegt mit der Geschwindigkeit $v = 15\,\frac{\text{m}}{\text{s}}$ auf direktem Weg von München nach Freising (30 Kilometer Entfernung). Berechne, wie lange sie für den Flug braucht.

Lösung:
Gesucht ist die Flugzeit Δt. Multipliziert man beide Seiten von $v = \frac{\Delta x}{\Delta t}$ mit Δt, so erhält man nach Kürzen auf der rechten Seite $v \cdot \Delta t = \Delta x$ und nach Division beider Seiten durch v schließlich $\Delta t = \frac{\Delta x}{v}$. Einsetzen der gegebenen Größen $\Delta x = 30$ km und $v = 15\,\frac{\text{m}}{\text{s}}$ liefert (Einheiten beachten!):

$$\Delta t = \frac{\Delta x}{v} = \frac{30\,\text{km}}{15\,\frac{\text{m}}{\text{s}}} = \frac{30\,000\,\text{m}}{15\,\frac{\text{m}}{\text{s}}} = 2000\,\text{s} = 33\,\text{min}\;20\,\text{s}$$

Zweidimensionale Bewegungen

Zweidimensionale Bewegungen spielen sich nicht nur auf einer gerade Linie vorwärts und rückwärts ab, sondern in einer ganzen Ebene; sie verlaufen also zusätzlich nach rechts und links. Die Position eines Körpers ist durch einen x-Wert und einen y-Wert festgelegt, man kann sie in einem Koordinatensystem mit x- und y-Achse darstellen.

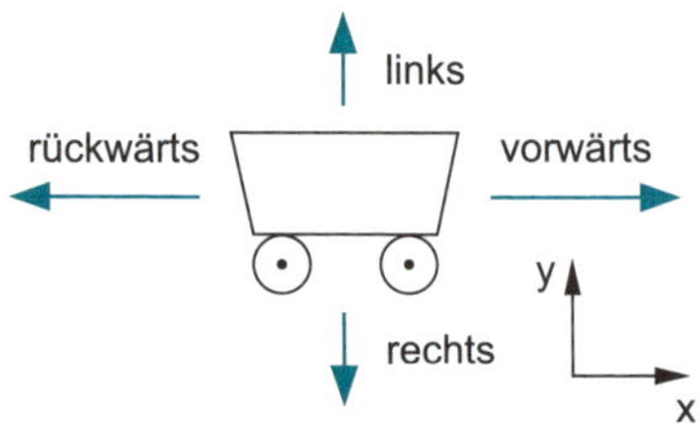

Zur vollständigen Beschreibung einer Geschwindigkeit gehört neben dem Betrag auch eine Richtung.

Regel

Bei der **zweidimensionalen Bewegung** eines Körpers wird dessen Geschwindigkeit $\vec{v}$ durch einen **Pfeil** dargestellt.

- Die **Länge** des Pfeils entspricht dem **Betrag** der Geschwindigkeit.
- Die **Orientierung** des Pfeils entspricht der **Richtung** der Geschwindigkeit.

Größen, bei denen die Richtung zur vollständigen Beschreibung gehört, nennt man **gerichtete Größen** (oder Vektorgrößen, weil die Pfeile in der Mathematik als Vektoren bezeichnet werden).

In Formeln sind gerichtete Größen durch den Pfeil über dem Formelzeichen gekennzeichnet. Das gleiche Formelzeichen ohne den Pfeil steht für den Betrag der gerichteten Größe. Ist in Texten z. B. von der „Geschwindigkeit v" die Rede, so ist eigentlich der Betrag der Geschwindigkeit gemeint (z. B. wenn die Richtung im Sachzusammenhang unwichtig ist).

Für die gleichzeitige Überlagerung zweier Bewegungen müssen die entsprechenden Geschwindigkeitspfeile addiert werden (**Pfeiladdition** oder Vektoraddition). Das folgende einfache Beispiel zeigt dieses Prinzip.

Beispiel

In einem Kanal (parallele Ufer, Wassergeschwindigkeit gleichmäßig $1{,}5\,\frac{\text{m}}{\text{s}}$) schwimmt Erwin (Eigengeschwindigkeit $2{,}0\,\frac{\text{m}}{\text{s}}$) senkrecht zum Ufer los in Richtung des anderen Ufers, wo seine Freundin Hildegard sehnsüchtig auf ihn wartet.
Welche tatsächliche Geschwindigkeit hat Erwin und an welcher Stelle muss Hildegard auf ihn warten? Fertige eine Skizze mit den Geschwindigkeitspfeilen an.

Lösung:

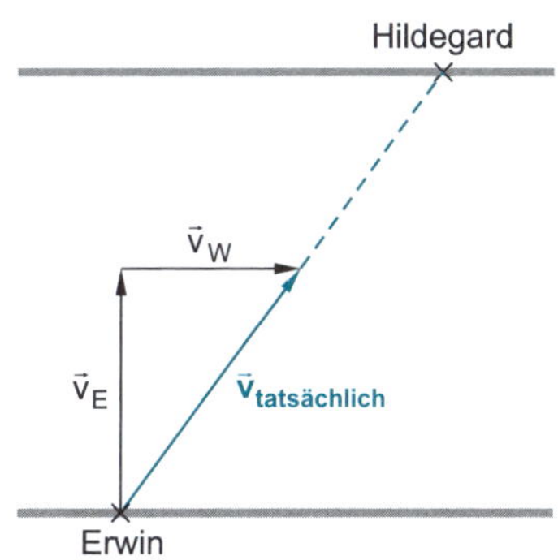

Während Erwin in der ersten Sekunde 2,0 m Richtung Hildegards Ufer schwimmt, bewegt sich das ihn tragende Wasser gleichzeitig um 1,5 m flussabwärts, er wird also „abgetrieben". Vom Ufer (oder besser von oben) aus gesehen hat er sich in dieser Sekunde entlang des blauen Pfeils bewegt, der länger ist als die Pfeile der Einzelgeschwindigkeiten. Er schwimmt also scheinbar schneller. Die Richtung des blauen Pfeils ist seine tatsächliche Schwimmrichtung, die sich aus Eigen- und Wasserbewegung zusammensetzt. Hildegard sollte dort warten, wo der verlängerte blaue Pfeil die Uferlinie trifft.

Regel

Bei der **Überlagerung mehrerer Geschwindigkeiten** werden die Geschwindigkeitspfeile durch **Pfeiladdition** kombiniert.

- Bei **zwei Geschwindigkeiten** hängt man den einen Pfeil mit seinem Anfangspunkt an die Spitze des anderen (durch Parallelverschiebung). Der Summenpfeil beginnt am Anfangspunkt des ersten Pfeils und endet am Endpunkt des zweiten Pfeils. Es entsteht ein Dreieck, bei Vertauschung der Reihenfolge ein Parallelogramm.

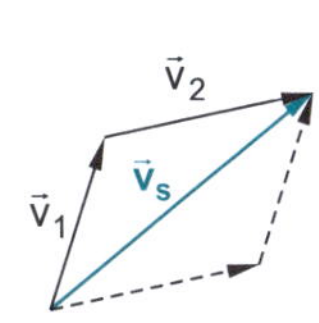

- Bei **mehr als zwei Geschwindigkeiten** gilt dasselbe Prinzip „Fuß an Spitze". Der Summenpfeil entsteht durch das Aneinanderhängen der Geschwindigkeitspfeile und Verbinden des ersten Anfangspunkts und des letzten Endpunkts.

Im genannten Beispiel schwimmt Erwin mit gleichbleibender Geschwindigkeit nach oben (in y-Richtung), während gleichzeitig das Wasser dazu senkrecht nach rechts (in x-Richtung) fließt – ebenfalls mit gleichbleibender Geschwindigkeit. Deswegen ist es besonders einfach und gut geeignet, um die Pfeiladdition zu verstehen. Diese funktioniert gleichwohl auch in allen komplizierteren Fällen.

Beim **waagrechten Wurf** rollt eine Kugel waagrecht in x-Richtung mit gleichbleibender Geschwindigkeit v_x über den Rand der Unterlage und fällt anschließend mit immer größer werdender Vertikalgeschwindigkeit v_y nach unten, während (bei vernachlässigter Luftreibung) die Horizontalgeschwindigkeit v_x unverändert bleibt.

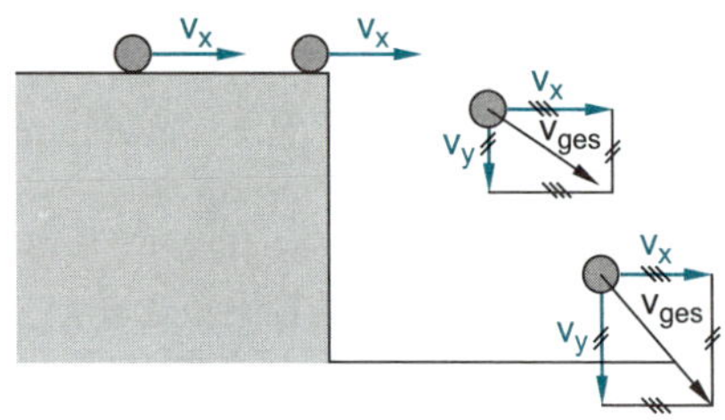

Der Summenpfeil wird immer länger und zeigt immer steiler nach unten. Bei diesem Beispiel bleibt der eine (waagrechte) Geschwindigkeitsanteil gleich und nur der andere (vertikale) ändert sich mit der Zeit – wegen der Erdanziehung fällt die Kugel immer schneller.

Eine weitere besondere zweidimensionale Bewegung ist die **Kreisbewegung**.

Der Betrag der Geschwindigkeit ändert sich hierbei nicht, die Richtung dagegen ständig. Der Geschwindigkeitspfeil zeigt (etwa beim Uhrzeiger) immer am Zeigerende rechtwinklig nach rechts.

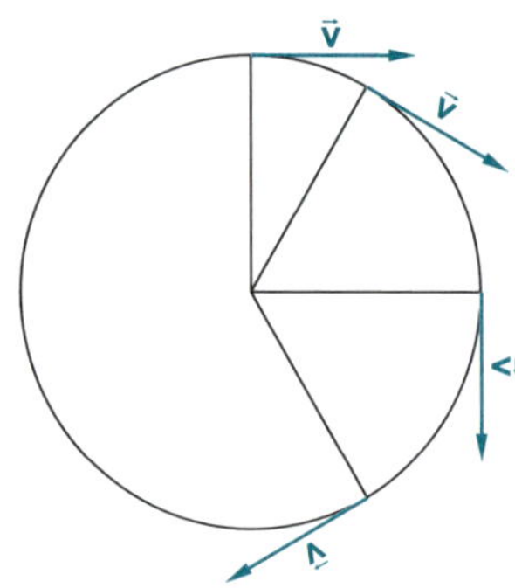

Aufgaben

50. Berechne die Strecke, die eine Schnecke bei $v = 0{,}0010\ \frac{m}{s}$ in 1,5 h zurücklegt.

51. Berechne, wie lange ein Sportler bei einem Ski-Abfahrtsrennen mit $v = 30\ \frac{m}{s}$ unterwegs ist, wenn die Wettkampfpiste eine Länge von 3 900 m hat.

52. Ein Sprinter läuft 100 m in 10,0 s. Berechne seine mittlere Geschwindigkeit.

53. Das Echolot eines Schiffes schickt ein akustisches Signal senkrecht nach unten zum Meeresgrund in 4 500 m Tiefe. Um wie viel später empfängt es das dort reflektierte Signal bei einer Schallgeschwindigkeit in Wasser von $1\,500\ \frac{m}{s}$?

54. Eine Fledermaus sendet ein Ultraschallsignal (Schallgeschwindigkeit in Luft $340 \frac{m}{s}$) aus und trifft damit ein Beutetier, welches das Signal reflektiert. Bis zum Eintreffen des reflektierten Signals vergehen 0,0005 s.
Berechne den Abstand des Beutetieres.

55. Die Schallgeschwindigkeit in der Luft beträgt etwa $340 \frac{m}{s}$, die Lichtgeschwindigkeit ist mit etwa $300\,000 \frac{km}{s}$ wesentlich höher.
Beschreibe ein Experiment, mit dem zwei Personen mit Stoppuhr und Starterklappe (vom Sport) auf einer 100-m-Bahn die Schallgeschwindigkeit nachweisen können.

56. Mit zwei Lichtschranken und einer elektronischen Uhr kann man die Geschwindigkeit eines Autos messen. Beschreibe ein geeignetes Verfahren.

✱ **57.** Ein Läufer ($v_{Läufer} = 10{,}0 \frac{m}{s}$) befindet sich in einem Bahntunnel der Länge 300 m, sein Abstand von der Einfahrt beträgt 100 m. In Kürze wird ein Zug mit $v_{Zug} = 25{,}0 \frac{m}{s}$ durch den Tunnel fahren.

a) Berechne den Mindestabstand x_1, den der Zug noch von der Tunneleinfahrt haben muss, damit der Läufer dem Zug *entgegen*rennend noch rechtzeitig den Tunnelanfang erreicht.
b) Berechne den Mindestabstand x_2, den der Zug noch von der Tunneleinfahrt haben muss, damit der Läufer *in Zugfahrtrichtung* rennend noch rechtzeitig das andere Tunnelende erreicht.
c) Beurteile mithilfe der Ergebnisse aus Teilaufgabe a und b, für welche Laufrichtung sich der Läufer entscheiden sollte, wenn er von der Zuggeschwindigkeit $v_{Zug} = 25{,}0 \frac{m}{s}$ ausgeht.
d) Würde eine andere Zuggeschwindigkeit eine andere Vorzugsrichtung ergeben (bei der gegebenen Laufgeschwindigkeit)? Begründe.
e) Würde eine geringere Laufgeschwindigkeit eine andere Vorzugsrichtung ergeben (bei der gegebenen Zuggeschwindigkeit)? Begründe.

58. Zwei Flugzeuge fliegen auf gleicher Höhe mit den durch die Pfeile beschriebenen Geschwindigkeiten auf den Punkt S zu – ist ein Zusammenstoß zu befürchten? Begründe deine Antwort.

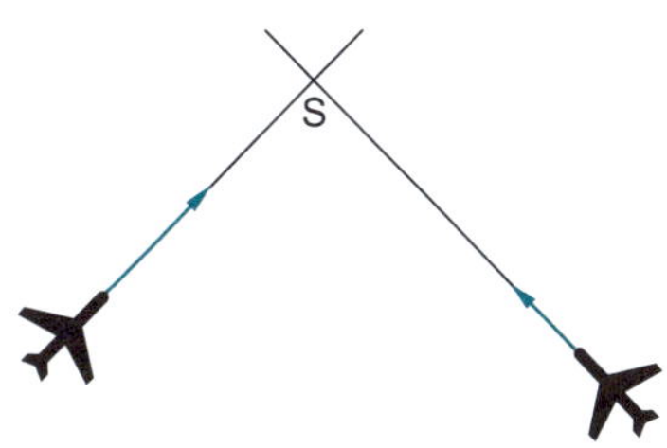

59. Mit einer Drohne wird von oben das Foto der 100-m-Läufer auf den Bahnen A bis E aufgenommen, ihre (annähernd gleichbleibenden) Geschwindigkeiten zeigen die Pfeile.
In welcher Reihenfolge laufen sie über die Ziellinie (rechts)?

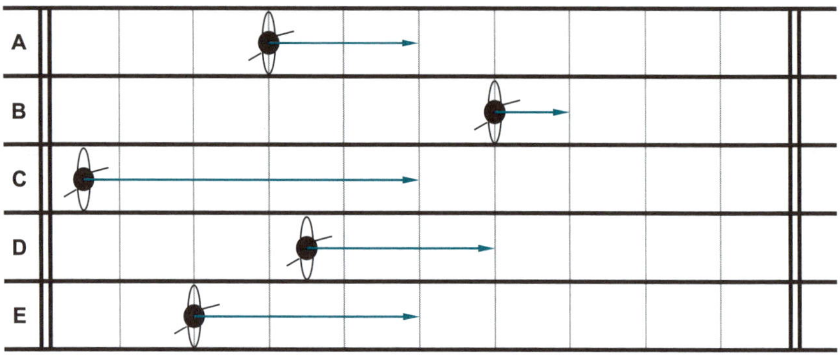

3.2 Geschwindigkeitsänderungen

Im Folgenden kommt jeweils zu der Ausgangsgeschwindigkeit $\vec{v}$ eine Zusatzgeschwindigkeit bzw. Geschwindigkeitsänderung $\Delta\vec{v}$ dazu, die man – wie bei der Überlagerung von Geschwindigkeiten – gemäß dem Prinzip „Fuß an Spitze" addiert, woraus die neue Gesamt- bzw. Endgeschwindigkeit $\Delta\vec{v}_{ges}$ resultiert.

Es gibt die folgenden Szenarien:

- Wirkt auf einen **ruhenden Körper** eine Geschwindigkeitsänderung, dann ist diese schließlich seine Gesamtgeschwindigkeit.

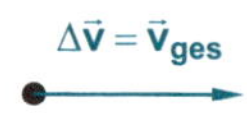

- Wirkt auf einen Körper mit Ausgangsgeschwindigkeit $\vec{v}$ eine Geschwindigkeitsänderung $\Delta\vec{v}$ in **gleicher Richtung**, dann bleibt die Richtung erhalten und der Betrag wird größer (Beschleunigen).

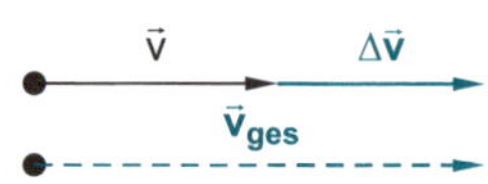

- Wirkt auf einen Körper mit Ausgangsgeschwindigkeit $\vec{v}$ eine Geschwindigkeitsänderung $\Delta\vec{v}$ in **entgegengesetzter Richtung**, dann a) bleibt die Richtung erhalten und der Betrag wird kleiner (Bremsen), falls $\Delta v < v$; b) ist die Bewegungsrichtung danach entgegengesetzt, falls $\Delta v > v$.

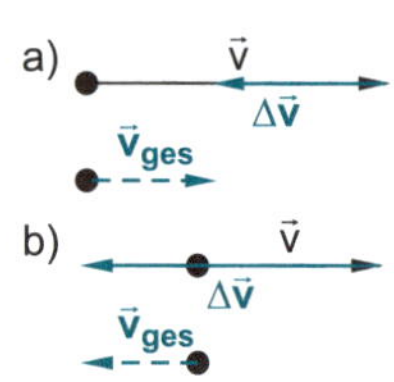

- Wirkt auf einen Körper mit Ausgangsgeschwindigkeit $\vec{v}$ eine Geschwindigkeitsänderung $\Delta\vec{v}$ in **seitlicher Richtung**, dann ändert sich die Richtung (und je nach Winkel auch der Betrag) der Gesamtgeschwindigkeit gemäß Pfeiladditionsregel.

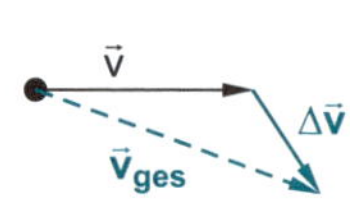

Geschwindigkeitsänderungen haben immer eine Ursache. Ohne eine Einwirkung von außen bleibt die Ausgangsgeschwindigkeit eines Körpers erhalten (**Erstes Newton'sches Gesetz** oder **Trägheitsgesetz**).

Lernvideo

Stärke und Richtung dieser Einwirkungen werden beschrieben durch **Kräfte** (Formelzeichen F von engl. „force") mit der Einheit 1 Newton = 1 N.
Kräfte haben ebenso eine Richtung wie Geschwindigkeiten, sind also auch gerichtete Größen und unterliegen den Regeln der Pfeiladdition.

Kräfte wirken umso stärker, je länger sie auf einen Körper wirken (Einwirkdauer Δt). Ihre Richtung ist die gleiche wie die der verursachten Geschwindigkeitsänderung $\Delta\vec{v}$. Je größer die Masse m eines Körpers ist, desto weniger Geschwindigkeitsänderung $\Delta\vec{v}$ verursachen Kräfte.

Regel

Das **Zweite Newton'sche Gesetz** (auch: Grundgleichung der Mechanik) beschreibt den Zusammenhang zwischen der wirkenden Kraft und der Geschwindigkeitsänderung:
$\vec{F} \cdot \Delta t = m \cdot \Delta\vec{v}$

Die linke Seite der Formel steht für einen **Kraftstoß**, die zu einer Geschwindigkeitsänderung der betroffenen Masse (rechte Seite) führt.
Für die Einheiten ergibt sich daraus: $1\ \text{N} \cdot 1\ \text{s} = 1\ \text{kg} \cdot 1\ \frac{\text{m}}{\text{s}} \quad \Rightarrow \quad 1\ \text{N} = 1\ \frac{\text{kg} \cdot \text{m}}{\text{s}^2}$
Die Krafteinheit Newton ist also keine neue (Grund-)Einheit, sondern eine abgeleitete Einheit.

In vielen Aufgaben wird das Zweite Newton'sche Gesetz für eindimensionale Bewegungen angewendet, d. h., die Geschwindigkeitsänderung zeigt in dieselbe oder die entgegengesetzte Richtung wie die Ausgangsgeschwindigkeit. Entsprechend geht es in diesem Fall lediglich um die Beträge der Kraft und der Geschwindigkeitsänderung, die Formel (ohne Pfeile) lautet dann:
$F \cdot \Delta t = m \cdot \Delta v$

Beispiel

Ein ruhendes Auto ($m = 1\,200$ kg) wird $\Delta t = 4{,}0$ s lang angeschoben und erreicht eine Geschwindigkeit von $\Delta v = 0{,}5\ \frac{\text{m}}{\text{s}}$.
Berechne die dazu benötigte Kraft.

Lösung:
Die dazu benötigte Kraft ergibt sich aus dem Zweiten Newton'schen Gesetz:

$$F = \frac{m \cdot \Delta v}{\Delta t} = \frac{1\,200\ \text{kg} \cdot 0{,}5\ \frac{\text{m}}{\text{s}}}{5{,}0\ \text{s}} = 120\ \text{N}$$

An der Formel lässt sich erkennen:

- Für ein schwereres Auto bräuchte man mehr Kraft und/oder mehr Zeit.
- Eine längere Krafteinwirkung führt zu einer größeren Geschwindigkeitsänderung.

Die Änderung der Geschwindigkeit in einem bestimmten Zeitintervall bezeichnet man als **Beschleunigung** (Formelzeichen a von engl. „acceleration"). Bleibt die Kraft, die diese Beschleunigung bewirkt, zeitlich konstant, dann ist auch die Beschleunigung konstant.

Regel

> Bei der **geradlinigen (eindimensionalen) Bewegung eines Körpers mit konstanter Beschleunigung** gilt für die Beschleunigung:
>
> $a = \frac{\Delta v}{\Delta t}$
>
> Für die Geschwindigkeit v gilt:
>
> $v = v_0 + a \cdot \Delta t$
>
> a bezeichnet die Beschleunigung, t die Beschleunigungsdauer, v_0 die Anfangsgeschwindigkeit.
>
> Die Einheit der Beschleunigung ist $[a] = 1\,\frac{m}{s^2}$.

Wird der Körper aus der Ruhe heraus beschleunigt ($v_0 = 0$), vereinfacht sich die Gleichung für die Geschwindigkeit zu $v = a \cdot \Delta t$. Oft wird die Formel auch ohne Δ geschrieben als $v = a \cdot t$.
Eine besondere Beschleunigung, die Erdbeschleunigung, wird durch den Ortsfaktor g ausgedrückt. Dieser besitzt die Einheit $[g] = 1\,\frac{N}{kg}$, die der allgemeinen Einheit $[a] = 1\,\frac{m}{s^2}$ gleichwertig ist (mehr dazu im folgenden Kapitel).
Wir können daran den Zusammenhang zwischen der Krafteinheit 1 Newton mit den Längen-, Zeit- und Masseneinheiten erkennen:

$$1\,\frac{N}{kg} = 1\,\frac{m}{s^2} \quad \Rightarrow \quad 1\,N = 1\,kg \cdot 1\,\frac{m}{s^2} = 1\,\frac{kg \cdot m}{s^2}$$

Regel

> Mit der Beschleunigung lässt sich das **Zweite Newton'sche Gesetz** für die **geradlinige (eindimensionale) Bewegung** umschreiben:
>
> $F = m \cdot a$

Der Zusammenhang $F_G = m \cdot g$ für die Gravitationskraft F_G (die sich z. B. in der Erdanziehung äußert) ist ein Sonderfall dieser allgemeinen Gleichung mit der speziellen Beschleunigung $a = g$.

Aufgaben

60. Ein Pkw von 1,5 t Masse bremst in 6,0 s von 50 $\frac{km}{h}$ bis zum Stillstand ab. Berechne die Bremsbeschleunigung (verwirrende, aber übliche Wortschöpfung, besser „Verzögerung") a sowie die notwendige Kraft F.

61. Zeichne ein Koordinatensystem mit den Punkten A(2 | 2), B(9 | 3) und C(4 | 10).

a) Der Pfeil $\overrightarrow{AB}$ stellt die Ausgangsgeschwindigkeit eines Körpers dar, $\overrightarrow{AC}$ seine Zusatzgeschwindigkeit.
Bestimme zeichnerisch den Pfeil der Endgeschwindigkeit.

b) Der Pfeil $\overrightarrow{AB}$ stellt die Ausgangsgeschwindigkeit eines Körpers dar, $\overrightarrow{AC}$ seine Endgeschwindigkeit.
Bestimme zeichnerisch den Pfeil der Zusatzgeschwindigkeit.

62. Ein Fußball rollt mit 3 $\frac{m}{s}$ parallel zur Seitenlinie (in y-Richtung), ehe ein Spieler ihn trifft und ihm die neue Endgeschwindigkeit 5 $\frac{m}{s}$ (um 45° feldeinwärts geneigt) zufügt.
Zeichne die Pfeile für die Ausgangs-, die Zusatz- und die Endgeschwindigkeit in ein Diagramm mit geeignetem Maßstab ein.
Wie groß ist der Betrag der Zusatzgeschwindigkeit? Miss die entsprechende Länge im Diagramm.

63. Ein Eishockeypuck erfährt durch einen Spieler 6,0 $\frac{m}{s}$ Zusatzgeschwindigkeit. Seine Endgeschwindigkeit ist 4,5 $\frac{m}{s}$ senkrecht zur Zusatzgeschwindigkeit. Zeichne den Pfeil der Ausgangsgeschwindigkeit des Pucks.

64. Entscheide für jede Aussage, ob sie zur folgenden Zeichnung passt.

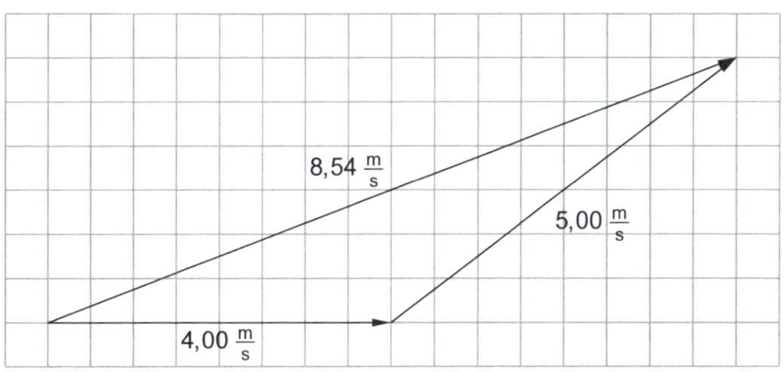

I Der Körper hat eine Ausgangsgeschwindigkeit von 4,00 $\frac{m}{s}$ und erhält die Zusatzgeschwindigkeit 8,54 $\frac{m}{s}$, sodass er sich schließlich mit 5,00 $\frac{m}{s}$ bewegt.

II Der Körper hat eine Ausgangsgeschwindigkeit von 8,54 $\frac{m}{s}$ und erhält die Zusatzgeschwindigkeit 5,00 $\frac{m}{s}$, sodass er sich schließlich mit 4,00 $\frac{m}{s}$ bewegt.

III Der Körper hat eine Ausgangsgeschwindigkeit von 4,00 $\frac{m}{s}$ und erhält die Zusatzgeschwindigkeit 5,00 $\frac{m}{s}$, sodass er sich schließlich mit 8,54 $\frac{m}{s}$ bewegt.

65. Bestimme die größt- und die kleinstmögliche Endgeschwindigkeit, die sich aus einer Ausgangsgeschwindigkeit von $6\,\frac{m}{s}$ und einer Zusatzgeschwindigkeit von $7\,\frac{m}{s}$ ergeben können.

66. Beurteile, ob eine Ausgangsgeschwindigkeit von $6\,\frac{m}{s}$ und eine Zusatzgeschwindigkeit von $2\,\frac{m}{s}$ folgende Endgeschwindigkeiten ergeben kann.

a) $9\,\frac{m}{s}$

b) $3\,\frac{m}{s}$

67. Welche Aussagen zum Zweiten Newton'schen Gesetz sind richtig?

I Bei gleicher Kraft und Einwirkungszeit ist die Zusatzgeschwindigkeit umso größer, je mehr Masse der Körper hat.

II Je länger eine Kraft auf einen Körper einwirkt, desto größer ist seine Zusatzgeschwindigkeit.

III Je größer die Kraft auf einen Körper ist, desto kürzer muss sie einwirken, um eine bestimmte Zusatzgeschwindigkeit zu erreichen.

IV Je leichter ein Körper bei gleicher Kraft und Einwirkzeit ist, desto größer ist seine Zusatzgeschwindigkeit.

68. Ein Pkw von 1,5 t bremst in 5,0 s von $54\,\frac{km}{h}$ ab und steht schließlich. Berechne die notwendige Bremskraft und begründe, warum ein Lkw dafür bei gleicher Bremskraft länger brauchen würde.

69. Ein ICE (600 t) beschleunigt während 30 s auf $72\,\frac{km}{h}$. Berechne seine Motorkraft.

70. Welchen Zweck hat die sogenannte Knautschzone bei einem Pkw? Argumentiere mithilfe des Zweiten Newton'schen Gesetzes.

71. Kevin erreicht mit seinem Sportwagen aus dem Stand in 10 s höchstens die Geschwindigkeit von $100\,\frac{km}{h}$. Er möchte dies stolz seiner Freundin Jaqueline vorführen und nimmt sie mit. Leider erreicht er dann in der gleichen Zeit nur $95\,\frac{km}{h}$. Erkläre dies physikalisch.

72. Erkläre die physikalische Wirkung des Fahrradhelms.

73. Ergänze die fehlenden Größen:

F in N	15		18	180
Δt in s	3	0,1	4	
Δv in $\frac{m}{s}$		12	24	5
m in kg	9	100		80

Simulation

74. Simulation: „Vektoraddition“

- Wähle den Bereich „2D erkunden“.
- Versuche, unter Verwendung der drei Vektoren $\vec{a}$, $\vec{b}$ und $\vec{c}$ folgende Fragen zu beantworten:

a) Welche Endgeschwindigkeit hat ein Körper, der bei einer Ausgangsgeschwindigkeit von $15\,\frac{m}{s}$ eine Zusatzgeschwindigkeit von $21{,}2\,\frac{m}{s}$ erfährt, die in einem Winkel von 45° zur Ausgangsgeschwindigkeit gerichtet ist.

b) Welche Endgeschwindigkeit hat ein Körper, der bei einer Ausgangsgeschwindigkeit von $10\,\frac{m}{s}$ eine doppelt so große Zusatzgeschwindigkeit erfährt, die senkrecht zur Ausgangsgeschwindigkeit gerichtet ist.

c) Ein Körper hat eine Ausgangsgeschwindigkeit von $10\,\frac{m}{s}$ und eine Endgeschwindigkeit von $26{,}9\,\frac{m}{s}$ die unter einem Winkel von 21,8° zur Ausgangsgeschwindigkeit gerichtet ist. Welche Zusatzgeschwindigkeit (Betrag und Richtung) hat er erfahren?

4 Kraft und ihre Wirkungen

Im vorigen Kapitel haben wir bereits die physikalische Größe Kraft als **Ursache von Geschwindigkeitsveränderungen** bzw. Beschleunigungen kennengelernt. In diesem Kapitel werden wir Kräfte und ihre Wirkungen genauer betrachten.

4.1 Gewichtskraft und freier Fall

Eine Kraft, die in unserem Alltag allgegenwärtig ist, ist die Schwerkraft der Erde. Sie beschleunigt alle Körper gleich stark und stets in Richtung des Erdmittelpunkts. Dies ist der Grund dafür, dass alle Gegenstände, die aus einer bestimmten Höhe über dem Boden fallen gelassen werden, senkrecht auf den Boden fallen, wenn keine weiteren Kräfte auf ihn wirken.

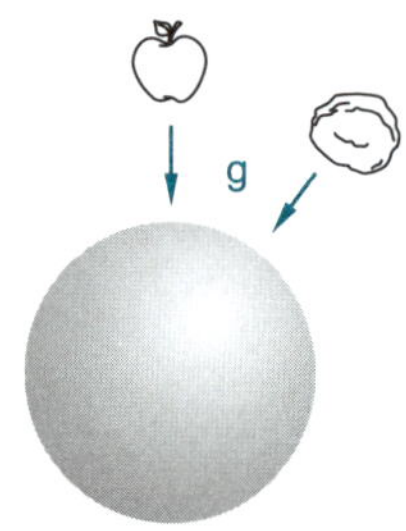

Regel

> Der **freie Fall** ist eine geradlinige, beschleunigte Bewegung in Richtung Erdmittelpunkt. Die Beschleunigung nennt sich **Fallbeschleunigung g**.

Es ist üblich, für diese spezielle Beschleunigung den Buchstaben g (von engl. „gravity") statt a zu wählen. Der Wert der Fallbeschleunigung ist überall auf der Erdoberfläche ungefähr gleich groß, der Mittelwert ist $g = 9{,}81\,\frac{m}{s^2} \approx 10\,\frac{m}{s^2}$.
Mit dem Zweiten Newton'schen Gesetz erhält man die auf einen fallenden Gegenstand wirkende Kraft.

Regel

> Für den Betrag der **Gewichtskraft** gilt:
> $F_G = m \cdot g$

Beispiel

Ein Mensch hat die Masse $m_M = 80$ kg, ein Apfel die Masse $m_A = 0{,}1$ kg.
a) Welche Gewichtskraft wirkt auf die beiden Körper?
b) Wie stark werden die beiden Körper in Richtung Boden beschleunigt?

Lösung:
a) Auf den Menschen wirkt die Gewichtskraft $F_{G,M} = 80\text{ kg} \cdot 10\,\frac{m}{s^2} = 800$ N, auf den Apfel nur $F_{G,A} = 0{,}1\text{ kg} \cdot 10\,\frac{m}{s^2} = 1$ N.

b) Beide werden beim freien Fall gleich stark beschleunigt, nämlich je Sekunde um knapp 10 $\frac{m}{s}$.

Zusammenfassung

- Der **freie Fall** ist eine geradlinige, beschleunigte Bewegung in Richtung Erdmittelpunkt. Dabei werden alle Körper mit der **Fallbeschleunigung g** beschleunigt.
- Die Kraft, die die Fallbeschleunigung bewirkt, ist die **Gewichtskraft**. Sie ist von der Masse eines Körpers abhängig.

Aufgaben

75. Im Alltag fallen oft Sätze, die aus physikalischer Sicht ungenau oder schlichtweg inkorrekt sind. Nimm zu folgenden Aussagen Stellung:

a) „Mein Gewicht ist 50 kg.“

b) „1 kg sind 10 N.“

c) „Der Sprinter ist so schnell, weil er viel Kraft in den Beinen hat.“

76. Karla und Steffen wundern sich: In der Schule haben sie gelernt, dass alle Gegenstände, die fallen gelassen werden, gleich stark in Richtung Boden beschleunigt werden. Als sie es selbst ausprobieren, indem sie gleichzeitig einen Kugelschreiber und ein Blatt Papier aus 2 m Höhe fallen lassen, erreicht der Kugelschreiber viel schneller den Boden als das Papier.

a) Erkläre den beiden, warum diese Beobachtung keinen Widerspruch zur Theorie darstellt.

b) Mit der nötigen experimentellen Ausstattung könnte man das Experiment so durchführen, dass es die Theorie („alle Gegenstände werden gleich stark beschleunigt“) bestätigt.
Beschreibe das Experiment.

4.2 Kräfteaddition und -zerlegung

Kräfte sind physikalische Größen, die außer einem Betrag auch eine Richtung und einen Angriffspunkt haben. Man stellt sie daher als **Kraftpfeile** dar, deren Orientierung die Kraftrichtung und deren Pfeillänge den Kraftbetrag angeben.

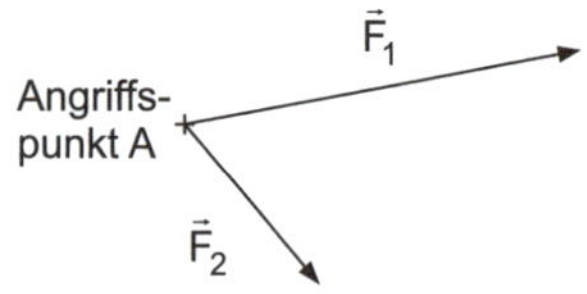

Kräfteaddition

Sind zwei Kräfte $\vec{F}_1$ und $\vec{F}_2$ gegebenen, lässt sich die resultierende Gesamtkraft, die sogenannte **Ersatzkraft** $\vec{F}_{Ersatz}$, stets durch die Pfeilsumme der Einzelkräfte ausdrücken (**Kräfteaddition**).

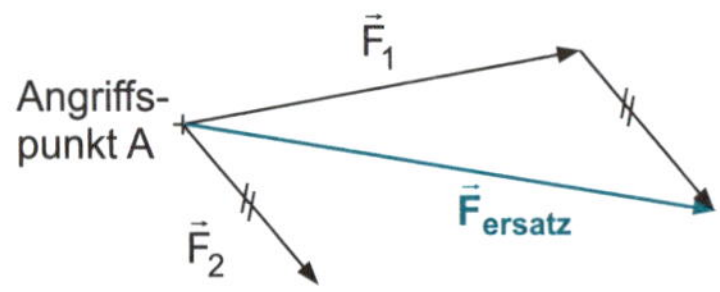

Man verwendet hierzu die Regel „Fuß an Spitze", d. h., man verschiebt den zweiten Kraftpfeil parallel, bis sein Anfangspunkt an der Spitze des Pfeils der ersten Kraft liegt. Die Ersatzkraft hat dann ihren Angriffspunkt am Anfang des ersten und ihre Spitze an der Spitze des parallel verschobenen zweiten Pfeils (siehe Abbildung).

Hinweis: Die kleinen Striche an den Kraftpfeilen kennzeichnen hier und in den folgenden Abbildungen Pfeile oder deren verlängerte Wirklinien, welche die gleiche Kraft mit verschiedenen Angriffspunkten darstellen. Diese Kennzeichnung ist hilfreich, um bei der Konstruktion von Ersatzkräften den Überblick zu bewahren.

Beispiele

1. An einer senkrechten Wand sind zwei Stangen verankert: die obere ragt unter einem Winkel von 60° nach oben, die untere mit 30°; sie treffen sich an einem Punkt, in dem sie mit der Haltekette eines Wirtshausschildes verschweißt sind. Die Gewichtskraft $\vec{F}_G$ des Schildes (samt Kette) lässt sich als Ersatzkraft der Kräfte $\vec{F}_1$ und $\vec{F}_2$ interpretieren, die an der oberen und unteren Stange wirken.
   Stelle alle Kraftpfeile und das **Kräfteparallelogramm** in einer Zeichnung dar. Entscheide jeweils, ob es sich bei $\vec{F}_1$ und $\vec{F}_2$ um eine Zug- oder Druckkraft handelt.

Lösung:
Die Kraftrichtungen sind die Richtungen der Stangen. Wir konstruieren daher zuerst die Parallele zu der oberen Stange durch die Spitze von $\vec{F}_G$, dann die Parallele zur unteren Stange ebenfalls durch die Spitze von $\vec{F}_G$. In dem so entstandenen Kräfteparallelogramm bildet $\vec{F}_G$ die Ersatzkraft zweier Kräfte $\vec{F}_1$ (längs der oberen Stange) und $\vec{F}_2$ (längs der unteren Stange). An der oberen Stange wird gezogen, man könnte sie durch ein Seil ersetzen. Die untere Stange erfährt eine Druckkraft.

Zeichnung:

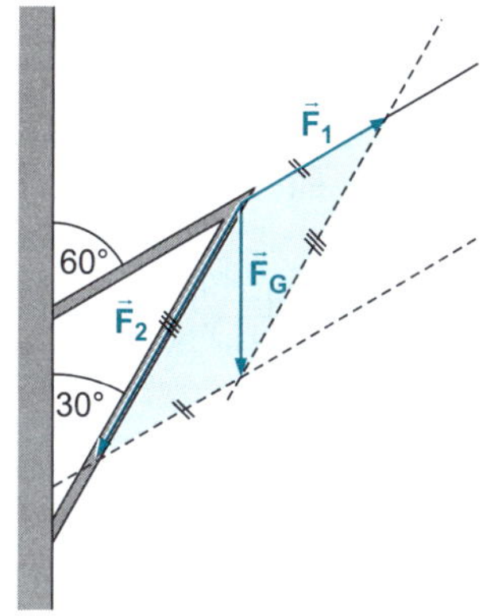

2. Die drei Kräfte mit den Beträgen $F_1 = 68$ N, $F_2 = 88$ N und $F_3 = 45$ N greifen am Punkt A an.
   Welche Winkel schließen die Kräfte jeweils miteinander ein, wenn in A Gleichgewicht herrscht?

   Lösung:
   Ein Gleichgewicht in A bedeutet, dass die Ersatzkraft und damit die Pfeilsumme der drei Kraftpfeile null sein müssen. Die Pfeilkette ist also geschlossen (Anfangspunkt = Endpunkt) und stellt ein Dreieck dar. Die Seitenlängen (Kraftbeträge) sind gegeben, das Dreieck ist also in Form und Größe eindeutig bestimmt (Abbildung A).

A

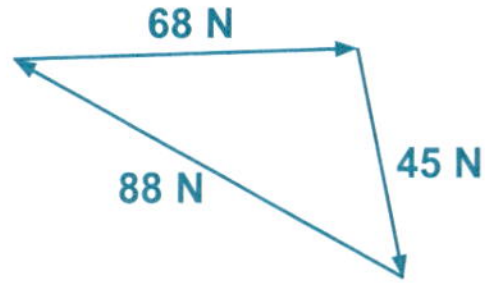

B

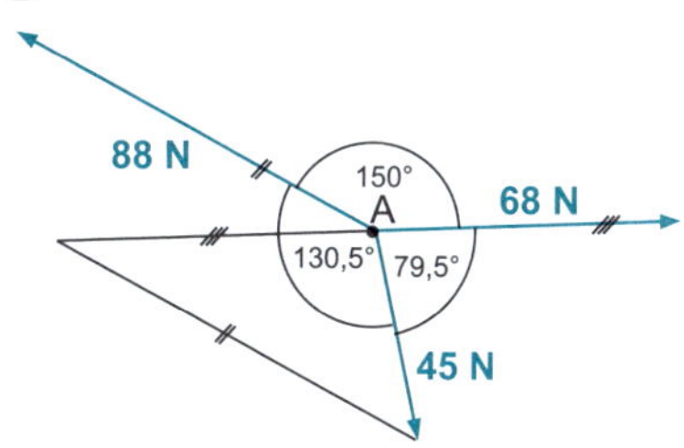

Zur Konstruktion zeichnet man eine der drei Seiten und schneidet die Kreise um die Endpunkte mit den Radien der anderen Seitenlängen: Jetzt wählt man einen der Eckpunkte als Angriffspunkt A und verschiebt die beiden Kräfte mit bislang anderem Angriffspunkt parallel dorthin; die gesuchten Winkel lassen sich dann unmittelbar abmessen (Abbildung B).

Kräftegleichgewicht und Trägheitsgesetz

Das zweite Beispiel zeigt, dass mehrere Kräfte, die an einem Körper angreifen, sich gegenseitig aufheben können. Dies ist genau dann der Fall, wenn sich bei der Addition der Kraftpfeile null ergibt, bei der entsprechenden Pfeilkette die Spitze des letzten Pfeils also auf den Anfangspunkt („Fuß") des ersten Pfeils zeigt. Man spricht dann von **Kräftegleichgewicht**.
Bereits im vorigen Kapitel haben wir gesehen, dass eine Kraft immer Grundvoraussetzung für eine Geschwindigkeitsänderung ist – oder umgekehrt – dass sich die Geschwindigkeit eines Körpers nicht ändert, solange keine Kraft auf ihn wirkt. Dieser Grundsatz lässt sich noch erweitern:

Regel

Erstes Newton'sches Gesetz (Trägheitsgesetz)

Wirkt auf einen Körper (in Bilanz) keine Kraft, dann ändert er seine Geschwindigkeit nicht (d. h., er bleibt in Ruhe oder bewegt sich weiterhin geradlinig mit konstanter Geschwindigkeit).

Die Formulierung „in Bilanz" weist darauf hin, dass durchaus Kräfte angreifen und wirken können, sich aber dann gegenseitig in der Wirkung aufheben.

Beispiele

1. Wenn ein Buch bewegungslos auf dem Tisch liegt, sind zwei Kräfte im Gleichgewicht: die Gewichtskraft zieht nach unten, die Tischplatte drückt entgegengesetzt gleich stark nach oben.

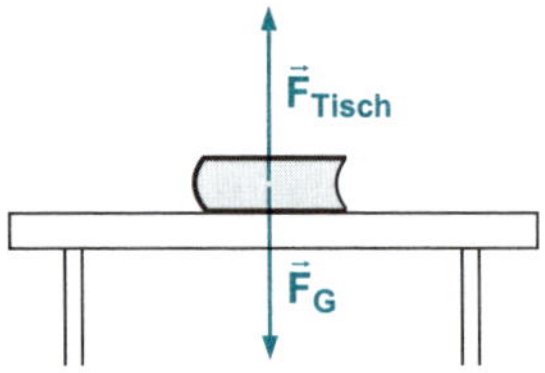

2. Drei Kräfte greifen in einem Punkt P an und heben sich gegenseitig auf, d. h., bei P herrscht Kräftegleichgewicht (geschlossene Pfeilkette, Pfeildreieck).

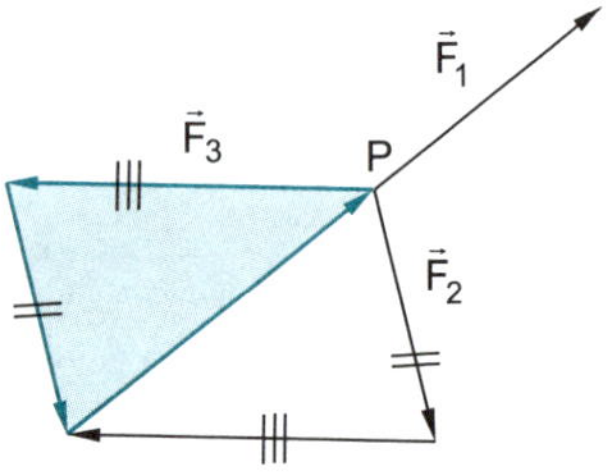

Kräftezerlegung und schiefe Ebene

Bis hierhin haben wir gelernt, wie sich Einzelkräfte zu einer Gesamt- bzw. Ersatzkraft summieren. Es kann aber in bestimmten Fällen auch die umgekehrte Denkweise erforderlich sein: Bei der **Kräftezerlegung** geht es darum, eine gegebene Kraft in Teilkomponenten aufzuteilen. Dabei gelten die gleichen Spielregeln wie bei der Kräfteaddition: Hängt man die Kraftpfeile, die diese Einzelkomponenten beschreiben, nach dem Prinzip „Fuß an Spitze" aneinander, so muss sich der Pfeil der ursprünglich gegebenen Kraft ergeben.

Warum die Kräftezerlegung wichtig ist, wird am Beispiel der **schiefen Ebene** deutlich. Befindet sich ein Gegenstand mit Masse an einer schiefen Ebene, so wirkt auf ihn die Gewichtskraft $\vec{F}_G$, die senkrecht nach unten (aber nicht senkrecht in die schiefe Ebene!) zeigt. $\vec{F}_G$ lässt sich in zwei Teilkomponenten zerlegen, die parallel bzw. senkrecht zur schiefen Ebene gerichtet sind. Die **Hangabtriebskraft** $\vec{F}_H$ ist parallel zur schiefen Ebene gerichtet. Sie ist die Kraft, die den Gegenstand entlang der schiefen Ebene nach unten zieht, und ihr muss (z. B. mittels einer Zugkraft) entgegengewirkt werden, will man den Gegenstand nach oben bewegen. Die senkrechte Komponente, die den Gegenstand auf den Boden drückt, heißt **Normalkraft** $\vec{F}_N$. Ihr entgegen wirkt (mit gleichem Betrag) die Kraft der Bodenfläche.

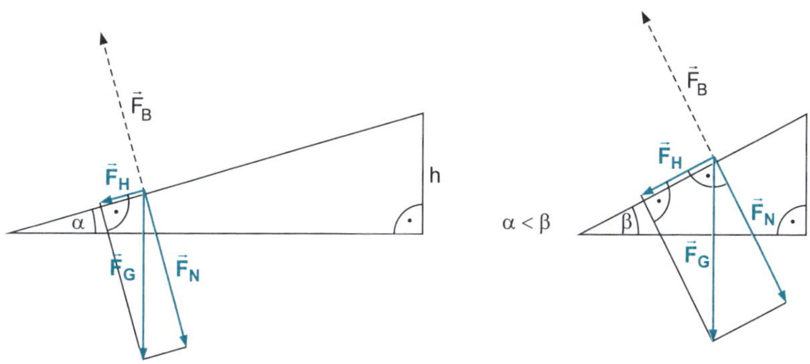

Regel

> Der Betrag der **Hangabtriebskraft**, die ein Körper auf einer **schiefen Ebene** besitzt, ist bei konstanter Höhe umso kleiner, je kleiner der Neigungswinkel ist.

Beispiel

Ermittle zeichnerisch, wie groß der Neigungswinkel einer Rampe (schiefen Ebene) sein muss, damit die Hangabtriebskraft nur zwei Drittel der Gewichtskraft beträgt.

Lösung:

Wir erstellen zunächst eine Planfigur: Der Neigungswinkel α tritt im Kräfteparallelogramm (hier sogar Kräfterechteck) nochmals auf, und zwar bei C: Beide Schenkel stehen nämlich senkrecht auf je einem Schenkel des Neigungswinkels α. Bei B ist ein rechter Winkel, sodass sich der Neigungswinkel α auf die nebenstehende Dreieckskonstruktion zurückführen lässt.

Planfigur:

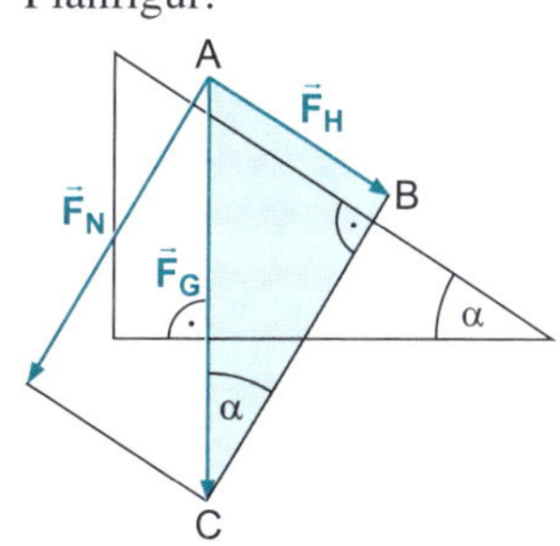

Wir zeichnen die Seite $\overline{AC}$ mit 3 Längeneinheiten und die rechte Hälfte des Thaleskreises über $\overline{AC}$; der Punkt B muss dann wegen des rechten Winkels auf dem Thaleskreis liegen. Der Schnittpunkt mit dem Kreis um A mit Radius $\frac{2}{3}\overline{AC}$ (2 Längeneinheiten) liefert uns die exakte Lage von B. Den Neigungswinkel α misst man dann im fertigen Dreieck aus und erhält $\alpha \approx 41{,}8°$.

Konstruktion:

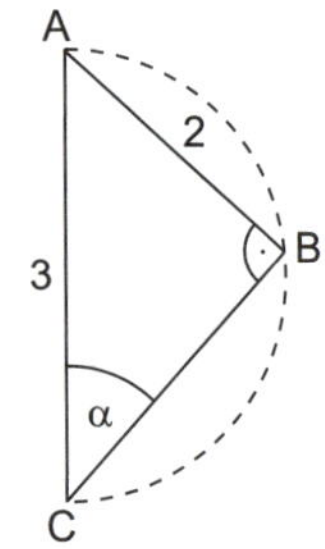

Wie wir gesehen haben, ist die Hangabtriebskraft bei der schiefen Ebene umso kleiner, je kleiner der Neigungswinkel der schiefen Ebene ist, d. h., je flacher diese verläuft. Dies wird in einer Vielzahl von Arbeitsprozessen ausgenutzt. Soll z. B. ein schweres Fass eine hohe Stufe hochgehoben werden, so wird oftmals eine Rampe verwendet, auf der das Fass hochgerollt werden kann, anstatt es die Stufe hochzuheben. Während beim Hochheben der Gewichtskraft des Fasses entgegengewirkt werden muss, ist es bei der Rampe die betragsmäßig kleinere Hangabtriebskraft. Deshalb nennt man die schiefe Ebene einen **Kraftwandler**, da bei ihr die aufzuwendende Kraft (inkl. deren Richtung) verändert wird. Weitere wichtige Kraftwandler sind der Hebel und der Flaschenzug (siehe Aufgabenteil).

Zusammenfassung

- Wie die Geschwindigkeit ist die Kraft eine **gerichtete Größe**. Sie wird durch einen **Betrag** und eine **Richtung** beschrieben.
- Die Kräfte werden addiert, indem die Kraftpfeile nach dem Prinzip „Fuß an Spitze" aneinandergehängt werden (**Kräfteaddition**).
- Mehrere Kräfte können sich gegenseitig aufheben, man spricht dann von **Kräftegleichgewicht**.
- Bei der **Kräftezerlegung** wird eine Kraft in mehrere Teilkomponenten aufgeteilt. Zum Beispiel zerlegt man bei der **schiefen Ebene** die Gewichtskraft eines Körpers in die beiden Komponenten, die parallel (**Hangabtriebskraft**) bzw. senkrecht (**Normalkraft**) zur schiefen Ebene gerichtet sind.

Aufgaben

77. An den Enden einer Schnur, die über zwei Rollen gelegt ist, sind die Körper K_1 ($F_{G,1} = 21$ N) und K_2 ($F_{G,2} = 15$ N) befestigt. In der Mitte der Schnur wird nun (zwischen den beiden Rollen) der Körper K_3 ($F_{G,3} = 24$ N) aufgehängt.

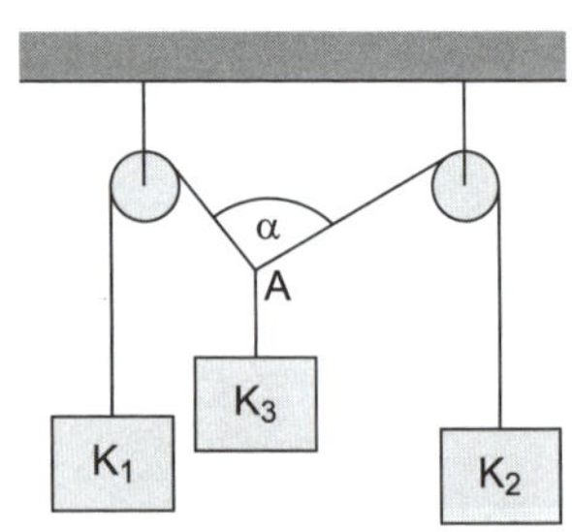

a) Die Gewichtskräfte von K_1 und K_2 werden über die Schnur und die Rolle „umgeleitet“, d. h., ihre Richtung ändert sich bei gleichbleibendem Betrag.
Trage die Pfeile der drei Kräfte, die im Punkt A angreifen, in die Zeichnung ein. Achte auf das richtige Verhältnis der Pfeillängen.

b) Das System ist im Gleichgewicht. Entscheide, welches der abgebildeten Dreiecke der geschlossenen Pfeilkette der drei Kräfte entspricht.

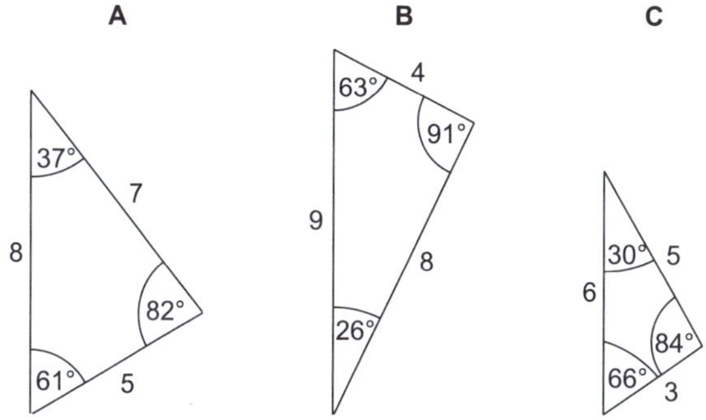

c) Welchen Winkel α bildet die Schnur am Punkt A?
Tipp: Der gesuchte Winkel α ist der Nebenwinkel eines der Winkel aus dem gesuchten Dreieck, d. h., er ergänzt diesen zu 180°.

78. In der Skizze rechts wird ein Dreiecks-Gestänge ABC beschrieben, das in A und B waagerecht gelagert wird und in C eine Last der Gewichtskraft $\vec{F}_G$ trägt.

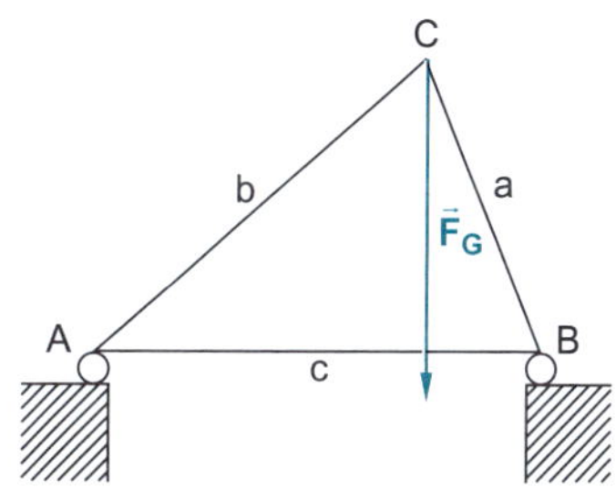

a) Fertige eine saubere Zeichnung an mit F = 25 N, c = 6, a = 4,5 und b = 5,5.
(Maßstab: 1 cm für 10 N)

b) Bestimme zeichnerisch die Beträge F_1 und F_2 der Teilkräfte, die längs Stab a und Stab b wirken.

c) Die Teilkräfte $\vec{F}_1$ und $\vec{F}_2$ werden durch die Stangen übertragen und wirken in den Punkten A und B auf die Unterlage.
Bestimme zeichnerisch die Teilkräfte, die in A und B senkrecht nach unten bzw. horizontal angreifen. Welche beiden Besonderheiten dieser vier Kräfte sind zu beobachten und weshalb?

d) Gib begründet an, welche der Stäbe durch Seile ersetzen werden können.

79. Zwischen den Fassaden gegenüberliegender Häuser wird (Befestigungshaken in gleicher Höhe!) eine Straßenlaterne der Gewichtskraft 200 N aufgehängt, und zwar 3,0 Meter von der linken und 10,0 Meter von der rechten Wand entfernt. Die Laterne befindet sich dann 1,5 Meter unter der Höhe der Befestigungshaken.

a) Fertige eine saubere Skizze an.

b) Bestimme zeichnerisch die Beträge F_1 und F_2 der Seilkräfte.

c) Die Angriffspunkte der beiden Kräfte $\vec{F}_1$ und $\vec{F}_2$ werden durch die Seile an die Befestigungshaken verlegt. An diesen ziehen sie sowohl in horizontaler als auch in vertikaler Richtung. Welche Eigenschaften haben diese waagerechten und senkrechten Anteile? (Die Beantwortung dieser Frage ist auch ohne Zeichnung möglich.)

80. Auf der linken schiefen Ebene (siehe Skizze) steht ein Wagen mit $F_{G,1} = 15{,}0$ kN und ist über Seil und Rolle mit dem anderen Wagen auf der rechten schiefen Ebene verbunden.

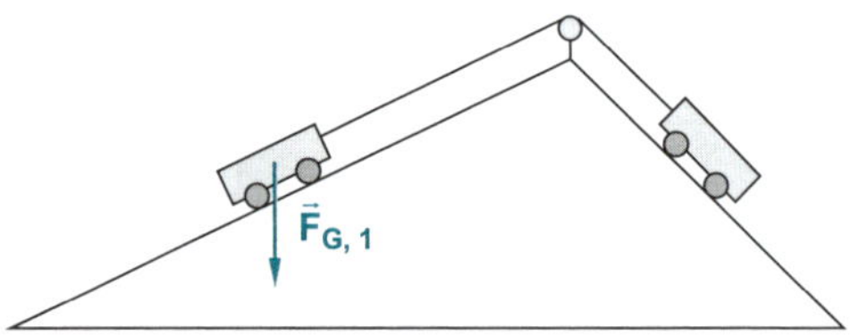

Bestimme zeichnerisch den Betrag $F_{G,2}$ der Gewichtskraft des anderen Wagens, wenn die Neigungswinkel links 35° und rechts 55° betragen.
Tipp: Fertige eine neue Zeichnung an, die nebenstehende ist lediglich eine Skizze, die nicht maßstäblich ist.

Simulation

81. Simulation: „Kräfte und Bewegung“

a)
- Wähle den Bereich „Tauziehen“.
- Setze die Häkchen rechts oben auf dem Bildschirm so, dass Kräftesumme, Werte und Geschwindigkeit angezeigt werden.
- Versuche ein Gleichgewicht für den Fall herzustellen, dass auf der linken Seite drei Figuren ziehen und auf der rechten Seite zwei.

b)
- Wähle den Bereich „Bewegung“.
- Setze alle Häkchen rechts oben auf dem Bildschirm.
- Versuche zunächst ein Gefühl dafür zu entwickeln, wie eine größere Masse durch die gleiche Kraft weniger stark beschleunigt wird als eine kleinere.
- Ermittle mit einem geeigneten Experiment die Masse des Geschenks.
  Tipp:
  Wähle einen Kraftbetrag (z. B. 50 N), mit der das Geschenk beschleunigt wird. Messe die Zeit, die vergeht, bis das Geschenk eine bestimmte Geschwindigkeit erreicht, und berechne mit diesen Werten die Beschleunigung. Mit der Formel $F = m \cdot a$ kannst du abschließend die Masse berechnen.

c) • Wähle den Bereich „Reibung".
- Setze alle Häkchen rechts oben auf dem Bildschirm.
- Erhöhe langsam den Betrag der Kraft, mit der angeschoben wird.
- Beschreibe deine Beobachtungen. Was passiert bei kleinen Kraftbeträgen? Wie verhält sich ein sich bewegender Gegenstand, wenn er nicht mehr angeschoben wird, und warum ist das so?

d) • Wähle den Bereich „Beschleunigung".
- Setze alle Häkchen rechts oben auf dem Bildschirm.
- Schiebe den Wassereimer an, beschreibe deine Beobachtungen in verschiedenen Momenten des Anschiebevorgangs und erkläre diese.

✱ 82. Flaschenzug

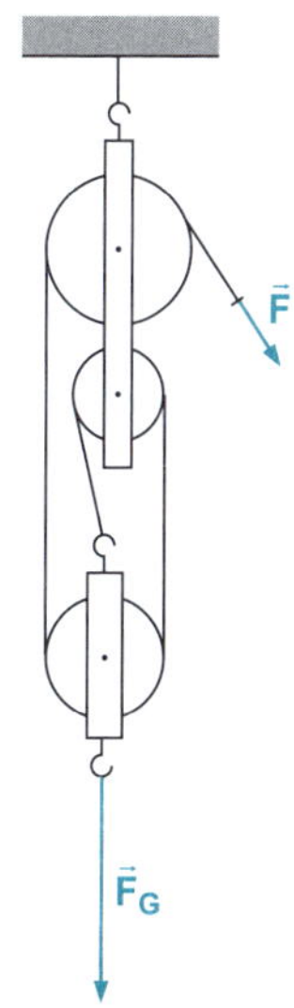

Flaschenzüge bestehen aus einem Seil mit festen und losen Rollen. Sie sind Kraftwandler, weil sie den Betrag der Kraft verändern. Der in der Abbildung rechts gezeigte Flaschenzug ist ein „Kraftdrittler", wie folgende Überlegung ergibt:
Die untere, lose Rolle hängt an drei Seilabschnitten, die über Rollen verbunden sind und damit gleiche Kraftwirkungen erfahren (sonst würden sich die Rollen ja drehen). Jede dieser Kraftbeträge beträgt ein Drittel von F_G, denn insgesamt muss ebenso stark nach oben gezogen werden wie nach unten, andernfalls würde sich die Rolle heben oder senken. Für die nötige Gegenkraft $\vec{F}$, die der Seilkraft das Gleichgewicht hält, gilt daher ebenfalls:

$F = \frac{1}{3} F_G$

Sie wird durch die obere (feste) Umlenkrolle noch in ihrer Richtung geändert.

a) Überlege dir, wie ein Flaschenzug aussehen könnte, der als „Kraftfünftler" wirkt (analog zu obigem Beispiel). Fertige eine entsprechende Zeichnung an.

b) Bestimme für den rechts abgebildeten Flaschenzug die Kräfte auf die Seilstücke a bis f und den Kraftbetrag F (als Bruchteil von F_G), wenn der Flaschenzug im Gleichgewicht ist. Bestimme außerdem die Beträge der Kräfte, die auf die Aufhängungen 1 bis 4 wirken.

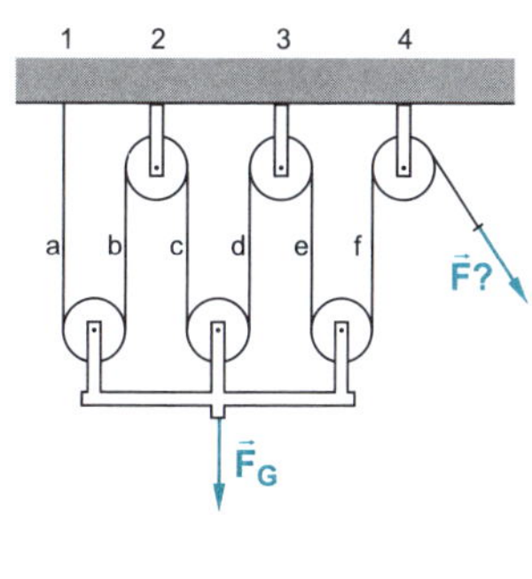

✱ 83. Hebel

Lernvideo

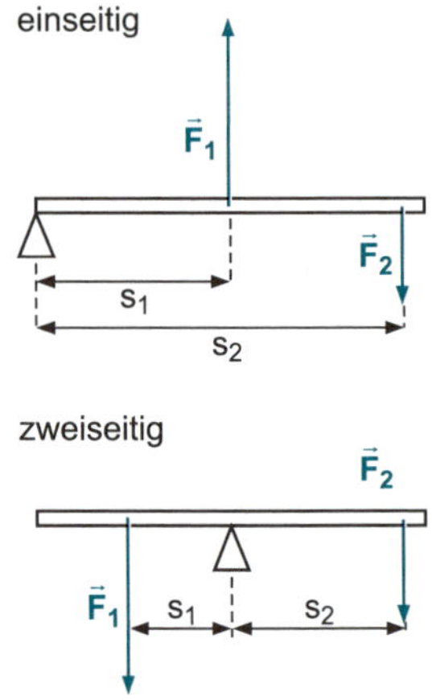

Der Hebel ist ein Kraftwandler, der aus einem um eine feste Achse drehbaren Körper besteht. Die Kraftwandlung beim Hebel besteht darin, dass einer Kraft $\vec{F}_1$, die auf einen Hebelarm wirkt, das Gleichgewicht durch eine zweite Kraft $\vec{F}_2$ gehalten wird, deren Größe vom Abstand ihres Angriffspunktes zur Drehachse (Kraftarm s_2) abhängt: Je größer der Kraftarm im Vergleich zum Kraftarm s_1 ist, desto kleiner ist die nötige Kraft. Es gilt also:

$F_1 \cdot s_1 = F_2 \cdot s_2$

Man unterscheidet zwischen einseitigen und zweiseitigen Hebeln (siehe Abbildung).

a) Entscheide für die folgenden Alltagsgegenstände jeweils, ob es sich um einen ein- oder einen zweiseitigen Hebel handelt:
Wippe, Schubkarre, Nussknacker, Balkenwaage, Schraubenschlüssel, Zange

b) Auf einer symmetrischen Wippe mit 6 m Länge möchten Rudi ($F_{G,R} = 1\,000$ N) und Hilde ($F_{G,H} = 450$ N) ein Wipperlebnis erzielen, das möglichst entspannt (Wippe im Gleichgewicht!) und trotzdem intensiv (Kraftbeträge möglichst groß!) ist.
Gib begründet an, wo die beiden sitzen müssen.

c) Bestimme bei dem skizzierten Mobile die Abstände a, b, c, d, e, f, g und h der Aufhängefäden von den Enden der Stäbe (Länge 30 cm bzw. 50 cm) so, dass die eingezeichneten Massestücke im Gleichgewicht sind. Die Gewichtskraft der Stäbe soll dabei vernachlässigt werden.

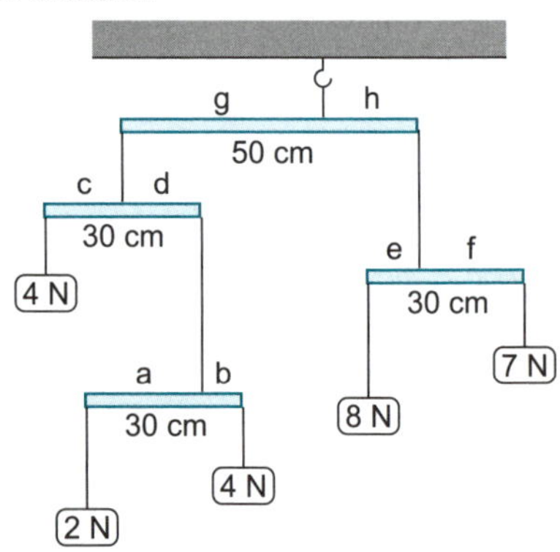

4.3 Verformung und Gesetz von Hooke

Wenn eine Kraft auf einen Körper wirkt, führt dies nicht immer ausschließlich zu einer Veränderung seiner Geschwindigkeit, sondern in bestimmten Fällen auch zu einer **Verformung**.

Hängt man zum Beispiel an eine Metallfeder ein Massestück, so wird sie von dessen Gewichtskraft gedehnt und ausgelenkt. Da die Feder ein elastischer Körper ist, tritt bei einer Auslenkung eine Rückstellkraft auf. Diese wird im Allgemeinen größer, je größer die Auslenkung ist. Ist die Rückstellkraft genauso groß wie die Kraft, die die Auslenkung bewirkt, besteht ein Gleichgewicht und die Feder dehnt sich nicht weiter. Bei einem proportionalen Zusammenhang zwischen Auslenkung und Kraft gilt das **Gesetz von Hooke**.

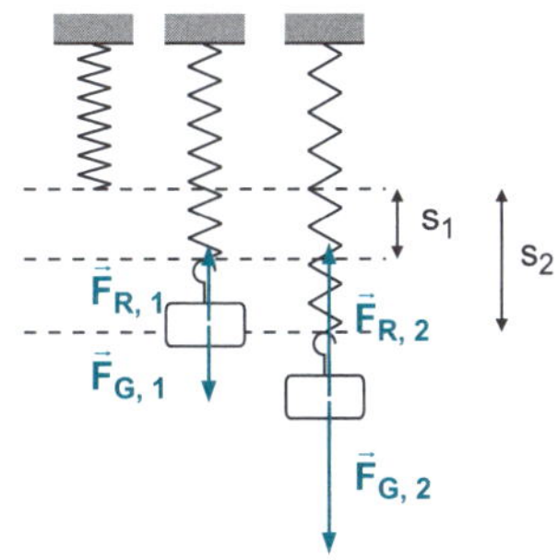

Regel

Lernvideo

Gesetz von Hooke
Die Auslenkung s ist proportional zum Betrag der auslenkenden Kraft F:
$F \sim s$ bzw. $F = D \cdot s$
Die Proportionalitätskonstante D heißt **Federhärte**.

Falls das Gesetz gilt, hat der proportionale Zusammenhang meistens seine Grenzen. So gilt es für viele Metallfedern nur, wenn die angreifende Kraft in einem bestimmten Bereich liegt, dem sogenannten **Hooke'schen Bereich**.

Für die **Kraftmessung** verwendet man geeichte Metallfedern mit einer Skala, an deren Ende sich eine Öse befindet, um etwa Körper dort einzuhängen und so die Gewichtskraft zu messen. Bei diesen Kraftmessern muss der Messbereich im Hooke'schen Bereich der Feder liegen, sodass von der Dehnung mittels der bekannten Federhärte auf die Kraft geschlossen werden kann.

Aufgaben

84. Eine Schraubenfeder der Federhärte $D = 25{,}0\,\frac{\text{N}}{\text{cm}}$ wird um $s = 7{,}00$ cm gedehnt. Berechne den Betrag der angreifenden Kraft.

85. An einer Schraubenfeder der Federhärte $D = 25{,}0\,\frac{\text{N}}{\text{cm}}$ greift eine Kraft mit dem Betrag $F = 12{,}5$ N an. Berechne, wie weit sich die Feder dehnt.

86. Eine Schraubenfeder S_1 hat die Federhärte $D_1 = 25{,}0\,\frac{\text{N}}{\text{cm}}$, eine zweite Schraubenfeder S_2 hat die Federhärte $D_2 = 30{,}0\,\frac{\text{N}}{\text{cm}}$. Welche Feder ist „härter“?

✱ **87.** Eine Schraubenfeder S_1 hat die Federhärte $D_1 = 5{,}0\,\frac{N}{cm}$ und wird zunächst an eine weitere Schraubenfeder S_2 der Federhärte $D_2 = 8{,}0\,\frac{N}{cm}$ gehängt.

a) Überlege: Wird die „Reihenschaltung" zweier Federn härter oder weicher sein als die Einzelfedern bzw. liegt die Härte dazwischen?

b) Berechne die Federhärte D_3 dieser Reihenschaltung.

c) Jetzt werden zwei gleiche Federn vom Typ S_1 parallel geschaltet, d. h.: Beide werden nebeneinander an einem Brett befestigt und an ihren unteren Enden wird eine Stange quer befestigt, in deren Mitte sich ein Haken als Angriffspunkt für Kräfte befindet.
Welche Federhärte D_4 hat diese Parallelschaltung?

Simulation

88. Simulation: „Massen und Federn"

- Wähle den Bereich „Strecken".
- Setze im Auswahlbereich rechts oben auf dem Bildschirm Häkchen bei „Länge ohne Last" und „Ruheposition". Somit werden die Positionen der Feder, die diese ohne Massestück und mit Massestück einnimmt, durch Striche markiert.
- Hänge nun nacheinander die Massestücke mit den Massen 50 g, 100 g und 250 g an die Feder und messe mit dem Lineal jeweils die Auslenkung der Feder.
- Halte die drei Wertepaare in einer Messwerttabelle mit den Zeilen „m in g" und „s in cm" fest. Füge anschließend eine dritte Zeile hinzu, in der du die Werte für die Gewichtskraft, die sich aus den Massen ergeben, einträgst.
- Erstelle mit den Werten ein Diagramm, in dem du die Gewichtskraft auf der horizontalen und die Auslenkung der Feder auf der vertikalen Achse abträgst.
- Beurteile anhand des gezeichneten Diagramms, ob das Gesetz von Hooke für die Feder in diesem Messbereich gilt.
- Hänge abschließend eines der Massestücke mit unbekannter Masse an die Feder und miss die Auslenkung. Bestimme mithilfe des Ergebnisses und des vorher gezeichneten Diagramms die unbekannte Masse.

5 Energie als Erhaltungsgröße

Bei vielen physikalischen Größen lässt sich leicht verstehen, was sie eigentlich beschreiben – etwa die Masse, die Zeit oder die Länge. Dagegen ist es bei der Energie wesentlich schwieriger, ihr Wesen zu erkennen. Energie ist eine abstrakte Größe, die sich in der Physik bewährt hat, weil sie eine ganz besondere Eigenschaft hat, die selten ist, aber doch hilfreich: sie ist eine **Erhaltungsgröße** – sie lässt sich also weder erzeugen noch vernichten, nur ihre Erscheinungsform ist wandelbar. Mit dieser schwer greifbaren Größe lassen sich viele physikalische Probleme sehr elegant und auf kurzem Weg lösen, das ist der Grund für den Erfolg des Energiebegriffs.

Lebensmittel enthalten Energie in chemischer Form, unser Körper kann sie umwandeln in thermische Energie (Temperatur halten bei 37 Grad Celsius), in Bewegungsenergie (wenn wir rennen), in Höhenenergie (wenn wir eine Kiste auf den Schrank heben) oder in Spannenergie (Bogenschießen, Sprungbrett im Schwimmbad). Ein Wasserkraftwerk wiederum wandelt Bewegungsenergie des Wassers um in elektrische Energie, mit der dann Motoren betrieben werden (wieder Bewegung) oder der Elektroherd (Wärme).

5.1 Mechanische Energie

Hier geht es zunächst qualitativ um die eben beschriebenen Umwandlungen sowie weiterhin um die mechanischen Energieformen:

- **kinetische Energie** (oder Bewegungsenergie)
- **Höhenenergie** (oder Lageenergie)
- **Spannenergie**

Die elektrische Energie folgt dann im nächsten Abschnitt.

Die Einheit der Energie ist (unabhängig von der Energieform) das **Joule**, das Formelzeichen ein großes E (engl. energy): $[E] = 1\ \text{J}$

Energieumwandlung und Energieflussdiagramme

Wie bereits erwähnt kann Energie seine Form ändern, man spricht dann von einer **Energieumwandlung**.

Beispiele

1. Beim Bogenschießen wandelt sich die Spannenergie (Dehnung der Bogensehne) um in kinetische Energie des Pfeils.

2. Beim Trampolinspringen sowie beim Dribbling im Basketballsport wechseln sich kinetische Energie, Höhen- und Spannenergie ab.

3. Bei der Schaukel am Kinderspielplatz schieben fürsorgliche Eltern die Kinder an, wobei sie ihnen kinetische Energie zuführen: das Kind schwingt schneller durch den tiefsten Punkt der Schaukelbahn (Position 1: reine kinetische Energie!) und erreicht dadurch eine größere Höhe des Umkehrpunktes, an dem die Bewegungsrichtung wechselt (Position 2: reine Höhenenergie!). Nach erneutem Durchlaufen des tiefsten Punktes erreicht das Kind den höchsten Punkt auf der Rückseite (Position 3), an dem es wieder ausschließlich Höhenenergie besitzt. Die Energie wandelt sich hier also periodisch um zwischen den Extremsituationen „reine kinetische Energie" und „reine Höhenenergie" – dazwischen nimmt der eine Anteil zu, der andere ab.

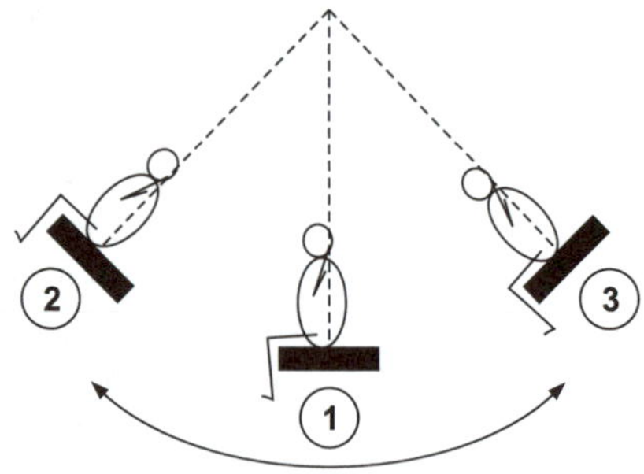

Oft werden Prozesse mit mehreren Energieumwandlungen mithilfe von **Energieflussdiagrammen** dargestellt.

Beispiel

Daniel wandelt die elektrische Energie aus der Steckdose mit einem Netzteil um in größtenteils wieder elektrische Energie (kleine Wärmeverluste in Form von innerer Energie treten allerdings auf), um damit eine Lampe zu betreiben. Diese wandelt die elektrische Energie teilweise in Abwärme (innere Energie) und hauptsächlich in Strahlungsenergie um, mit der eine Solarzelle beleuchtet wird. Die so (wieder neben Abwärme) erzeugte elektrische Energie betreibt einen Elektromotor (kinetische Energie), der eine Last hebt (Höhenenergie). Ungeachtet der genauen Energiewerte in Joule ergibt sich folgendes Energieflussdiagramm:

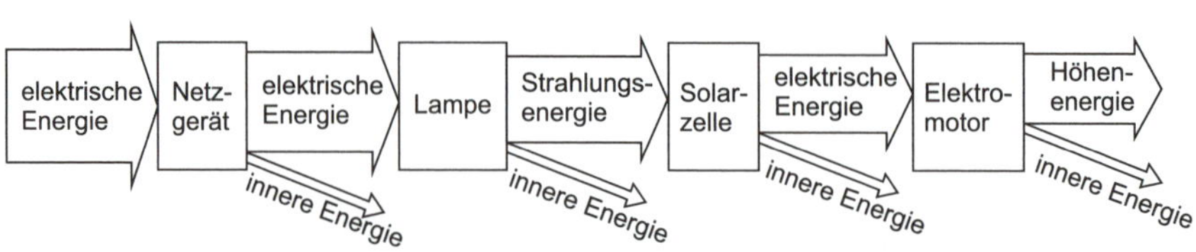

Arbeit

Wird eine Energieform (durch eine wirkende Kraft) verändert, so wird physikalische Arbeit verrichtet.

Regel

> Die **Arbeit W** (von engl. „work“) ist gleich der Energie einer bestimmten Form, die einem Körper übertragen oder entzogen wird: $W = \Delta E$
> Die Einheit der Arbeit ist wie bei der Energie 1 Joule: $[W] = 1\ J$

Aus diesem Zusammenhang folgt, dass man Energie als gespeicherte Arbeit betrachten kann.

Beispiele

1. Hebt man einen Körper hoch, so wird dem Körper Höhenenergie übertragen oder es wird **Hubarbeit** an ihm verrichtet.
2. Fällt der Körper anschließend wieder zu Boden, so wird er im freien Fall beschleunigt. Ihm wird also kinetische Energie übertragen oder es wird **Beschleunigungsarbeit** an ihm verrichtet.

Anmerkung:
Aus dem Zusammenhang $W = \Delta E$ folgt, dass die Arbeit auch negative Werte annehmen kann, wenn eine Energieform kleiner wird bzw. einem Körper Energie entzogen wird. Betrachtet man im obigen zweiten Beispiel anstatt der kinetischen Energie die Höhenenergie, so ist genau das der Fall. Die Höhenenergie des Körpers wird kleiner, die Hubarbeit ist negativ.

Darüber hinaus liegt trotz des engen Zusammenhangs von Arbeit und Energie ein wesentlicher Unterschied in deren Charakter: Die Energie charakterisiert stets einen Zustand, sie ist eine **Zustandsgröße**. Die Arbeit beschreibt einen Vorgang oder Prozess, sie ist eine **Prozessgröße**.

Energieerhaltung

In der Praxis kann bei manchen Vorgängen der Eindruck entstehen, dass Energie verloren geht. Wenn man einen Gummiball aus einer bestimmten Höhe fallen lässt, dann fällt er zu Boden und bewegt sich nach dem Aufprall wieder in Richtung des Ausgangspunktes. Es entsteht also das bereits erwähnte periodische Wechselspiel zwischen maximaler Höhenenergie (am oberen Umkehrpunkt) und maximaler kinetischer Energie (am Aufprallpunkt). Jedoch lässt sich beobachten, dass bei jedem Hochspringen die erreichte Höhe etwas kleiner ist als beim vorangegangenen Hochspringen. Geht also Energie verloren? Nein – vielmehr wird aufgrund der Luftreibung stetig ein Teil der Energie in innere Energie umgewandelt und an die Umgebung abgegeben.

Regel

> **Energieerhaltungssatz**
> Energie kann weder erzeugt noch vernichtet werden, sie wechselt nur ihre Erscheinungsformen.

Kinetische Energie und Höhenenergie

Bis jetzt haben wir die Energieformen lediglich qualitativ betrachtet. In Experimenten kann allerdings auch untersucht werden, von welchen anderen Größen die Höhenenergie und die kinetische Energie eines Körpers abhängen, und daraus auf Formeln geschlossen werden.
Die kinetische Energie eines Körpers hängt von dessen Masse ab. Da die Bewegung eines Körpers Grundvoraussetzung für die Existenz von kinetischer Energie ist, ist diese in besonderem Maße abhängig von der Geschwindigkeit.

Regel

> Für die **kinetische Energie** eines Körpers der Masse m, der sich mit der Geschwindigkeit des Betrags v bewegt, gilt:
> $E_{kin} = \frac{1}{2} \cdot m \cdot v^2$

Im vorigen Kapitel haben wir gelernt, dass die Geschwindigkeit eine gerichtete Größe ist, die durch einen Betrag und eine Richtung vollständig beschrieben wird. Die kinetische Energie ist ausschließlich vom Betrag der Geschwindigkeit abhängig.

Beispiel

Ein Lkw hat beladen eine Masse von 8,5 t und fährt mit konstanter Geschwindigkeit 108 $\frac{km}{h}$.

a) Berechne die kinetische Energie des Lkws.

Lösung:
Durch Umrechnung der Geschwindigkeit in die Einheit $\frac{m}{s}$ und der Masse in die Einheit kg ergibt sich:

$$E_{kin} = \frac{1}{2} \cdot m \cdot v^2 = \frac{1}{2} \cdot 8\,500\ \text{kg} \cdot \left(30\ \frac{m}{s}\right)^2 \approx 3{,}8\ \text{MJ}$$

b) Wie verändert sich die kinetische Energie, wenn der Lkw auf 54 $\frac{km}{h}$ abbremst? Begründe deine Antwort.

Lösung:
Die Geschwindigkeit halbiert sich. Da die kinetische Energie vom Quadrat der Geschwindigkeit abhängt, ändert sie sich mit dem Faktor $\left(\frac{1}{2}\right)^2 = \frac{1}{4}$, beträgt also nur noch ein Viertel der ursprünglichen kinetischen Energie.

Die Höhenenergie eines Körpers hängt auf gleiche Weise von drei Größen ab: der Fallbeschleunigung (die überall auf der Erdoberfläche fast gleich ist), der Masse des Körpers sowie dessen Höhe über dem Boden (oder je nach Zusammenhang über einem Bezugspunkt).

Regel

> Für die **Höhenenergie** eines Körpers der Masse m, der sich in der Höhe h über dem Boden (oder einem anderen Bezugspunkt) befindet, gilt:
> $E_h = m \cdot g \cdot h$

Beispiel

Ein Fass mit der Masse 15 kg wird eine Stufe der Höhe 0,8 m hochgehoben.

a) Berechne die Höhenenergie, die das Fass anschließend besitzt.

Lösung:
Mit der Formel für die Höhenenergie ergibt sich:
$E_h = m \cdot g \cdot h = 15\ \text{kg} \cdot 9{,}81\ \frac{\text{m}}{\text{s}^2} \cdot 0{,}8\ \text{m} \approx 118\ \text{J}$

b) Anstatt das Fass die Stufe hochzuheben, wird es über eine Rampe hochgerollt. Wird beim Hochrollen mehr, weniger oder gleich viel Hubarbeit verrichtet? Begründe deine Antwort.

Lösung:
Da die bewältigte Höhe der Stufe dieselbe ist, wird dem Fass in beiden Fällen dieselbe Höhenenergie übertragen, die Hubarbeit ist also gleich groß.

c) Die Rampe ist aus physikalischer Sicht eine schiefe Ebene. Begründe mithilfe der nebenstehenden Zeichnung: Für die beiden Fälle (Hochheben und Hochrollen) ist das Produkt aus dem Betrag der Kraft, die aufgewendet wird, und dem Weg, entlang dem diese Kraft wirkt, konstant.

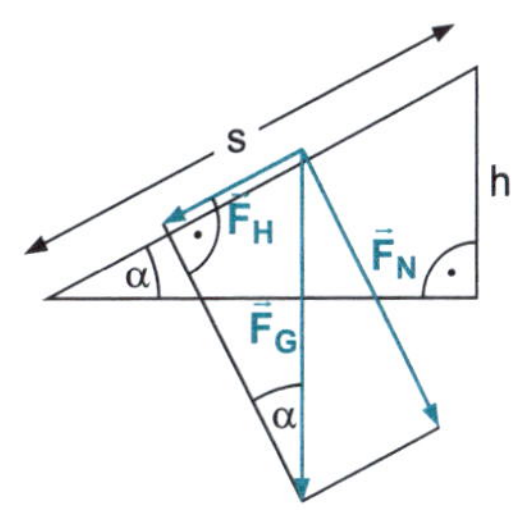

Lösung:
Die beiden Dreiecke, die durch die drei Kraftpfeile sowie durch die drei Kanten der schiefen Ebene gebildet werden, sind (mathematisch gesprochen) ähnlich. Dies bedeutet, dass sie gleich große Innenwinkel haben. Daraus folgt insbesondere, dass das Verhältnis der Pfeillängen von $\vec{F}_H$ und $\vec{F}_G$ gleich groß ist wie das Verhältnis der Wegstrecken h und s:
$\frac{F_H}{F_G} = \frac{h}{s} \quad \Leftrightarrow \quad F_G \cdot h = F_H \cdot s$

Aus dem obigen Beispiel werden zwei Dinge deutlich. Zum einen zeigt es die **Wegunabhängigkeit** der Hubarbeit: Sie ist nur von der Höhendifferenz von Start- und Endpunkt abhängig, nicht aber vom gewählten Weg, auf dem sie verrichtet wird.

Zum anderen sind in der letzten Gleichung von Teilaufgabe c zwei Terme gleichgesetzt, die beide die erforderliche Hubarbeit angeben. Es zeigt sich, dass sich eine verrichtete Arbeit stets als Produkt aus dem Kraftbetrag und der Wegstrecke, entlang der die Kraft wirkt, berechnen lässt.

Regel

> Wirkt eine konstante Kraft mit Betrag F entlang der Wegstrecke s, gilt für die dabei verrichtete **Arbeit**:
> $W = F \cdot s$

Dies ist eine allgemeine Definition der physikalischen Arbeit. Sie gilt also nicht nur für die Hubarbeit, sondern z. B. auch für die Beschleunigungs- und die Spannarbeit.

Leistung und Wirkungsgrad

Ein Mann, der einen Anstieg bewältigt, erhöht seine Höhenenergie um den gleichen Betrag, egal, ob er läuft oder geht. Auch benötigt ein starker Sportwagen die gleiche Beschleunigungsarbeit wie ein gleichschwere, aber schwächere Limousine, um Tempo 100 $\frac{km}{h}$ zu erreichen. Der Läufer und der Sportwagen verrichten ihre Arbeit aber jeweils schneller, man sagt: Die aufgebrachte Leistung ist höher.

Regel

> Je schneller eine Arbeit verrichtet wird, umso größer ist die **Leistung P**. Sie ist in folgender Weise festgelegt:
> $P = \frac{\text{verrichtete Arbeit}}{\text{dafür benötigte Zeit}} = \frac{W}{t} = \frac{\Delta E}{t}$
> Die Einheit der Leistung ist 1 Watt: $[P] = 1\,\frac{J}{s} = 1\,W$

Beispiel

Hans (60 kg) und Dieter (50 kg) besitzen die gleichen Fahrräder (15 kg) und veranstalten ein Wettrennen. Zwischen Start und Ziel liegt ein Höhenunterschied von 250 m. Dieter gewinnt in einer Zeit von 5 Minuten und 30 Sekunden, Hans benötigt genau 6 Minuten. Wer hat aus physikalischer Sicht mehr geleistet?

Lösung:

Für die von Hans und Dieter verrichtete Arbeit gilt jeweils

$W = F \cdot h = (m + m_F) \cdot g \cdot h$

und daher für die von beiden erbrachte Leistung:

$$P = \frac{W}{t} = \frac{(m + m_F) \cdot g \cdot h}{t}$$

Einsetzen der gegebenen Größen liefert:

$$P_H = \frac{(60\,kg + 15\,kg) \cdot 9{,}81\,\frac{m}{s^2} \cdot 250\,m}{6 \cdot 60\,s} \approx 511\,W$$

$$P_D = \frac{(50\,kg + 15\,kg) \cdot 9{,}81\,\frac{m}{s^2} \cdot 250\,m}{5{,}5 \cdot 60\,s} \approx 483\,W$$

Obwohl Hans das Rennen verliert, hat er also eine höhere Leistung erbracht.

Aus dem Energieerhaltungssatz wissen wir, dass Energie nicht verloren, sondern lediglich umgewandelt wird. Jedoch lässt sich bei technischen Prozessen und Maschinen bestimmen, welcher Anteil der aufgewendeten Energie bzw. Arbeit in die gewünschte Energie- bzw. Arbeitsform umgewandelt wird.

Regel

Als **Wirkungsgrad η** eines Prozesses oder einer Maschine bezeichnet man das Verhältnis von aufgewendeter zu nutzbarer Energie bzw. Arbeit:

$$\eta = \frac{E_{nutz}}{E_{in}} = \frac{W_{nutz}}{W_{in}}$$

Er wird in Prozent angegeben und sein Wert liegt stets zwischen 0 und 1.

Wenn der Wirkungsgrad kleiner als 100 % ist (und das ist er in der Praxis immer), geht Energie nicht verloren, sondern es wird ein Teil der Energie in eine für den Zweck des Prozesses bzw. der Maschine nicht nutzbare Form, z. B. Reibungsenergie (bzw. innere Energie), umgewandelt. Man spricht dann von **Energieentwertung**.

Der Wirkungsgrad kann anstatt über die Energie bzw. Arbeit auch über die Leistung berechnet werden:

$$\eta = \frac{W_{nutz}}{W_{in}} = \frac{W_{nutz} \cdot t}{W_{in} \cdot t} = \frac{t}{W_{in}} \cdot \frac{W_{nutz}}{t} = \frac{P_{nutz}}{P_{in}}$$

Beispiel

Ein Motor mit einem Wirkungsgrad von 65 % soll eine Last von 2,5 t in 3,0 s um 5,0 m heben.
Berechne die Leistung, die er aufnimmt.

Lösung:
Die zu verrichtende Arbeit ist $m \cdot g \cdot h$, die dafür zur Verfügung stehende Zeit ist $t = 30$ s. Folgende Leistung muss der Motor demnach abgeben:

$$P_{nutz} = \frac{m \cdot g \cdot h}{t}$$

Mit dem Wirkungsgrad von $\eta = \frac{P_{nutz}}{P_{in}} = 0{,}65$ ergibt sich die vom Motor aufgenommene Leistung:

$$P_{in} = \frac{P_{nutz}}{0{,}65} = \frac{m \cdot g \cdot h}{0{,}65 \cdot t} = \frac{2\,500\,\text{kg} \cdot 9{,}81\,\frac{\text{N}}{\text{kg}} \cdot 5{,}0\,\text{m}}{0{,}65 \cdot 3{,}0\,\text{s}} \approx 62885\ \text{W} \approx 63\ \text{kW}$$

Zusammenfassung

- **Energie** kann in vielen verschiedenen Formen vorliegen. Diese Energieformen können ineinander umgewandelt werden. Mechanische Energieformen sind die **kinetische Energie**, die **Höhen-** und die **Spannenergie**.
- Die **Arbeit** ist gleich der Energie einer bestimmten Form, die einem Körper übertragen oder entzogen wird. Sie ist allgemein definiert als das Produkt aus Kraft und Wegstrecke, entlang der die Kraft konstant wirkt. Mechanische Formen der Arbeit sind die **Beschleunigungs-** und die **Hubarbeit**.
- Bei physikalischen Vorgängen gilt stets der **Energieerhaltungssatz**:
  Die Summe aller beteiligten Teilenergien bleibt gleich. Energie kann nur umgewandelt, aber nicht erzeugt oder vernichtet werden.
- Die **Leistung** ist ein Maß dafür, wie schnell an bzw. von einem Körper Arbeit verrichtet wird.
- Der **Wirkungsgrad** eines Prozesses oder einer Maschine gibt das Verhältnis aus aufgewendeter zu nutzbarer Energie, Arbeit oder Leistung an.

Aufgaben

89. Die Abbildung zeigt ein Laufwasserkraftwerk, bei dem die Bewegung des fließenden Wassers genutzt wird, um Strom zu erzeugen.

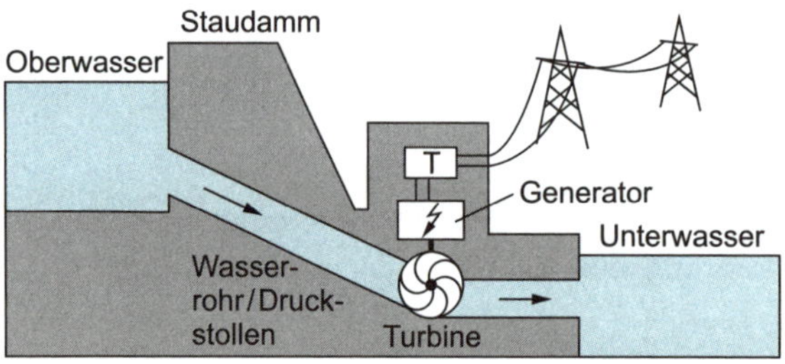

Stelle die Energieumwandlungen dieses Prozesses in einem Energieflussdiagramm dar.

Simulation

90. Simulation: „Energieskatepark“
- Wähle den Bereich „Einführung“.
- Lasse dir das Energiediagramm anzeigen (links auf dem Bildschirm).
- Ziehe die Skateboard-Fahrerin auf einen Punkt oben auf der Bahn und lasse sie los. Schildere deine Beobachtungen und erkläre sie physikalisch.
- Schiebe nun den Regler für die Reibung auf eine mittige Position und beobachte, was (bezüglich der Skateboard-Fahrerin und der Energiebalken) passiert. Gib auch für diese Beobachtungen eine Erklärung an.

91. Die Abbildung zeigt schematisch mehrere Positionen beim Trampolinspringen.

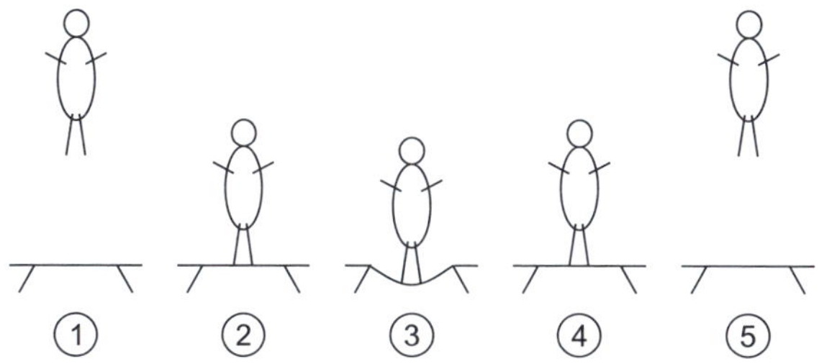

Zeichne in ein t-E-Diagramm die qualitativen Verläufe der Gesamtenergie, der Höhenenergie, der kinetischen Energie und der Spannenergie. Du darfst davon ausgehen, dass keine Energie durch Reibungseffekte entwertet wird.

92. Fünf Würfel mit einer Kantenlänge von 10 cm und einer Masse von je 3,0 kg liegen nebeneinander auf dem Boden. Berechne die Arbeit, die aufzubringen ist, um mit ihnen einen „fünfstöckigen" Turm zu bauen.

93. Ein Kran hebt eine Last von 15 kN in zwei Minuten 16,0 m hoch. Berechne die Leistung.

94. Ermittle, wie viele Treppenstufen von je 18 cm Höhe ein Schüler, der 400 N wiegt, in einer Sekunde steigen müsste, um eine Leistung von 1,0 kW zu erbringen.

95. Ein Skifahrer verliert bei konstanter Geschwindigkeit auf 300 m Pistenlänge 55 m an Höhe. Die Reibungskraft beträgt entlang des Weges konstant 160 N. Berechne die Masse des Skifahrers.

96. Ein (zunächst ruhender) Körper fällt aus 120 m Höhe frei nach unten.
a) Berechne, welche Aufprallgeschwindigkeit zu erwarten ist.
b) Berechne die Fluggeschwindigkeit, die der Körper in 30 m Höhe hat.
c) Ein weiterer (zunächst ruhender) Körper fällt aus unbekannter Höhe frei nach unten. In 10 m Höhe über dem Boden hat er die Geschwindigkeit $50\,\frac{m}{s}$. Berechne h.

97. Ein Auto ($m = 1\,000$ kg) fährt mit der Geschwindigkeit $v = 180\,\frac{km}{h}$.
a) Berechne seine kinetische Energie. [*Kontrollergebnis:* $E_{kin} = 1{,}25$ MJ]
b) Das Fahrzeug soll auf einer Strecke von $s_1 = 50$ m zum Stillstand gebracht werden. Ermittle, welche (gleichbleibende) Bremskraft F_1 erforderlich ist.
c) Bei regennasser Fahrbahn ist die Bremskraft jedoch nur $F_2 = 6\,250$ N. Berechne, wie lang der Bremsweg s_2 ist.

✱ **98.** Ein Auto der Masse 1,8 t beschleunigt auf einer Strecke von 100 m aus dem Stand auf 72 $\frac{\text{km}}{\text{h}}$.

a) Berechne die beschleunigende Kraft F, die über die Räder auf die Straße wirkt. [*Kontrollergebnis:* $F = 3,6\ \text{kN}$]

b) Berechne die Strecke, die es bei gleich bleibender Kraft F zum Weiterbeschleunigen auf 144 $\frac{\text{km}}{\text{h}}$ benötigt.

c) Bei 144 $\frac{\text{km}}{\text{h}}$ muss der Fahrer wegen eines plötzlich auftauchenden Hindernisses eine Vollbremsung (mit der Kraft 5,0 kN) durchführen. Berechne den benötigten Bremsweg.

d) Leider war der Abstand zum Hindernis bei Beginn der Vollbremsung nur 30 m. Berechne, mit welcher Restgeschwindigkeit das Fahrzeug auf das Hindernis prallt. [*Kontrollergebnis:* $v = 136\ \frac{\text{km}}{\text{h}}$]

e) Die kinetische Energie beim Aufprall hätte das Fahrzeug auch durch den freien Fall aus einer bestimmten Höhe h erhalten können. Berechne diese Höhe.

99. Die Seilbahn auf den Predigtstuhl trägt in 6,5 Minuten eine Kabine 1 150 m hoch. Berechne die Leistung, wenn die Kabine (1 400 N) mit sechs Personen (je 670 N im Durchschnitt) besetzt ist.

100. Berechne die Leistung eines Aufzugs, der bei 12 kN Gewichtskraft mit einer Geschwindigkeit von $0,75\ \frac{\text{m}}{\text{s}}$ steigt.

101. Eine Elektrolokomotive erzielt im Gebirge bei der Geschwindigkeit 46 $\frac{\text{km}}{\text{h}}$ genau 105 kN Zugkraft. Berechne, welcher Leistung das entspricht.

102. Ein Kraftwerk liefert jährlich etwa 140 GWh (1 Gigawattstunde = 1 Milliarde Wattstunden) an elektrischer Energie, pro Einwohner benötigt man etwa 3,2 GJ im Jahr. Ermittle, wie viele Einwohner einer Stadt das Kraftwerk versorgen kann.

103. Im Walchenseekraftwerk überwinden maximal 80 m^3 Wasser pro Sekunde einen Höhenunterschied von 200 m, bevor sie die Turbinen antreiben. Berechne den Wirkungsgrad des Kraftwerks, das bei Spitzenlast 120 MW liefert.

104. a) Berechne, welche Leistung ein Motor abgibt, der einen Körper der Masse 150 kg mit der Geschwindigkeit $1,2\ \frac{\text{m}}{\text{s}}$ hochzieht. [*Kontrollergebnis:* $P_{\text{nutz}} \approx 1,77\ \text{kW}$]

b) Gib an, welche Leistung der Motor aufnimmt, wenn sein Wirkungsgrad 75 % ist.

105. Ein Motor mit einem Wirkungsgrad von 80 % wird mit einer Leistung von $P_{in} = 4$ kW versorgt.

a) Berechne die abgegebene Leistung P_{nutz}.
[*Kontrollergebnis:* $P_{nutz} = 3,2$ kW]

b) Der Motor soll nun einen Körper (m = 3 000 kg) über ein Seil um h = 160 m heben. Wie lange braucht er dafür?

106. Ein untrainierter Radfahrer bringt beim Anfahren eine Leistung von 1,2 kW auf und benötigt 2,5 s für die 20 m lange Anfahrstrecke.

a) Berechne, welche beschleunigende Kraft er dabei ausübt.

b) Die Profi-Radlerin benötigt nur 1,5 s und 10 m Beschleunigungsstrecke bei einer Kraft von 300 N. Berechne ihre Leistung.
[*Kontrollergebnis:* $P_2 = 2,0$ kW]

c) Mit welcher Geschwindigkeit fährt die Profi-Radlerin nach der Beschleunigungsphase, wenn sie eine Masse von 60 kg besitzt?

✱ **107.** Ein Auto der Masse 1,00 t fährt eine Passstraße hinauf (Länge 5 000 m, Höhenunterschied 800 m). Die Steigung ist überall gleich, Reibung werde vernachlässigt.

a) Berechne die Arbeit, die der Motor verrichtet.

b) Berechne die Hangabtriebskraft. [*Kontrollergebnis:* $F_H \approx 1,57$ kN]

c) Mit welcher Dauer-Höchstgeschwindigkeit in $\frac{km}{h}$ kann ein Pkw obiger Art den Pass erklimmen, wenn seine Motorleistung 25 kW beträgt?

d) Wie lange braucht das Fahrzeug, um den Pass hinaufzufahren?

5.2 Elektrische Energie

In Kapitel 1 haben wir als Voraussetzung für das Fließen elektrischer Ströme die Eigenschaft elektrischer Ladungen kennengelernt, sich gegenseitig abzustoßen, wenn sie von der gleichen Sorte sind (also positiv oder negativ). Abhängig vom herrschenden Überschuss einer Ladungsart an einem Pol der Stromquelle sind diese Abstoßungskräfte verschieden groß und werden durch die elektrische Spannung U beschrieben. Wenn Strom fließt (weil die Pole der Stromquelle über leitende Teile, Schalter, Widerstände etc. verbunden sind), dann bedeutet das Bewegung von Ladungsträgern, kurz Ladungen. Jetzt ist es an der Zeit, das auch quantitativ zu erfassen mit den zugehörigen physikalischen Größen Ladung Q und Stromstärke I.

Ladung und Stromstärke

Die Einheit der Ladung Q ist das Coulomb (1 C), die der Stromstärke I ist bekanntlich das Ampere (1 A).

Die Stromstärke ist definiert als die Ladung, die sich durch eine Kontrollstelle (etwa einen gedachten Leiterquerschnitt) pro Zeitintervall bewegt. Fließt also 1 Sekunde lang die Stromstärke 1 Ampere, so ist die Ladungsmenge 1 Coulomb geflossen.

Regel

> Für den Zusammenhang zwischen der **Stromstärke** I und der **Ladung** Q, die in der Zeit t durch einen Leiter fließt, gilt:
>
> $I = \frac{Q}{t}$
>
> Für die Einheiten gilt demnach: $1\ C = 1\ A \cdot 1\ s$

Auch wird die Definition der Stromstärke oft mit Ladungs- und Zeitdifferenzen geschrieben: $I = \frac{\Delta Q}{\Delta t}$

Die Ladungsträger sind meist die Elektronen, sie tragen je eine negative Elementarladung –e. Die Elementarladung ist ein sehr kleiner Teil eines Coulombs.

Regel

> Die kleinste einzeln messbare Ladung nennt sich **Elementarladung** e:
>
> $e = 1{,}6 \cdot 10^{-19}\ C$

Umgekehrt besteht 1 C also aus $\frac{1}{1{,}6 \cdot 10^{-19}} = 6{,}25 \cdot 10^{18}$ Elementarladungen.
Während Elektronen negativ geladen sind, trägt jedes Proton im Atomkern eine positive Elementarladung e.

Spannung und elektrisches Potenzial

In Kapitel 1 haben wir außerdem gesehen, dass eine elektrische Spannung Grundvoraussetzung dafür ist, dass in einem Stromkreis Strom fließt. Im Wasserstromkreis-Modell haben wir die Spannung mit einem Höhenunterschied der Wasserstände verglichen: Die Höhenenergie des Wassers im Behälter mit dem höheren Wasserstand ermöglicht es, dass das Wasser sich in Bewegung setzt und zum anderen Behälter fließt.
Für den Stromkreis wollen wir dies mithilfe einer neuen Größe konkretisieren. Sie heißt **elektrisches Potenzial** φ und ist mit der Höhe des Wasserstandes im Wasserstromkreis-Modell vergleichbar. Demnach ist die Spannung gleich dem Unterschied des Potenzials. In der Spannungsquelle wird das Potenzial aufgebaut, in einem Bauteil mit elektrischem Widerstand nimmt das Potenzial ab („Spannungsabfall").

Regel

Die **Spannung** ist gleich der **Potenzialdifferenz**:
$U = \Delta\varphi$

Durch Schaltskizzen, in denen man das Potenzial durch die Höhe der Leitungen kennzeichnet, kann man sich ein gutes Bild vom Potenzialverlauf in einer Schaltung machen.

Beispiel

1. Sind zwei Widerstände R_1 und R_2 *parallel geschaltet*, so wird in beiden Widerständen der gleiche Höhenunterschied bewältigt, das elektrische Potenzial nimmt in gleichem Maße ab. Gleichbedeutend damit ist die Aussage, dass an beiden Widerständen dieselbe Spannung anliegt, also $U = U_1 = U_2$ gilt.

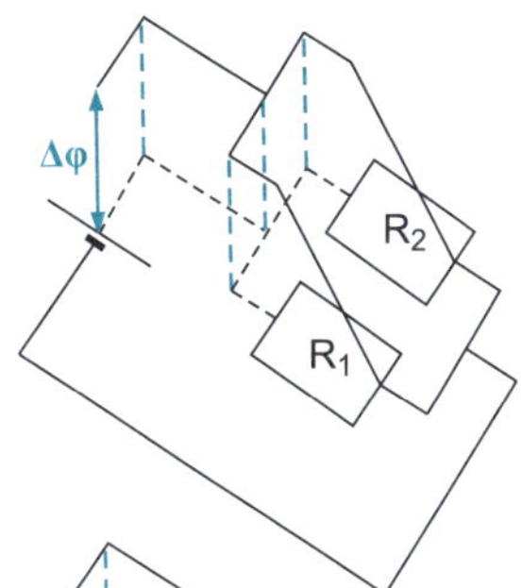

2. Sind zwei Widerstände R_1 und R_2 *in Reihe geschaltet*, so addieren sich die beiden Höhenunterschiede zum gesamten Höhenunterschied. Das Potenzial nimmt in den beiden Widerständen unterschiedlich stark ab, abhängig von den Widerstandswerten. Die beiden Abnahmen zusammen entsprechen dem Potenzialunterschied in der Spannungsquelle. Gleichbedeutend damit ist die Aussage, dass sich die Spannungen an den beiden Widerständen zur Gesamtspannung addieren, also $U = U_1 + U_2$ gilt.

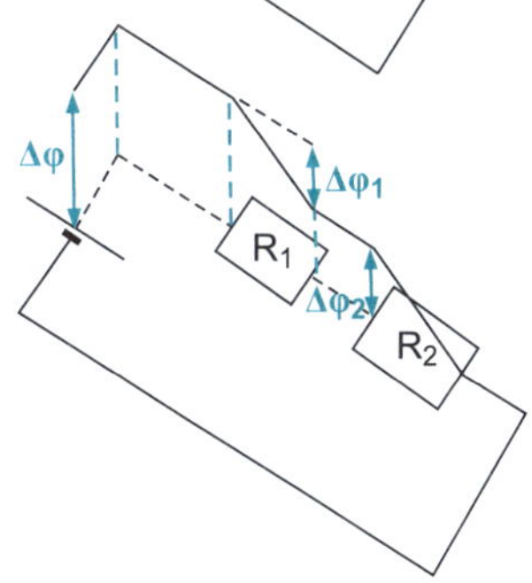

Elektrische Arbeit/Energie und Leistung

Auch aus energetischer Sicht lässt sich eine Analogie herstellen zwischen den mechanischen Eigenschaften des Wasserstromkreis-Modells und den elektrischen Eigenschaften im Stromkreis. So wie im Behälter mit dem höheren Wasserstand Höhenenergie gespeichert ist, die beim Zusammenführen der Behälter in kinetische Energie des Wassers umgewandelt wird, ist im Stromkreis **elektrische Energie** gespeichert, die es ermöglicht, Ladungen durch die Leitungen und Bauteile zu bewegen. Die Höhenenergie des Wassers ist abhängig von der Höhendifferenz, die elektrische Energie entsprechend von der Potenzialdifferenz bzw. der Spannung. In einem Bauteil mit elektrischem Widerstand nimmt das Potenzial ab, es wird also elektrische Energie an das Bauteil abgegeben bzw. es wird elektrische Arbeit verrichtet.

Regel

> Wird eine Ladung Q durch ein elektrisches Bauteil geleitet (bzw. fließt in der Zeit t die Stromstärke I), so wird am Bauteil folgende **elektrische Arbeit W_{el}** geleistet:
> $W_{el} = \Delta E_{el} = Q \cdot U$ bzw. $W_{el} = \Delta E_{el} = U \cdot I \cdot t$
> Die Einheit der elektrischen Arbeit ist 1 Joule: $[W_{el}] = 1\ V \cdot 1\ A \cdot 1\ s = 1\ VAs = 1\ J$

In der Elektrotechnik wird die Größe elektrische Arbeit bzw. Energie häufig auch in Kilowattstunden (kWh) statt in Joule angegeben. Die Umrechnung beider Einheiten folgt unmittelbar aus der Leistungsdefinition:

$$1\ J = 1\ VAs = 1\ VA \cdot 1\ s = 1\ W \cdot 1\ s = 1\ Ws$$
$$\Leftrightarrow \quad 1\ kWh = 1000\ W \cdot 1\ h = 1000\ W \cdot 3600\ s$$
$$= 3600000\ Ws = 3600000\ J = 3{,}6\ MJ$$

Aus der Formel für die elektrische Arbeit können wir sofort die elektrische Leistung bestimmen, denn es gilt ganz allgemein $P = \frac{W}{t}$ und daher für einen elektrischen Strom:

$$P_{el} = \frac{W_{el}}{t} = \frac{U \cdot I \cdot t}{t} = U \cdot I$$

Regel

> Für die **elektrische Leistung P_{el}** eines elektrischen Stroms der Spannung U und der Stromstärke I gilt:
> $P_{el} = U \cdot I$
> Die Einheit der elektrischen Leistung ist 1 Watt: $[P_{el}] = 1\ V \cdot 1\ A = 1\ VA = 1\ W$

Beispiele

1. Berechne die elektrische Arbeit einer Stromquelle, die eine Glühlampe (Betriebsspannung 6 V, Stromstärke 5 A) eine Stunde lang mit Strom versorgt.

   Lösung:
   $W_{el} = U \cdot I \cdot t = 6\ V \cdot 5\ A \cdot 3\,600\ s = 108\,000\ VAs = 108\,000\ J = 108\ kJ$

2. Ein Haartrockner wird bei 230 V betrieben und hat einen Widerstand von 46 Ω. Berechne die von ihm aufgenommene elektrische Leistung.

   Lösung:
   Mit der Versorgungsspannung $U = 230\ V$ und dem Widerstand $R = 0{,}10\ \Omega$ sowie der Gleichung $I = \frac{U}{R}$ gilt für die Leistung:

   $$P_{el} = U \cdot I = U \cdot \frac{U}{R} = \frac{U^2}{R} = \frac{(230\ V)^2}{46\ \Omega} = 1150\ W$$

Erhaltung der elektrischen Energie

Wie bei allen physikalischen Vorgängen gilt auch bei elektrischen Vorgängen der **Energieerhaltungssatz**: Elektrische Energie wird nicht „aus dem Nichts“ erzeugt und kann auch nicht verschwinden. Sie entsteht vielmehr durch Umwandlung aus anderen Energieformen bzw. wird selbst in eine andere Energieform transformiert. Neben der Umwandlung von elektrischer Energie in mechanische (z. B. Elektromotor), magnetische (z. B. Elektromagnet) oder chemische (z. B. Elektrolyse) Energie spielt die Transformation in Wärmeenergie eine große Rolle. Sie findet bei jedem Stromfluss durch einen Ohm'schen Widerstand statt und ist in manchen Fällen durchaus erwünscht (z. B. elektrischer Heizstrahler, Kochplatte). In vielen Fällen bedeutet sie aber eine Energieentwertung, dieser Anteil der zugeführten Energie kann also nicht mehr genutzt werden. So wird z. B. bei einer Glühlampe nur ein recht kleiner Teil (wie gewünscht) in Licht umgewandelt, die restliche Energie wird als (unerwünschte) Wärmestrahlung abgegeben.

Beispiele

1. Der Strom kommt aus der Steckdose. Aber wie kommt der Strom in die Steckdose?
   Beschreibe die Energieumwandlungen, die notwendig sind, dass uns überall elektrische Energie aus Steckdosen zur Verfügung steht.

   Lösung:
   Für die elektrische Energie aus der Steckdose gibt es viele mögliche Quellen. Zum Beispiel ist die Energie der Sonne in Erdöl, Erdgas und Kohle gespeichert, die aus abgestorbenen Pflanzen im Laufe von Jahrmillionen entstanden ist. Im Dampfkraftwerk werden diese so genannten **fossilen Brennstoffe** verbrannt, d. h., seine chemische Energie wird umgewandelt in zunächst Wärme- und dann kinetische Energie von Wasserdampf. Der Dampf treibt die Turbinen eines Generators an, wodurch elektrischer Strom erzeugt wird, der über Hochspannungsleitungen und Transformatoren an die Steckdosen der Endverbraucher verteilt wird.

   Andere wichtige Energiequellen sind
   - die **Kernenergie**: Sie ist die Bindungsenergie der Atomkerne und wird im Kernkraftwerk in Wärmeenergie umgewandelt (weitere Umwandlungen wie beim Dampfkraftwerk);
   - die **Wasserkraft**: Die Höhenenergie von (angestautem) Wasser wird in kinetische Energie von Turbinen umgewandelt, die wiederum einen Generator antreiben;
   - **Fotovoltaikanlagen**, die Sonnenlicht direkt in elektrische Energie umwandeln können.

2. Ein Kran (Elektromotor mit 660 W) hebt in 2 Minuten eine Last von 600 kg um 12 m an. Berechne die Nutzleistung sowie die Energie, die bei diesem Vorgang entwertet wird.

Lösung:
Die Nutzleistung besteht in der Hubarbeit, die der Kran innerhalb der 2 Minuten verrichtet:

$$P_{nutz} = P_{Hub} = \frac{W_{Hub}}{t} = \frac{m \cdot g \cdot h}{t} = \frac{600\,kg \cdot 9{,}81\,\frac{N}{kg} \cdot 12\,m}{2 \cdot 60\,s} \approx 589\,W$$

Die entwertete Energie ist die Differenz aus der zugeführten Energie und der Höhenenergie, die der Last zugeführt wird:

$$\begin{aligned} E_{entw} &= E_{zu} - E_{pot} \\ &= P_{zu} \cdot t - P_{nutz} \cdot t \approx 660\,W \cdot 2 \cdot 60\,s - 589\,W \cdot 2 \cdot 60\,s \approx 8{,}5\,kJ \end{aligned}$$

Die entwertete Energie äußert sich in Form von Kabelerwärmung und Reibungseffekten.

Zusammenfassung

- Die **Stromstärke** ist definiert als die **Ladung**, die sich durch eine Kontrollstelle **pro Zeitintervall** bewegt.
- Die kleinste einzeln messbare Ladung ist die **Elementarladung**.
- Die elektrische **Spannung** kann als Differenz des **elektrischen Potenzials** an zwei verschiedenen Punkten betrachtet werden. Das elektrische Potenzial entsteht durch Ladungstrennung in der Stromquelle.
- Die **elektrische Arbeit** bzw. **elektrische Energie** und die **elektrische Leistung** sind in Analogie zu den entsprechenden mechanischen Größen definiert. Sie hängen beide in gleichem Maße von der Spannung und der Stromstärke ab.

Aufgaben

108. Eine Waschmaschine wird bei 230 V Netzspannung von einem Strom der durchschnittlichen Stärke 11 A durchflossen. Ein Waschgang dauert etwa 50 Minuten. Berechne die elektrischen Energiekosten für einen Trommel Wäsche bei 32 Cent Energiekosten pro kWh.

109. Ende der 1980er Jahre wurde in weiten Teilen Europas die Netzspannung von 220 V auf 230 V angehoben. Damals schimpften zahlreiche Stromkunden: „Damit werden bei gleicher Einschaltdauer aller Geräte doch nur die elektrischen Energiekosten höher!“
Beurteile diese Aussage (unter der vereinfachenden Annahme, dass alle Geräte als ohmsche Widerstände anzusehen sind) und stütze dein Urteil durch überzeugende Berechnungen.

110. Ein Tauchsieder wird bei 110 V betrieben und hat einen Widerstand von 10 Ω.

a) Ein Großteil der elektrischen Energie wird vom Tauchsieder in Form von Wärmeenergie abgegeben. Beurteile, ob man hier von Energieentwertung sprechen kann.

b) Berechne die vom Tauchsieder aufgenommene elektrische Leistung.

* **111.** Als Reaktion auf eine Sicherheitsinitiative im Straßenverkehr, bei der auch tagsüber das Autofahren mit Licht empfohlen wurde, war ein erzürnter Leserbrief zu finden mit der Kernaussage, dass dies nur den Treibstoffverbrauch und damit die Kosten erhöhen würde.

a) Nimm kritisch Stellung zu dieser Aussage und überprüfe ihre physikalische Richtigkeit.

b) Schätze den Anteil der zusätzlich entstehenden, jährlichen Kosten für ein durchschnittliches Fahrzeug ab, wenn man von einer gesamten elektrischen Leistung der verschiedenen Autolichter von 135 W und einer Motorleistung von 65 kW ausgeht. Beurteile mit dem Ergebnis die Überzeugungskraft des obigen Argumentes.

112. Ein auf 230 V ausgelegter elektrischer Haartrockner enthält drei Heizspiralen von je 90 Ω Widerstand.

a) Zwei in Reihe geschaltete Heizspiralen sind parallel zur dritten geschaltet. Berechne die Leistung des Geräts.

b) Berechne die Kosten, die bei einem 15-minütigen Betrieb des Geräts entstehen, wenn die kWh 32 Cent kostet.

113. Eine 60-W-Glühlampe, die für 110 V Spannung vorgesehen ist, soll bei 230 V betrieben werden. Durch Reihenschaltung eines geeigneten Vorwiderstandes gelingt dies auch. Erkläre, warum dieses Verfahren trotzdem nicht sinnvoll ist.

114. Zähle jeweils drei im Haushalt übliche Elektrogeräte auf, die große bzw. geringe Betriebskosten verursachen. Recherchiere ggf. im Internet.

115. In einer Zeitungsnachricht stand zu lesen:

„Umweltverbände weisen immer wieder darauf hin, dass ein ganz wesentlicher Teil des deutschen Stromverbrauchs von ausgeschalteten Geräten verursacht wird. Die meistgenannten Beispiele sind Fernseher im Standby-Betrieb, die sich jederzeit per Fernbedienung wieder einschalten lassen. Im Schnitt lässt sich jeder Haushalt diesen Komfort 170 € im Jahr kosten. Das kostet jedes Jahr in Deutschland etwa 7 Milliarden € und lastet rechnerisch zwei Kernkraftwerke aus.“

a) Berechne, welche mittlere Leistung alle Standby-Schaltungen eines Haushaltes im Ruhezustand durchschnittlich aufnehmen, wenn der Preis einer Kilowattstunde bei 32 Cent liegt.
b) Vergleiche den Energieverbrauch dieser Standby-Schaltungen mit dem jährlichen Energiebedarf von Berlin (13 Milliarden kWh).

116. Ein Kühlschrank der Effizienzklasse A ist um 150 € teurer als ein Gerät, das täglich um 0,3 kWh mehr Energie aufnimmt.
Beurteile, welches Gerät bei einer Lebenserwartung von 15 Jahren und einem Strompreis von 32 Cent je kWh günstiger ist.

117. Zeichne die Darstellung des Stromkreises mit einer Spannungsquelle von 5 V zunächst auf kariertes Papier ab. Veranschauliche den Verlauf des elektrischen Potenzials durch die Höhe der Leitungen (1 V für 1 Kästchen).

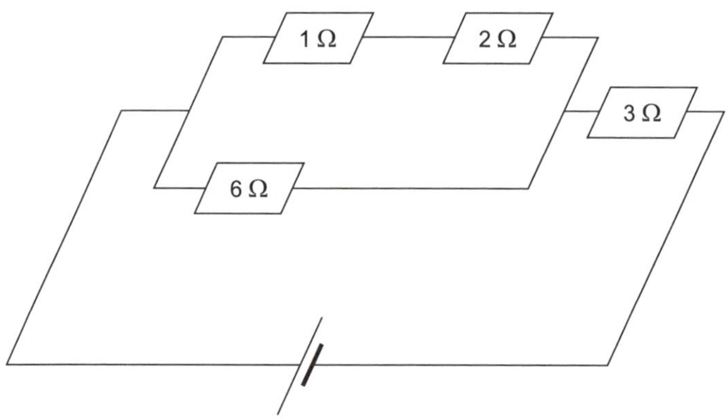

NTG 5.3 Energie im Alltag

In unserem Alltag spielen Energieumwandlungen eine zentrale Rolle. Auf ihnen basiert z. B. unsere Stromversorgung und Mobilität. Auch unser menschlicher Körper kann nur „funktionieren", wenn wir ihm Energie zuführen und wichtige Energieumwandlungen stattfinden.

Energie im menschlichen Körper

Nahrungsmittel enthalten Energie, die der **menschliche Körper** durch Verbrennung umwandelt in mechanische (Bewegungen), thermische (Halten der gleichmäßigen Köpertemperatur) und elektrische (Denken, Wahrnehmen) Energie. Jedem Nahrungsmittel lässt sich ein Energiegehalt pro Masseeinheit (z. B. pro 100 g des jeweiligen Nahrungsmittels) zuordnen. Die früher üblichen Kalorien als Einheit wurden von der physikalisch eindeutigen Einheit Joule abgelöst, als Umrechnung gilt 1 cal = 4,182 J. Die Energie für den Körper steckt in Kohlenhydraten (v. a. im Getreide; Energiegehalt ca. 1700 kJ pro 100 g), Fetten (in Eiern, Fleisch, Fisch, Nüssen; ca. 3700 kJ pro 100 g) und Eiweiß bzw. Proteinen (in Milch, Eiern, Fleisch, Fisch, Hülsenfrüchten, Nüssen, Getreide; ca. 1700 kJ pro 100 g). Auch Alkohol liefert ca. 3000 kJ pro 100 g.
Unser Körper macht die aufgenommene Energie z. B. nutzbar, damit wir Sport treiben können. Aber auch ohne besondere Betätigung wird Energie benötigt, um die grundlegenden Funktionen unseres Organismus aufrecht zu erhalten. So verbraucht ein erwachsener Mensch mit einer Körpermasse von 70 kg bei moderater Bewegung täglich ca. 7 000 kJ. Der Energiebedarf ist abhängig von vielen Faktoren wie Geschlecht, Alter, Tätigkeiten etc.

Energiequellen und Energiewende

Die Energie, die wir im Privatsektor, öffentlichen Leben und in der Industrie benötigen, wird sowohl aus **regenerativen** (Wind-, Wasser-, Solarenergie, Biomasse) als auch aus **nicht regenerativen Energiequellen** (Erdgas, Kernenergie, Braun-, Steinkohle) bezogen. Um die Energie von Primärenergieträgern beispielsweise als elektrischen Strom nutzbar zu machen, müssen in Kraftwerken und Anlagen entsprechende Energieumwandlungen stattfinden.

Unter dem Begriff **Strommix** versteht man die Zusammensetzung des in Deutschland erzeugten Stroms nach Energiequellen. Die Abbildung zeigt den Strommix in Deutschland aus dem Jahr 2021.

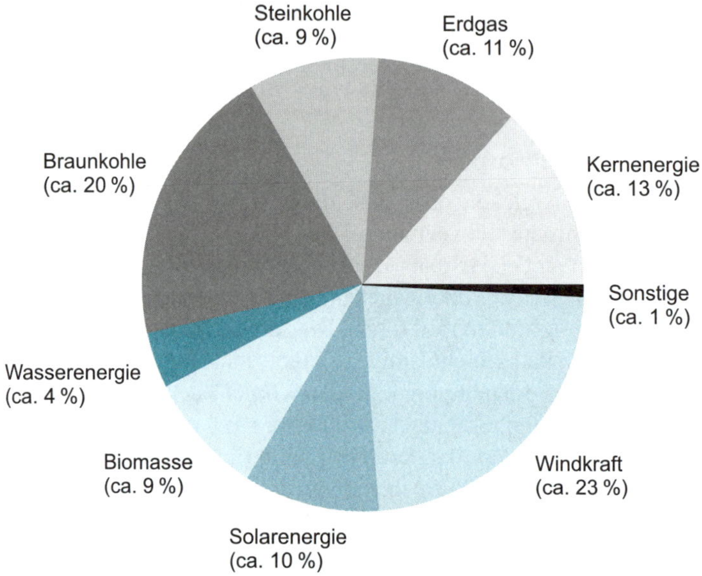

In anderen Anwendungsbereichen spielen weitere Energieträger eine wichtige Rolle. So wird ein großer Teil der Energie im Bereich Mobilität aus Erdöl gewonnen (insbesondere zur Kraftstofferzeugung).

Weltweit ist der Energiemix etwas anders. Weit mehr als die Hälfte der weltweit verbrauchten Energie wird weiterhin aus nicht regenerativen Energiequellen gewonnen. Um der fortschreitenden Klimaerwärmung entgegenzuwirken, müssen vor allem die Industrieländer ihren Energiemix verändern (**Energiewende**). Das Ziel ist, möglichst bald zu einem großen Teil auf regenerative Energiequellen umzustellen. Dies birgt jedoch Herausforderungen. Die Ergiebigkeit der meisten regenerativen Energiequellen sind zeit- und ortsabhängig. Zum Beispiel weht in bestimmten Gegenden mehr Wind als in anderen, das Auftreten und die Stärke des Windes hängt außerdem von der allgemeinen Wetterlage ab. Um eine Versorgungssicherheit zu gewährleisten, muss deshalb die Weiterentwicklung der **Stromspeicherung** und des **Stromnetzes** vorangetrieben werden.

Einen weiteren wichtigen Faktor bei der Energiewende stellt die Umstellung vom Verbrennungsmotor auf emissionsarme Antriebstechnologien dar. Als vielversprechendste Technologien gelten **Elektro-** und **Wasserstoffautos**. Bei der Beurteilung solcher Technologien ist deren **Ökobilanz** von entscheidender Bedeutung. Sie erfasst alle Umweltauswirkungen, von der Förderung und dem Transport der Rohstoffe über die eigentliche Nutzung bis hin zur Entsorgung der Abfallprodukte.

Aufgaben

118. In Deutschland lag der Nettostromverbrauch im Jahr 2021 insgesamt bei etwa 504 TWh. Berechne unter Verwendung des Kreisdiagramms weiter oben, wie viel Energie verbraucht wurde, die aus erneuerbaren Energiequellen stammt.

119. Recherchiere im Internet, wie sich die benötigte Energie privater Haushalte auf verschiedene Anwendungsbereiche (Raumwärme, Warmwasser, Beleuchtung etc.) aufteilt. Erstelle ein Kreisdiagramm, das diese Aufteilung wiedergibt.

6 Atome

Atome senden gelegentlich Licht aus – um diese Vorgänge besser zu verstehen, lohnt es sich, zunächst die Geschichte der Atommodelle zu kennen (ohne sich dabei jede Einzelheit merken zu müssen), darum hier eine kurze Einführung.

6.1 Geschichte der Atommodelle

Das **Atom** ist der kleinste chemisch nicht weiter teilbare Baustein der Materie. Der Begriff geht auf **Demokrit** (400 v. Chr.) zurück und entstammt dem griechischen Wort „atomos“ (= unteilbar). Unsere heutige Vorstellung davon, wie ein Atom aufgebaut ist, ist das Ergebnis einer langen Forschungsgeschichte, die mit den Namen berühmter Forscher verbunden ist.

Bis ins hohe Mittelalter war nicht die Vorstellung Demokrits, sondern diejenige seines Zeitgenossen **Empedokles** vorherrschend, nach der alle Materie auf die vier Elemente Feuer, Erde, Luft und Wasser zurückzuführen sei. Die erste experimentelle Annäherung an das Problem begann erst im 15. Jahrhundert, als die Vertreter der Alchemie (vergeblich) versuchten, aus billigem Blei das wertvolle Gold herzustellen. Indem sie dem neuen Ansatz folgten, alle die Natur betreffenden Fragen nicht mehr durch reines Nachdenken (philosophisch), sondern mithilfe gezielter Experimente (naturwissenschaftlich) zu beantworten, legten sie den Grundstein für die eigentliche Chemie und Physik. **Dalton** stellte Anfang des 19. Jahrhunderts bei der systematischen Untersuchung chemischer Reaktionen fest, dass die Massenverhältnisse der beteiligten Substanzen vor und nach einer Reaktion konstant bleiben, und besann sich für die Erklärung dieses Befundes wieder auf die Vorstellung des Atoms als chemisch unteilbares Teilchen. Der Aufbau der Materie aus Atomen wurde fortan zwar allgemein akzeptiert, doch war nach wie vor unklar, wie man sich das Atom selbst vorzustellen hat.

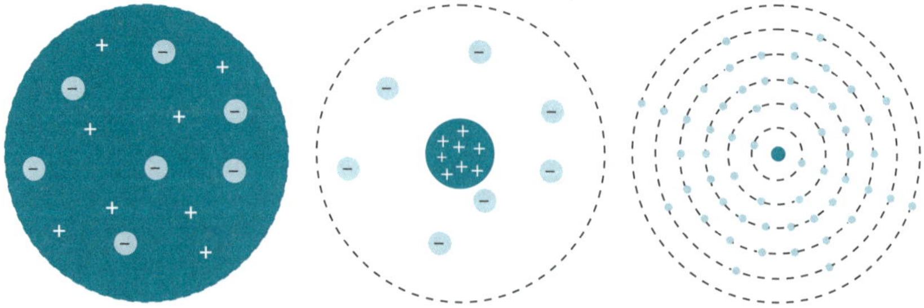

A B C

Zu Beginn des 20. Jahrhunderts wusste man aufgrund von Experimenten immerhin, dass das Atom elektrisch geladene Teilchen, die Elektronen, enthält. Die Tatsache, dass das Atom selbst elektrisch neutral ist, führte **Thomson** zu seinem „Rosinenteigmodell": In diesem Modell sind die Elektronen gleichsam wie Rosinen in einem gleichförmigen Teig in eine kugelförmige Masse mit „verschmierter" positiver Ladung eingebettet (Bild A). Etwa zehn Jahre später packte Ernest **Rutherford** die Erforschung der Atomstruktur im Rahmen seiner berühmten Streuversuche experimentell an. Dabei wird ein Strahl elektrisch positiv geladener Teilchen, sogenannter Alphateilchen, auf eine dünne Goldfolie gerichtet. Die Teilchen treffen dort mit hoher Geschwindigkeit auf und werden gestreut, d. h., ihre Flugbahnen ändern ihre Richtung.

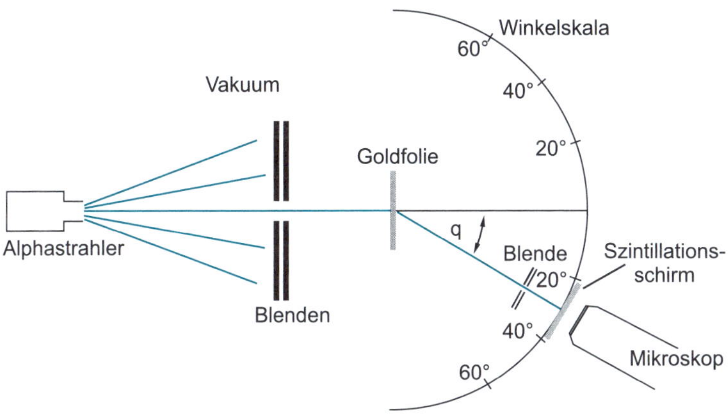

Lernvideo

Rutherfords Messung der Richtungsverteilung brachte überraschende Ergebnisse:

- Die meisten Alphateilchen passierten die Folie, ohne abgelenkt zu werden.
- Geringe Ablenkwinkel traten häufiger auf als große.
- Manche Alphateilchen wurden regelrecht zurückgeworfen, also um einen Winkel von 180° abgelenkt.
- Die gestreuten Alphateilchen besaßen fast unveränderte Energie.

Rutherford folgerte daraus, dass die positive Ladung und fast die gesamte Masse im Atom nicht gleichmäßig verteilt sein können, sondern geballt in einem winzig kleinen Raumbereich, dem sogenannten **Atomkern**, auftreten; der größte Teil des Atoms ist also leer! Der Atomkern hat nach Rutherfords Auswertungen einen Durchmesser, der nur etwa den 10 000. Teil des ganzen Atomdurchmessers ausmacht. Um diesen Kern herum fliegen in Rutherfords Modell die negativ geladenen **Elektronen** und bilden die **Atomhülle** (Bild B).

Nils **Bohr**, ein Schüler Rutherfords, entwickelte schon bald das Modell seines Lehrers weiter, um die neuesten experimentellen Ergebnisse über die sogenannten Linienspektren der Atome erklären zu können. Mittlerweile war nämlich bekannt, dass Atome Licht aussenden und auch „schlucken" können, dabei aber sehr wählerisch sind. So nimmt etwa das im Kochsalz enthaltene Natrium vom sichtbaren Licht nur ein ganz bestimmtes Gelb auf und sendet – z. B. wenn man etwas Kochsalz an einem Stab in eine Flamme hält – auch nur dieses, für Natrium typische gelbe Licht aus. Die Ursache für die Aussendung und die Aufnahme von Licht war nur im Bereich der Atomhülle zu suchen, die Energie des Lichtes musste also von den Hüllenelektronen aufgenommen bzw. abgegeben werden. Aufgrund der Beobachtung, dass Atome nur Licht ganz bestimmter Farbe emittieren (= aussenden) bzw. absorbieren (= aufnehmen), stellte Bohr zwei Forderungen auf, die man als Bohr'sche Postulate bezeichnet.

Regel

Bohr'sche Postulate

1. Die Elektronen in der Atomhülle dürfen nur auf ganz bestimmten Bahnen mit wohldefinierten Radien um den Kern fliegen.
2. Jeder Elektronenbahn entspricht eine bestimmte Elektronenenergie, die mit zunehmendem Bahnradius größer wird. Wechselt ein Elektron von einer energiereicheren auf eine energieärmere Bahn, wird die Energiedifferenz portionsweise als Licht abgegeben. Umgekehrt kann Licht portionsweise von dem Atom aufgenommen werden, indem ein Hüllenelektron von einer äußeren Bahn auf eine innere Bahn wechselt.

Die Hülle des Atoms ist also nach der Bohr'schen Modellvorstellung aus Schalen aufgebaut (Bild C). Die Anwendung auf das Wasserstoffatom führte erstmals auf eine korrekte theoretische Vorhersage der gemessenen Linienspektren. Bei größeren Atomen klappte dies jedoch nicht, auch konnte das Bohr'sche Modell nicht alle (z. B. die magnetischen) Eigenschaften der Atome beschreiben. Die Suche nach einem Atommodell, das alle Eigenschaften für alle Atome zu erklären vermag, führt Ende der zwanziger Jahre des 20. Jahrhunderts zur Entwicklung des **Orbitalmodells** des Atoms, das bis heute Gültigkeit besitzt.

Beispiele

1. Am Anstoßpunkt eines Fußballfeldes liegt ein Kirschkern, sein Durchmesser beträgt 1 cm. Angenommen, dies wäre ein Atomkern, welchen Durchmesser hätte dann das gesamte Atom (bei gleichen Größenverhältnissen)?

   Lösung:
   Der Atomdurchmesser ist etwa 10 000-mal größer als der Kerndurchmesser (vgl. Rutherfords Streuversuche). Somit ergibt sich für das „Kirsch-Atom" ein Durchmesser von 1 cm · 10 000 = 100 m. Die Elektronen der Atomhülle fliegen also im und über dem ganzen Fußballfeld herum.

2. Wenn ein Atomkern die Größe eines Einfamilienhauses in München hätte (etwa 10 m Durchmesser), wie groß wäre dann das ganze Atom (bei gleichen Größenverhältnissen)?

Lösung:
Wieder multiplizieren wir den angenommenen Kerndurchmesser mit dem Faktor 10 000 und erhalten eine Atomgröße von $10\ \text{m} \cdot 10\,000 = 100\ \text{km}$.

Wie man heute weiß, besitzt nicht nur das Atom, sondern auch der Atomkern eine innere Struktur, ist also aus weiteren Teilchen aufgebaut. Der Kern des kleinsten Atoms, des Wasserstoffatoms, besteht nur aus einem einzigen Teilchen, dem **Proton**. Es besitzt gleich große, aber entgegengesetzte Ladung wie das umkreisende Elektron; man sagt, das Proton ist einfach positiv geladen. Die Kerne aller schwereren Atome als dem Wasserstoffatom weisen neben den Protonen eine zweite Sorte von Kernbausteinen auf, das **Neutron**. Es ist elektrisch neutral und besitzt etwa die gleiche Masse wie das Proton.

6.2 Farb- und Energiespektrum des Lichts

Kontinuierliches Spektrum

Wir sehen einen Gegenstand, wenn er entweder selbst leuchtet (also Licht aussendet) oder Licht aus einer anderen Quelle reflektiert, also beleuchtet wird. In jedem Fall aber muss es eine Lichtquelle geben; für unser Tageslicht ist das die Sonne. Sie gehört wie die Glühlampe zu den sogenannten **Temperaturstrahlern**, die Licht infolge der Erhitzung von Atomen (in der Glühlampe z. B. der Atome im Wolframdraht der Glühwendel) aussenden. Je nachdem, wie stark der Strahler erhitzt wird, sehen wir ihn rötliches, gelbes oder sehr helles, weißes Licht aussenden (denke z. B. an die rot glühenden Bremsscheiben eines stark bremsenden Rennwagens oder an das gelbe Licht einer Kerzenflamme). Das Licht eines Temperaturstrahlers besitzt stets eine **Mischfarbe**, die sich aus allen Farben des Farbspektrums, wie du es z. B. vom Regenbogen her kennst, zusammensetzt. In dem Licht, das wir als weiß empfinden, sind alle Regenbogenfarben zu gleichen Anteilen enthalten. Man kann weißes Licht in diese Einzel- oder Spektralfarben zerlegen, indem man es beispielsweise durch ein keilförmiges Prisma aus Glas fallen lässt. Das hat zweierlei Gründe: Zum einen wird jeder Lichtstrahl beim Durchgang durch ein Prisma gebrochen, d. h., der Strahl verläuft in einer gegenüber der Einfallsrichtung abgelenkten Richtung weiter. Zum anderen hängt die Stärke dieser Brechung von der Farbe des Lichts ab; blaues Licht wird am stärksten gebrochen, rotes am geringsten.

Fängt man die gebrochenen Lichtstrahlen auf einem Schirm auf, sieht man dort die verschiedenen Farbanteile des Lichtes räumlich voneinander getrennt. Dieses Schirmbild nennt man ein **kontinuierliches Spektrum**, da das Spektrum bei Temperaturstrahlern aus kontinuierlich ineinander übergehenden Farbbändern von tiefem Rot bis zu Blauviolett besteht.

Spektralfarben können nicht nur mithilfe eines Glasprismas, sondern auch mittels eines sehr feinen Gitters erzeugt werden; es kehrt sich hier lediglich die Farbfolge auf dem Schirm um. Der Regenbogen selbst entsteht ebenfalls durch Brechung: Die Rolle des Prismas übernimmt hier jeder einzelne Regentropfen, der das weiße Sonnenlicht in die verschiedenen Spektralfarben bricht, die dann je nach Blickwinkel aus verschiedenen Bereichen des Himmels in unser Auge fallen.

Energie und Farbe des Lichts

Jeder Farbe ist ein bestimmter Energiewert zugeordnet. Die Energie des Lichts wird in kleinen Portionen transportiert, den Lichtteilchen oder Photonen.

Regel

> Die Lichtteilchen, auch **Photonen** genannt, sind die Energieträger des Lichts. Je nach Farbe des Lichts haben sie eine genau festgelegte Energie.

Die Photonenenergien sind so winzig klein, dass wir uns schwertun, ihre Größe mit der üblichen Energieeinheit Joule auszudrücken. Man nimmt deshalb einen sehr kleinen Bruchteil eines Joules und führt hierfür einen eigenen Namen ein, das Elektronenvolt (eV).

Regel

> Die Energie von Photonen wird in **Elektronenvolt** (eV) angegeben.
> Für die Umrechnung zwischen Joule und Elektronenvolt gilt:
> $1\ \text{J} = 6{,}25 \cdot 10^{18}\ \text{eV}$ bzw. $1\ \text{eV} = 1{,}6 \cdot 10^{-19}\ \text{J}$

Wir erinnern uns: 1 Joule ist etwa die Energie, die man auf der Erde zum Heben einer Tafel Schokolade ($m = 100$ g) um 1 m benötigt. Teilt man 1 Joule in $6{,}25 \cdot 10^{18}$ gleich große Portionen, so hat jede die Energie 1 eV.

Beispiel

Die Wärmelampe einer Imbissbude hat eine Leistung von 100 W und sendet (hier der Einfachheit halber ausschließlich) rotes Licht mit einer Photonenenergie von etwa 1,66 eV aus.
Berechne, wie viele Photonen die Lampe in jeder Sekunde aussendet.

Lösung:
Bei einer Leistung von $P = 100$ W wird in jeder Sekunde die Energie $E = 100$ J freigesetzt, das sind $E = 100\ \text{J} = 100 \cdot 6{,}25 \cdot 10^{18}\ \text{eV} = 6{,}25 \cdot 10^{20}\ \text{eV}$.
Bei einer Photonenenergie von jeweils 1,66 eV beträgt die Zahl der Photonen pro Sekunde also:

$$n = \frac{6{,}25 \cdot 10^{20}\ \text{eV}}{1{,}66\ \text{eV}} \approx 3{,}77 \cdot 10^{20}$$

Doch was sind die Photonenenergien der verschiedenen Farben? Rotes Licht hat etwa eine Energie im Bereich bis 1,9 eV, blauviolettes Licht etwa im Bereich ab 2,9 eV. Dazwischen liegen (in energetisch aufsteigender Reihenfolge) die Farben Orange, Gelb, Grün und Türkis in vielen verschiedenen Tönen. Auch jenseits der blauen und roten Bereiche existieren weitere „Farben" des Lichts, die für unser Auge aber nicht sichtbar sind (sichtbarer Teil des Spektrums: ca. 1,7 eV bis 3,1 eV). Man bezeichnet den Bereich des Spektrums, der sich unmittelbar an den roten Teil anschließt als **infrarot**, den auf den blauvioletten Teil folgenden Bereich als **ultraviolett**. Wir halten fest:

Regel

> Licht lässt sich mit einem Prisma oder einem optischen Gitter in seine **spektralen Bestandteile** zerlegen. Der **sichtbare Bereich** des Spektrums umfasst die Photonenenergien von 1,7 eV (rot) bis 3,1 eV (blauviolett).

Durch das Spektrum erhält man wesentliche Informationen über die Lichtquelle. Gelbes Licht etwa kann einerseits spektral reines Gelblicht mit einer Energie von ca. 2,1 eV sein oder aber andererseits auch eine Mischung aus rotem und grünem Licht (vergleiche additive Farbmischung in der Optik). Ein Prisma würde das Mischlicht aber wieder zerlegen können, das reingelbe dagegen nicht; die Lichtquellen können somit experimentell unterschieden werden.

Beispiele

1. Erkläre, warum eine Zitrone im weißen Licht gelb erscheint.

   Lösung:
   Die Zitrone reflektiert die Komplementärfarbe von gelb, also blauviolett, sehr schlecht, die anderen Anteile des Spektrums wesentlich besser. Man kann sich das Spektrum auch zusammengemischt aus den Grundfarben vorstellen, dann ist klar, dass die Zitrone von einem roten, einem grünen und einem blauen Lichtstrahl nur den roten und den grünen reflektiert, damit erscheint sie in deren additiver Mischfarbe, also gelb.

2. Erkläre, wie eine Zitrone in rotem, grünem bzw. blauem Licht erscheint.

   Lösung:
   In rotem Licht würde sie rot erscheinen, im grünen Licht grün und im blauen Licht schwarz (weil sie blaues Licht nicht reflektiert).

Diskretes Spektrum

Feuchtet man einen Metallstab mit Wasser an, taucht ihn kurz in Kochsalz, sodass einige Kristalle hängen bleiben, und hält diese Kochsalzkristalle anschließend in eine Kerzenflamme, dann leuchtet diese in sattem Gelb auf. Versucht man das gelbe Licht mit einem Prisma weiter zu zerlegen, scheitert man; vielmehr sieht man nur eine gelbe Linie bei einer Energie von etwa 2,11 eV auf dem Schirm (streng genommen sind es zwei gelbe Linien dicht nebeneinander).

Dieses Licht stammt von den Natriumatomen, die zusammen mit den Chloratomen im Kochsalz enthalten und chemisch gebunden sind. Natrium kann also zum Leuchten angeregt werden, sendet dabei aber nur Licht einer ganz bestimmten Farbe aus, die man „Natrium-D-Linie“ nennt. Umgekehrt schluckt Natriumdampf, der mit weißem Glühlampenlicht durchleuchtet wird, gerade diese gelben Anteile mit 2,11 eV aus dem weißen Licht heraus. Das Spektrum des Restlichtes zeigt an der Stelle eine schwarze Linie, dieses gelbe Licht fehlt also offensichtlich. Solch ein Spektrum nennt man ein **diskretes Spektrum**, der Grund seiner Entstehung ist folgender:

Licht überträgt Energie in Form von Photonen. Beispielsweise können wir die durch infrarotes Licht übertragene Energie unmittelbar als Wärme über den Temperatursinn unserer Haut empfinden; man bezeichnet Infrarotlicht daher auch als Wärmestrahlung; da jeder Temperaturstrahler auch Infrarotstrahlung aussendet, können wir ihn nicht nur sehen, sondern auch spüren (Heizstrahler, Glühlampe, Sonne). Je nach Farbe sind die Photonen energiereicher (blaues Licht) oder energieärmer (rotes Licht). Natrium kann, wie der Versuch zeigt, nur das gelbe Licht mit der genau passenden Energie aufnehmen. Energiereichere oder -ärmere Photonen können dagegen passieren. Trifft nun eben dieses typische gelbe Licht auf ein Natriumatom, dann nimmt ein Elektron der Atomhülle ein Photon auf, es wird „angeregt“. Kurz darauf regt sich das Elektron wieder ab, gibt also die aufgenommene Energie wieder durch Aussendung eines gelben Photons frei und kehrt in seinen Grundzustand zurück (mehr dazu im folgenden Abschnitt!). Weil das gelbe Licht aber nun in alle Richtungen und nicht nur in die ursprüngliche Strahlrichtung emittiert wird, erreicht den Schirm an der Gelbposition des Spektrums weniger Licht als bei Abwesenheit von Natriumdampf: Auf dem Schirm ist eine dunkle Linie bei der Energieposition 2,11 eV sichtbar.

6.3 Energiestufenmodell

Auch die Atome des einfachen Wasserstoffatoms emittieren und absorbieren nur bestimmte Farben. Ihr Emissionsspektrum sieht im sichtbaren Bereich so aus:

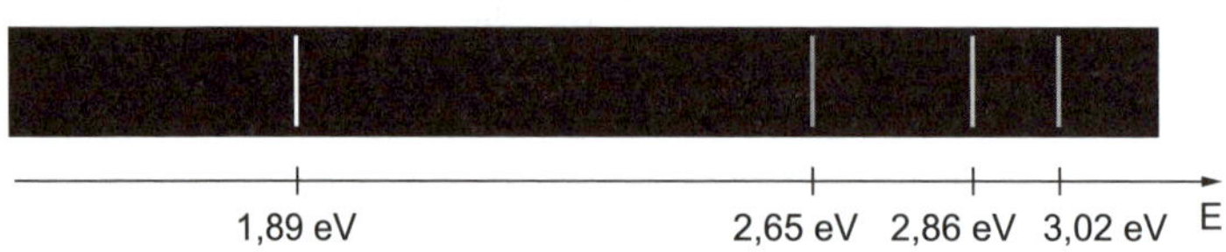

Um das Spektrum genauer erklären zu können, müssen wir zunächst den groben Aufbau eines Atoms verstehen. Nils **Bohr** entwickelte Anfang des 20. Jahrhunderts – basierend auf experimentellen Beobachtungen von Linienspektren – ein neues Atommodell (siehe Abschnitt 6.1).

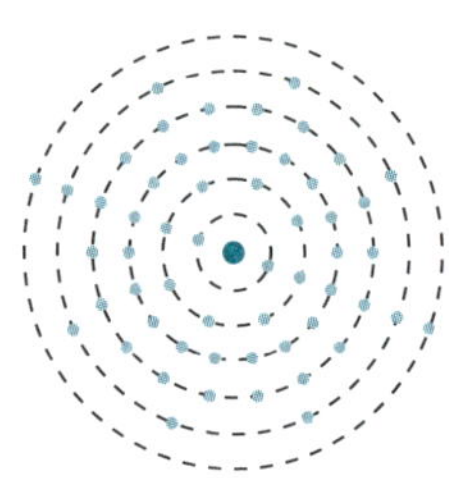

Es geht davon aus, dass die Elektronen in der Atomhülle nur auf ganz bestimmten Bahnen mit wohldefinierten Radien und Energieniveaus um den Kern fliegen dürfen, auf den sogenannten **Schalen**.

Da das Wasserstoffatom lediglich ein Elektron besitzt, schaffte es Bohr, dessen Linienspektrum ausgehend vom Schalenmodell theoretisch nachzuweisen. Ohne äußere Einwirkung ist ein Wasserstoffatom im Grundzustand, d. h., das Elektron befindet sich auf der innersten Schale mit dem niedrigsten Energieniveau. Das Elektron kann aus seinem Grundzustand heraus nur Photonen bestimmter Energien aufnehmen (**Photonen-Absorption**) und dabei auf eine andere Schale springen. Je nachdem, auf welche Schale es springt (auf die benachbarte, die übernächste usw.), nimmt das Elektron kleinere oder größere Energieportionen auf, in jedem Fall aber eine ganz bestimmte, durch den Schalenabstand festgelegte Menge; man spricht auch von einer diskreten Energiemenge. Anschließend gibt das Elektron die Energie wieder als Licht von typischer Farbe ab (**Photonen-Emission**).

Photonen-Absorption

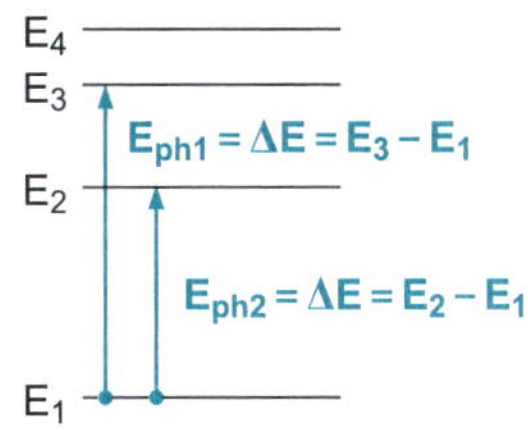

Photonen-Emission

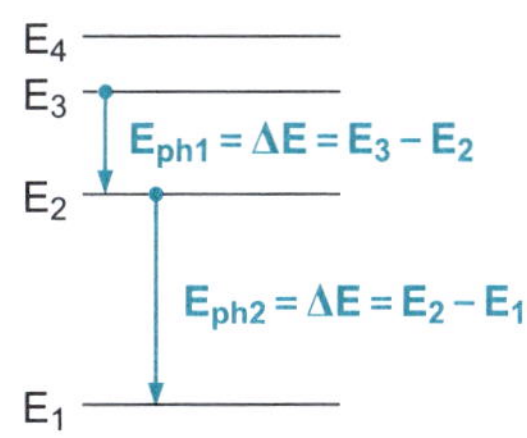

Man kann sich das so vorstellen, als würde man auf einer „energetischen" Treppe hüpfen, bei der jeder Stufe (mit unterschiedlicher Stufenhöhe) eine bestimmte Höhenenergie zugeordnet ist. Man springt eine oder mehrere Stufen nach oben und wieder auf die Ausgangsstufe zurück; je nach angesprungener Stufe wird dabei eine ganz bestimmte, durch den Höhenabstand der Stufen festgelegte Menge an Höhenenergie aufgebracht und anschließend wieder freigesetzt.

Die Zahl der Schalen, die das Elektron dabei überspringen kann, ist nur von der Größe der Photonenenergie abhängig. Übersteigt die aufgenommene Energie einen bestimmten Wert, dann fliegt das Elektron davon und hinterlässt eine Lücke in der Atomhülle. Da jetzt die negative Ladung des verloren gegangenen Elektrons der Hülle fehlt, ist das zurückbleibende Atom einfach positiv geladen. Ein elektrisch geladenes Atom bezeichnet man als **Ion**, die Energie, die ein Elektron zum Verlassen des Atoms benötigt, heißt **Ionisierungsenergie**.

Regel

> Jedes Atom emittiert bzw. absorbiert Licht nur mit bestimmten Wellenlängen, die durch seine Schalenstruktur festgelegt sind. Das **diskrete Spektrum** (Linienspektrum) des Atoms kann auf einem Schirm entweder als **Emissionsspektrum** (einzelne farbige Linien) oder als **Absorptionsspektrum** (schwarze Linien in einem kontinuierlichen Weißlichtspektrum) dargestellt werden.

Die folgende Abbildung demonstriert noch einmal den Unterschied zwischen dem kontinuierlichen Weißlichtspektrum, wie es etwa beim Durchstrahlen eines Glasprismas entsteht, und dem diskreten Emissions- und Absorptionsspektrum eines Atoms (hier: Wasserstoff). Das Absorptionsspektrum kann man sich immer als „Negativ" des Emissionsspektrums vorstellen.

Weißlichtspektrum

Emissionsspektrum

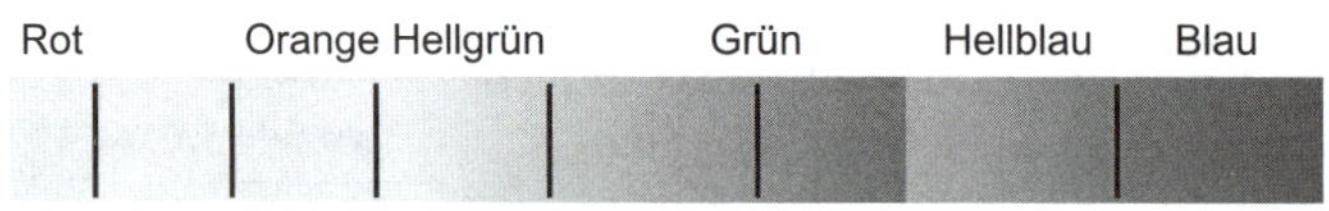

Absorptionsspektrum

Die Gestalt des Linienspektrums, also die Anzahl und Position der Linien, ist für jedes Atom einzigartig und somit charakteristisch; es gleicht dem „Fingerabdruck" des Atoms. Man kann daher mithilfe der Messung von Linienspektren die chemische Zusammensetzung von Gasen ermitteln. Untersucht man in dieser Weise z. B. das Sonnenlicht, erhält man ein Absorptionsspektrum mit sehr vielen schwarzen Linien (ca. 22 000), den sogenannten **Fraunhoferlinien**. Sie entstehen infolge der Absorption der kontinuierlichen Sonnenstrahlung durch die in der Sonnenatmosphäre (Photosphäre) enthaltenen chemischen Elemente.

Beispiel

Umkehrung der Natrium-Linie

Aus einer Natriumlampe tritt spektral reines, gelbes Licht aus und beleuchtet durch eine Bunsenbrennerflamme hindurch einen weißen Schirm. Bringt man mit einem Spatel etwas (natriumhaltiges) Kochsalz, so leuchtet die Bunsenbrennerflamme ebenso gelb, auf dem Schirm jedoch sieht man einen Schatten der Flamme.

Begründung: Die Natriumatome in der Flamme absorbieren das auf den Schirm gerichtete Gelblicht der Natriumlampe, geben es dann aber gleich wieder ab, allerdings in alle Richtungen gleichermaßen. Damit ist der Anteil des Gelblichts im Bereich hinter der Flamme geringer als außerhalb und der Bereich erscheint wegen des nur noch geringen Gelblichteinfalls (weitestgehend) als Schatten.

Welche Beobachtung erwartest du bei dem folgenden Experiment?
Das weiße Licht einer Bogenlampe (kontinuierliches Spektrum wie bei einer Glühlampe) wird mithilfe einer Linsenoptik durch eine Bunsenbrennerflam-

me mit Kochsalzspatel geschickt und dahinter nach Passieren einer Blende (die anderes Licht abschirmen soll) durch ein Prisma in seine spektralen Bestandteile zerlegt. Was erkennt man am Schirm?

Lösung:

Wiederum absorbieren die Natriumatome in der Flamme das Gelblicht im Spektrum und lassen das übrige Licht passieren, dieses wird weiter auf den Schirm geleitet. Das unmittelbar nach der Absorption wieder abgegebene gelbe Licht der Natriumatome hat nun keine Vorzugsrichtung mehr, sondern wird in alle Richtungen gleichermaßen abgestrahlt, also nur noch zu einem geringen Teil in Richtung Schirm. Deshalb „fehlt" die gelbe Linie im Spektrum, stattdessen erkennt man eine (fast) schwarze Linie.

Zusammenfassung

- Die **Photonen** (Lichtteilchen) sind die Energieträger des Lichts. Ihre Energie stellt ein Maß für die Farbe des Lichts dar und wird in Elektronenvolt (eV) angegeben. Im **sichtbaren Bereich** des Lichts haben Photonen Energiewerte zwischen ca. 1,7 eV (rot) und 3,1 eV (blauviolett).
- Atome können Photonen **emittieren** und **absorbieren**. Dabei wechseln die Hüllenelektronen zwischen den möglichen Schalen des Atoms und geben dadurch Energie ab oder nehmen sie auf (**Energiestufenmodell**).
- Das von einem angeregten Atom ausgesandte Licht erzeugt auf einem Schirm ein für das Atom charakteristisches **Linienspektrum**, das **Emissionsspektrum**. Durchstrahlt man ein Gas mit Licht aus einem kontinuierlichem Spektralbereich (z. B. Weißlicht), so misst man am Auffangschirm ein **Absorptionsspektrum**, in dem die charakteristischen Linien der Gasatome als schwarze Linien auftreten.

Aufgaben

120. Bei der Erforschung ferner Sterne ist man ausschließlich auf das Licht angewiesen, das von den Sternen emittiert wurde und auf der Erde bei uns eintrifft. Auch das Sonnenspektrum liefert interessante Informationen über die Oberflächenschicht unseres Zentralgestirns, alle dort enthaltenen chemischen Elemente erkennt man im Spektrum an den fehlenden Farbanteilen, also an den Fraunhofer'schen Linien. Sie sind typisch für ein chemisches Element und somit ein eindeutiger Hinweis auf die Existenz des jeweiligen Stoffes.

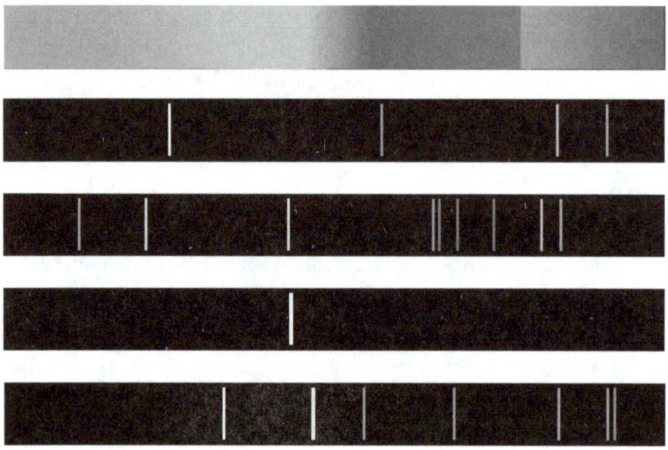

In der Abbildung sieht man oben ein Gitterspektrum von weißem Licht, wie es im Inneren eines Sternes entsteht. Darunter folgen die Emissionsspektren von Wasserstoff, Helium, Natrium und Quecksilber.

Untersuche die folgenden Spektren von fiktiven Sternen auf Fraunhoferlinien und schließe jeweils auf die dort in der Oberfläche vorhandenen chemischen Elemente.

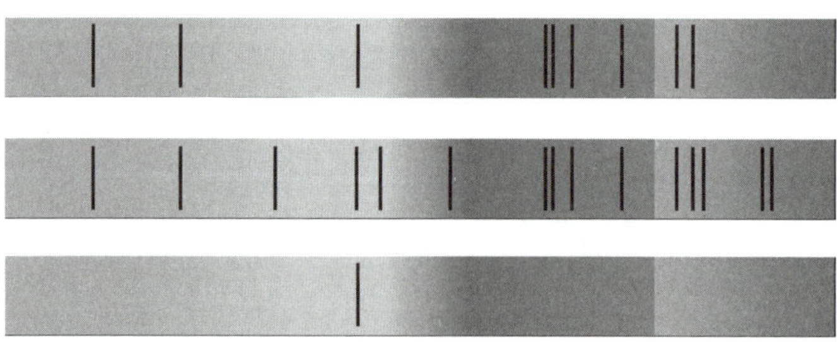

121. Die Sonne strahlt mit einer Leistung von etwa 1 000 W pro Quadratmeter auf die Erde. Schätze die Anzahl der Photonen (mittlere Photonenenergie 2,16 eV) ab, die bei Sonnenschein jede Sekunde auf jeden Quadratmeter der Erde treffen.

122. Beschreibe, wie sich mithilfe von Lichtspektren untersuchen lässt, aus welchen Gasen die Erdatmosphäre zusammengesetzt ist.

Simulation

123. Simulation: „Moleküle und Licht"

- Stelle als Lampentyp „Ultraviolett" ein.
- Wähle nacheinander die verschiedenen Moleküle aus, schalte jeweils die Lampe an und beobachte, was passiert.
- Erläutere ausgehend von deinen Beobachtungen, warum die Ozonschicht in der Erdatmosphäre lebenswichtig für uns Menschen ist.

Lösungen

1. Wegen $R = \frac{U}{I}$ ist $I = \frac{U}{R} = \frac{2{,}0\ V}{5{,}0\ \Omega} = 0{,}40\ A$.

2. Es gilt: $R = \frac{U}{I} = \frac{12{,}0\ V}{6{,}0\ A} = 2{,}0\ \Omega$

3. Wegen $R = \frac{U}{I}$ ist $U = R \cdot I = 100\ \Omega \cdot 2{,}00\ A = 200\ V$.

4. Man kann den „Stromverbraucher“ zwischen zwei Stromstärkemessgeräte in Reihe schalten. An den gleichen Werten, die die beiden Messgeräte anzeigen, erkennt man, dass kein Strom „verbraucht“ wird.

5. a)

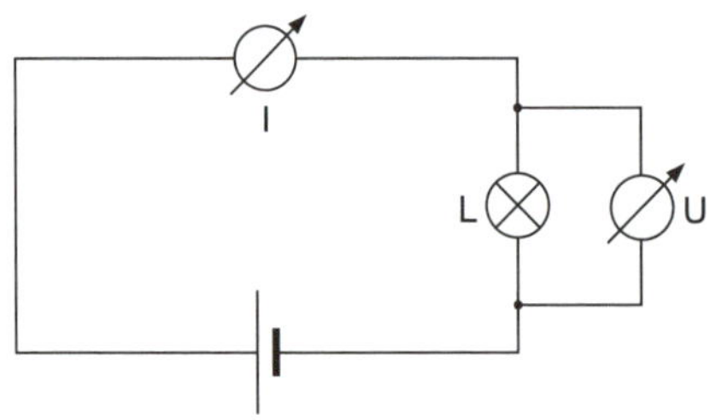

Anmerkung:
Spannungsmessgeräte werden stets parallel zum Messobjekt geschaltet, Stromstärkemessgeräte stets in Reihe.

b)

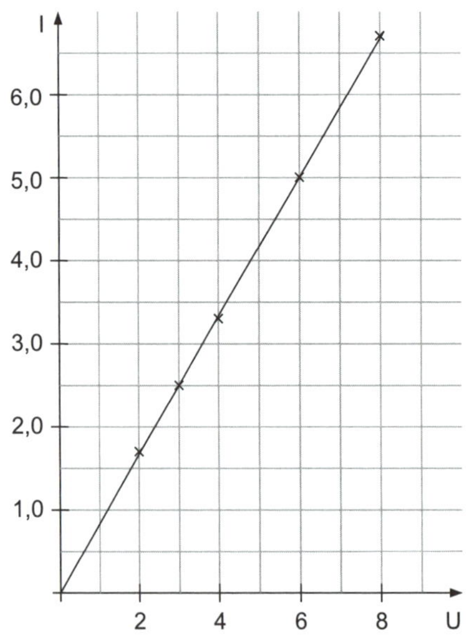

c) Ja, das Verhältnis (der Quotient) $\frac{U}{I}$ hat stets den nahezu gleichen Wert, außerdem ergibt sich als U-I-Kennlinie eine Ursprungsgerade. Somit ist das Lämpchen im Messbereich ein ohmscher Widerstand.

6. Aufbau:

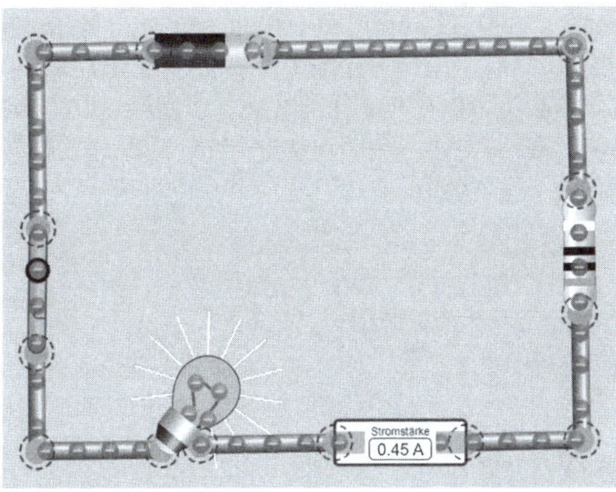

Messwerttabelle (Experiment 1):

U in V	9,0	18,0	27,0	36,0	45,0
I in A	0,45	0,90	1,35	1,80	2,25

Diagramm (U-I-Kennlinie):

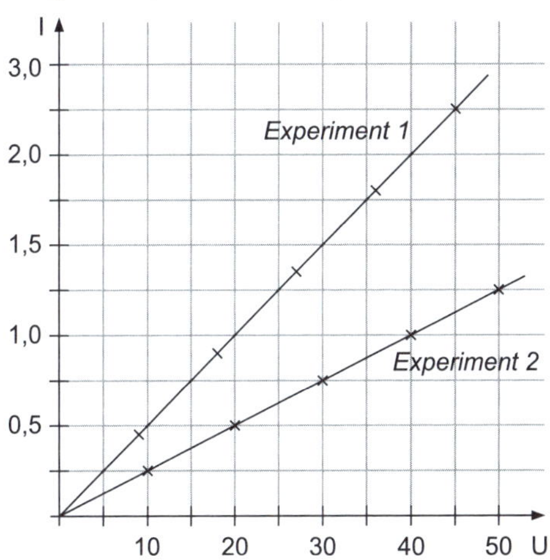

Es gilt das ohmsche Gesetz, da die U-I-Kennlinie eine Gerade ist.

Messwerttabelle (Experiment 2; Widerstand verdreifacht auf 30 Ω):

U in V	10,0	20,0	30,0	40,0	50,0
I in A	0,25	0,50	0,75	1,00	1,25

Anmerkung:
Die Glühlampe hat den Eigenwiderstand 10 Ω. Da der Wert des zusätzlichen Widerstands in Experiment 2 von 10 Ω auf 30 Ω erhöht wurde, ist der neue Gesamtwiderstand mit 10 Ω + 30 Ω = 40 Ω doppelt so groß wie der Gesamtwiderstand 10 Ω + 10 Ω = 20 Ω in Experiment 1. Da sich die Steigung der U-I-Kennlinie aus dem Kehrwert des Gesamtwiderstands ergibt, ist die Kennlinie zu Experiment 2 halb so steil wie die Kennlinie zu Experiment 1.

7. Aufbau:

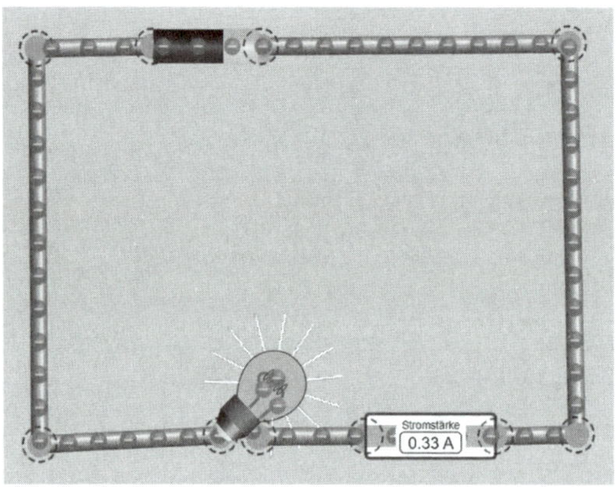

Messwerttabelle:

U in V	5	15	30	45	60	75	90
I in A	0,33	0,71	1,07	1,31	1,49	1,63	1,75

Beurteilung, Möglichkeit 1: mithilfe der Quotientenwerte

U in V	5	15	30	45	60	75	90
I in A	0,33	0,71	1,07	1,31	1,49	1,63	1,75
$\frac{I}{U}$ in $\frac{1}{\Omega}$	0,066	0,047	0,036	0,029	0,025	0,022	0,019

Die Werte von U und I sind nicht quotientengleich. Somit liegt keine direkte Proportionalität zwischen U und I vor, es handelt sich folglich nicht um einen ohmschen Widerstand.

Beurteilung, Möglichkeit 2: mithilfe der U-I-Kennlinie

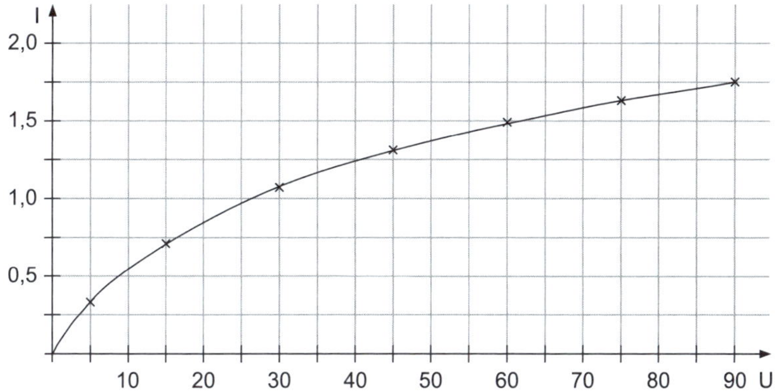

Die U-I-Kennlinie ist keine Ursprungsgerade, der Graph wird mit zunehmenden Werten von U flacher. Somit liegt keine direkte Proportionalität zwischen U und I vor, es handelt sich folglich nicht um einen ohmschen Widerstand.

8. a) Die U-I-Kennlinie des Kaltleiters flacht mit zunehmendem U immer mehr ab. Dies bedeutet, dass der Quotient $\frac{U}{I}$ und damit der Widerstand einen immer größeren Wert annimmt. Außerdem nimmt mit steigendem U auch die Temperatur zu. Die Bezeichnung „Kaltleiter" ist also dem Umstand geschuldet, dass diese Leiterart bei niedrigen Temperaturen besser leitet als bei hohen.

Analog lässt sich auch für die Heißleiter argumentieren.

b)

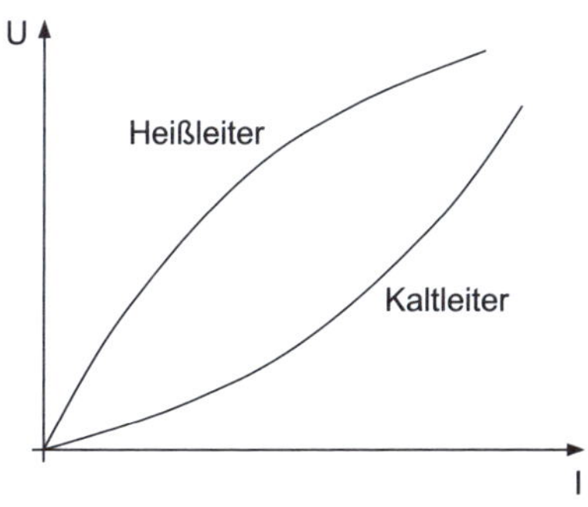

9. Die Lampe L soll aufleuchten, wenn wenigstens eine der Türen oder die Heckklappe geöffnet werden. Anders ausgedrückt: Sie soll nur dann nicht leuchten, wenn das Auto vollständig geschlossen ist. Folglich muss jeder einzelne der Schalter S_1 bis S_3 den Stromkreis durch die Lampe schließen können, dies ist nur bei einer ODER-Schaltung möglich, also bei einer Parallelschaltung der Schalter.

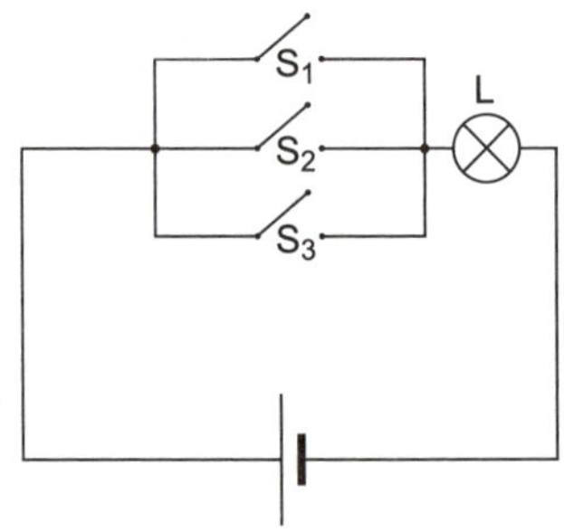

10. Der Zusatzscheinwerfer L_2 darf nur einschaltbar sein, wenn bereits L_1 leuchtet, also S_1 geschlossen ist. Folglich muss L_2 zusammen mit seinem Schalter S_2 parallel zu L_1 geschaltet werden, die Zuführung zu dieser Parallelschaltung wird durch S_1 unterbrochen.

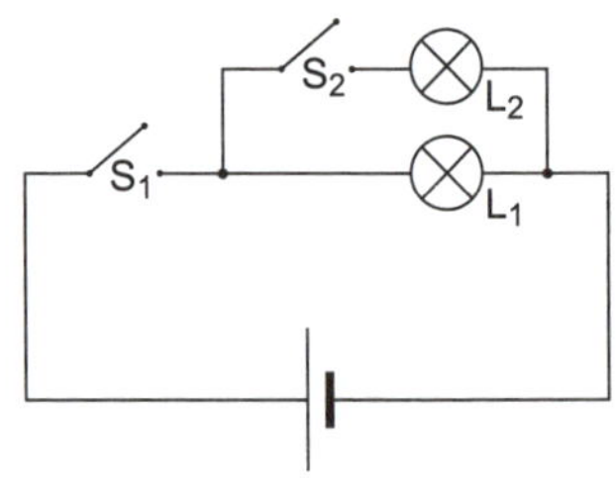

11. An der Tabelle fällt auf, dass immer bei S_3-Stellung „0“ die Lampe nicht leuchtet, also unterbricht S_3 den Stromkreis durch L in Reihenschaltung. Ansonsten (wenn S_3 = „1“) bleibt L nur dann dunkel, wenn beide anderen Schalter S_1 und S_2 auf „0“ stehen (4. Wertespalte der Tabelle). L leuchtet also, wenn S_3 geschlossen und wenigstens einer der beiden Schalter S_1 und S_2 geschlossen sind: S_1 und S_2 müssen also parallel zueinander, aber in Reihe zu S_3 geschaltet werden.

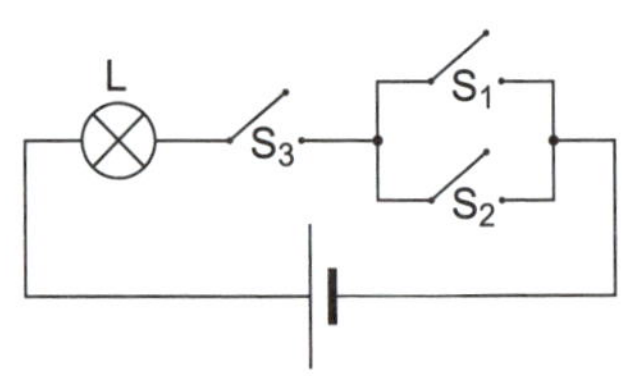

12. Wir ermitteln die Leuchtzustände systematisch Schritt für Schritt.
S_1 hat die Rolle eines „Hauptschalters“: Wenn er geöffnet ist, bleiben alle Lampen dunkel:

S_1	0	1	0	0	0	1	0	0	1	0	1	0	1	1	1	1
S_2	0	0	1	0	0	1	1	0	0	1	0	1	0	1	1	1
S_3	0	0	0	1	0	0	1	1	1	0	0	1	1	0	1	1
S_4	0	0	0	0	1	0	0	1	0	1	1	1	1	1	0	1
L_1	0		0	0	0		0	0		0		0				
L_2	0		0	0	0		0	0		0		0				
L_3	0		0	0	0		0	0		0		0				
L_4	0		0	0	0		0	0		0		0				
L_5	0		0	0	0		0	0		0		0				

Nun soll S_1 stets geschlossen sein. Ist nur S_1 geschlossen, leuchtet nichts:

S_1	0	**1**	0	0	0	1	0	0	1	0	1	0	1	1	1	1
S_2	0	**0**	1	0	0	1	1	0	0	1	0	1	0	1	1	1
S_3	0	**0**	0	1	0	0	1	1	1	0	0	1	1	0	1	1
S_4	0	**0**	0	0	1	0	0	1	0	1	1	1	1	1	0	1
L_1	0	**0**	0	0	0		0	0		0		0				
L_2	0	**0**	0	0	0		0	0		0		0				
L_3	0	**0**	0	0	0		0	0		0		0				
L_4	0	**0**	0	0	0		0	0		0		0				
L_5	0	**0**	0	0	0		0	0		0		0				

Ist zusätzlich zu S_1 auch S_2 geschlossen, leuchten L_4 und L_5 sicher:

S_1	0	1	0	0	0	**1**	0	0	1	0	1	0	1	**1**	**1**	**1**
S_2	0	0	1	0	0	**1**	1	0	0	1	0	1	0	**1**	**1**	**1**
S_3	0	0	0	1	0	0	1	1	1	0	0	1	1	0	1	1
S_4	0	0	0	0	1	0	0	1	0	1	1	1	1	1	0	1
L_1	0	0	0	0	0		0	0		0		0				
L_2	0	0	0	0	0		0	0		0		0				
L_3	0	0	0	0	0		0	0		0		0				
L_4	0	0	0	0	0	**1**	0	0		0		0		**1**	**1**	**1**
L_5	0	0	0	0	0	**1**	0	0		0		0		**1**	**1**	**1**

Ist nun auch noch zusätzlich zu S_1 und S_2 der Schalter S_4 geschlossen, dann leuchten zusätzlich noch L_2 und L_3 auf:

S_1	0	1	0	0	0	1	0	0	1	0	1	0	1	**1**	1	**1**
S_2	0	0	1	0	0	1	1	0	0	1	0	1	0	**1**	1	**1**
S_3	0	0	0	1	0	0	1	1	1	0	0	1	1	0	1	1
S_4	0	0	0	0	1	0	0	1	0	1	1	1	1	**1**	0	**1**
L_1	0	0	0	0	0		0	0		0		0				
L_2	0	0	0	0	0		0	0		0		0		**1**		**1**
L_3	0	0	0	0	0		0	0		0		0		**1**		**1**
L_4	0	0	0	0	0	1	0	0		0		0		1	1	1
L_5	0	0	0	0	0	1	0	0		0		0		1	1	1

Ist S_3 (zusätzlich zu S_1) geschlossen, leuchten jedenfalls L_1, L_2, L_4 und L_5:

S_1	0	1	0	0	0	1	0	0	**1**	0	1	0	**1**	1	**1**	**1**
S_2	0	0	1	0	0	1	1	0	0	1	0	1	0	1	1	1
S_3	0	0	0	1	0	0	1	1	**1**	0	0	1	**1**	0	**1**	**1**
S_4	0	0	0	0	1	0	0	1	0	1	1	1	1	1	0	1
L_1	0	0	0	0	0		0	0	**1**	0		0	**1**		**1**	**1**
L_2	0	0	0	0	0		0	0	**1**	0		0	**1**	1	**1**	**1**
L_3	0	0	0	0	0		0	0		0		0		1		1
L_4	0	0	0	0	0	1	0	0	**1**	0		0	**1**	1	1	**1**
L_5	0	0	0	0	0	1	0	0	**1**	0		0	**1**	1	1	**1**

Der Rest ergibt sich durch Einzelanalyse der jeweiligen Schalterkombination:

S_1	0	1	0	0	0	1	0	0	1	0	1	0	1	1	1	1
S_2	0	0	1	0	0	1	1	0	0	1	0	1	0	1	1	1
S_3	0	0	0	1	0	0	1	1	1	0	0	1	1	0	1	1
S_4	0	0	0	0	1	0	0	1	0	1	1	1	1	1	0	1
L_1	0	0	0	0	0	**0**	0	0	1	0	**0**	0	1	**0**	1	1
L_2	0	0	0	0	0	**0**	0	0	1	0	**0**	0	1	1	1	1
L_3	0	0	0	0	0	**0**	0	0	**0**	0	**0**	0	**1**	1	**0**	1
L_4	0	0	0	0	0	1	0	0	1	0	**0**	0	1	1	1	1
L_5	0	0	0	0	0	1	0	0	1	0	**0**	0	1	1	1	1

13. Der gesamte Strom der Stärke $I_2 = 1{,}0$ A fließt auch durch die obere Glühlampe und durch das Messgerät für I_3, also ist $I_3 = 1{,}0$ A (die Stromstärke bleibt in einer Reihenschaltung konstant). Dieser Strom und der Parallelstrom $I_1 = 0{,}5$ A fließen beide zusammen durch das Messgerät für I_4, damit ist $I_4 = 1{,}5$ A (die Stromstärken in einer Parallelschaltung addieren sich).

14. Das Amperemeter misst nicht nur den Strom durch R, sondern zusätzlich den Parallelstrom durch das Spannungsmessgerät – dieser sollte zwar winzig klein sein, ist aber in der Regel nicht null (weil eigentlich eine kleine Stromstärke gemessen wird bei einem hohen Innenwiderstand des Gerätes).

15. Im Normalfall (wenn die Krone noch da ist) fließt der durch den Schutzwiderstand begrenzte Strom über die nahezu widerstandslose Metallkrone, es fällt kaum Spannung an der Parallelschaltung von Krone und Leuchtdiode ab, Letztere leuchtet nicht. Entfernt man jedoch die Krone, dann liegt eine

Reihenschaltung von Schutzwiderstand und Diode vor, die Restspannung an der Diode genügt für deren Betrieb.

16. *Annahme:* Wären die Steckdose mit dem Radiowecker (großer Widerstand, kleine Stromstärke, z. B. 0,001 A bei 230 V Spannung) und die Steckdose mit dem Föhn (kleiner Widerstand, große Stromstärke, z. B. 10 A bei 230 V Spannung) in Reihe geschaltet, dann würde beim Ausschalten des Föhnes auch die Uhr stehen bleiben, denn auch dort wäre der Stromkreis unterbrochen. Außerdem würde die Gesamtspannung von 230 V portionsweise an den beiden Widerständen abfallen (am großen Widerstand viel, am kleinen wenig) und die Stromstärke wäre in beiden Geräten gleich. Insbesondere würde also der Föhn (der eine große Stromstärke benötigt) wegen seines kleinen Widerstandes im Vergleich zum Wecker nur einen winzigen Bruchteil (knapp ein Zehntausendstel) der 230 V Spannung abbekommen und könnte nie und nimmer seinen Dienst antreten.
Folglich kann die Annahme oben nur falsch sein, die andere Alternative ist also die richtige: **Alle Steckdosen sind parallel geschaltet.**

17. Zunächst muss man wissen: Alle Steckdosen sind **parallel** geschaltet, ebenso alle üblichen Geräte mit 230-Volt-Spannungsversorgung; nur so ist es möglich, dass ein einzelnes Gerät ausgeschaltet werden kann, ohne weitere Geräte ungewollt mit auszuschalten, wie es bei einer Reihenschaltung der Fall wäre. Außerdem liegt nur bei einer Parallelschaltung an allen Zweigen die volle Spannung an; bei Reihenschaltung würde die Spannung je nach Widerstand der einzelnen Geräte portionsweise abfallen und keines der Geräte hätte volle Betriebsspannung.
Wenn also im Münchener Stromnetz ein Herd zugeschaltet wird, dann wird ein weiterer Parallelast zugeschaltet und dieser bietet (neben allen vorher schon vorhandenen Parallelzweigen) den Ladungen eine zusätzliche Alternative zum Fließen. Die Gesamtstromstärke wird also größer, der Gesamtwiderstand folglich **kleiner** (wenn auch nur minimal).

18. Die Einzelsteckdosen müssen parallel geschaltet sein, weil sonst nur Strom fließen könnte, wenn alle drei Dosen „besetzt“ sind. Außerdem würde dann ein größerer Widerstand (etwa ein Radiowecker) den Stromfluss in einem kleineren Widerstand (etwa in einem Heizlüfter) an der anderen Einzeldose begrenzen, sodass dieses Gerät nicht zu betreiben wäre.

19. a) Die Spannung fällt an den in Reihe geschalteten Lämpchen in 23 gleichen Portionen ab, folglich besitzt ein Einzellämpchen die Betriebsspannung 10 V.

b) Bei dieser Reihenschaltung erlischt dann die ganze Lichterkette und die volle Netzspannung von 230 V liegt an der defekten Birne an.

20. Die volle Batteriespannung U_1 liegt auch an der Parallelschaltung an. Innerhalb der Parallelschaltung liegt die volle Batteriespannung an denjenigen Lampen an, die sich jeweils allein in einem Parallelzweig befinden. Es gilt also:

$U_1 = U_3 = U_4$

Im Parallelzweig mit den zwei Lampen gilt:

$U_5 + U_6 = U_1$

Schließlich ist im Zweig ganz rechts kein Widerstand zu finden und damit fällt auch keine Spannung ab, also folgt:

$U_2 = 0$

21. a) Den größtmöglichen Widerstand erhält man durch eine reine Reihenschaltung der Einzelwiderstände R_0.

$R_R = 4 \cdot R_0$

b) Den kleinstmöglichen Widerstand erhält man durch eine reine Parallelschaltung der Einzelwiderstände R_0.

$\frac{1}{R_P} = \frac{4}{R_0} \Rightarrow R_P = \frac{1}{4} \cdot R_0$

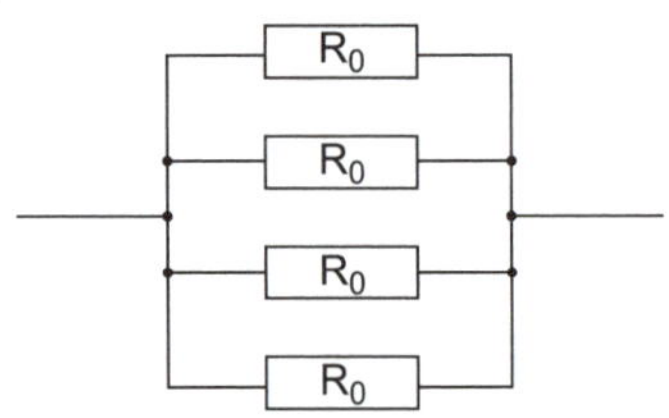

22. Systematische Kombination der drei Einzelwiderstände $R_0 = 8\ \Omega$ führt zu folgenden **vier** Schaltmöglichkeiten.

- Reine Reihenschaltung:

$R_1 = 3 \cdot R_0 = 3 \cdot 8\ \Omega = 24\ \Omega$

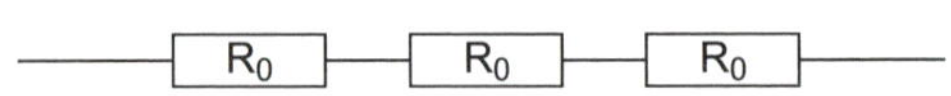

- Reine Parallelschaltung:

$\frac{1}{R_2} = \frac{1}{R_0} + \frac{1}{R_0} + \frac{1}{R_0} = \frac{3}{R_0}$

$\Leftrightarrow\ R_2 = \frac{R_0}{3} = \frac{8}{3}\ \Omega$

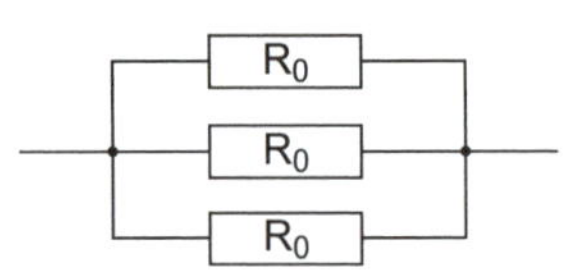

- Reihenschaltung von R_0 mit einer Parallelschaltung:

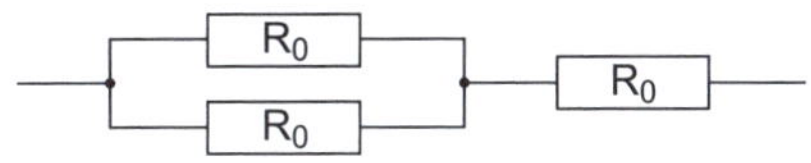

$$\frac{1}{R_{links}} = \frac{1}{R_0} + \frac{1}{R_0} = \frac{2}{R_0}$$

$$\Leftrightarrow \quad R_{links} = \frac{R_0}{2}$$

$$R_3 = R_{links} + R_0 = \frac{R_0}{2} + R_0 = 1{,}5 \cdot R_0 = 1{,}5 \cdot 8\,\Omega = 12\,\Omega$$

- Parallelschaltung von R_0 mit einer Reihenschaltung:

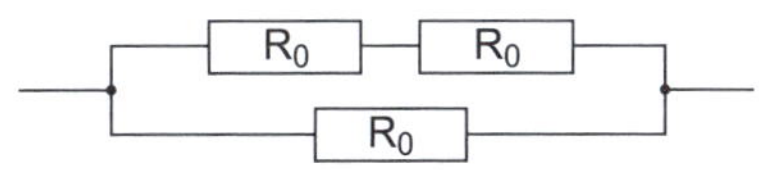

$$R_{oben} = R_0 + R_0 = 2 \cdot R_0$$

$$\Leftrightarrow \quad \frac{1}{R_4} = \frac{1}{R_{oben}} + \frac{1}{R_0} = \frac{1}{2 \cdot R_0} + \frac{1}{R_0} = \frac{1}{2 \cdot R_0} + \frac{2}{2 \cdot R_0} = \frac{3}{2 \cdot R_0}$$

$$\Leftrightarrow \quad R_4 = \frac{2}{3} \cdot R_0 = \frac{2}{3} \cdot 8\,\Omega = \frac{16}{3}\,\Omega$$

23. Nennen wir die unbekannten Einzelwiderstände x und y, so lassen sich für Reihen- und Parallelschaltung zwei Bestimmungsgleichungen angeben, aus denen die Widerstände bestimmt werden können:

$$x + y = 10\,\Omega \qquad (1)$$

$$\frac{1}{x} + \frac{1}{y} = \frac{1}{2{,}4\,\Omega} \qquad (2)$$

Auflösen von Gleichung (1) nach x und Einsetzen in Gleichung (2) ergibt:

$$x = 10\,\Omega - y \quad \overset{(2)}{\Rightarrow} \quad \frac{1}{10\,\Omega - y} + \frac{1}{y} = \frac{1}{2{,}4\,\Omega}$$

Wir bilden den Hauptnenner und anschließend auf beiden Seiten den Kehrbruch:

$$\frac{y + (10\,\Omega - y)}{(10\,\Omega - y) \cdot y} = \frac{1}{2{,}4\,\Omega} \quad \Rightarrow \quad \frac{(10\,\Omega - y) \cdot y}{y + (10\,\Omega - y)} = 2{,}4\,\Omega$$

Nach Vereinfachen des linken Nenners und Ordnen der Gleichung nach Potenzen von y erhält man eine quadratische Gleichung in y:

$$\frac{(10\,\Omega - y) \cdot y}{10\,\Omega} = 2{,}4\,\Omega \Rightarrow 10\,\Omega \cdot y - y^2 = 24\,\Omega^2 \Rightarrow y^2 - 10\,\Omega \cdot y + 24\,\Omega^2 = 0$$

Anwenden der Lösungsformel für quadratische Gleichungen liefert:

$$y_{1,2} = \frac{10\,\Omega \pm \sqrt{100\,\Omega^2 - 4 \cdot 1 \cdot 24\,\Omega^2}}{2} = \frac{10\,\Omega \pm 2\,\Omega}{2} = 5\,\Omega \pm 1\,\Omega$$

Somit ergeben sich die beiden symmetrischen Widerstandskombinationen:

$$y_1 = 6\,\Omega \overset{(1)}{\Rightarrow} x_1 = 4\,\Omega \quad \text{bzw.} \quad y_2 = 4\,\Omega \overset{(1)}{\Rightarrow} x_2 = 6\,\Omega$$

Die Einzelwiderstände haben also die Werte 4 Ω und 6 Ω.

Anmerkung:
Womöglich hast du im Fach Mathematik noch nicht gelernt, wie man quadratische Gleichungen löst. In diesem Fall kannst du die Aufgabe erneut versuchen, sobald du das mathematische Wissen hast!

24. a) Wenn ein Widerstand den Wert x hat, dann hat der andere den Wert 2x. In Reihe geschaltet haben sie zusammen $x + 2x = 3x = 6\,\Omega$, also ist $x = 2\,\Omega$; die Werte der Einzelwiderstände sind 2 Ω und 4 Ω.

b) Wiederum hat ein Widerstand den Wert x und der andere den Wert 2x. Parallel geschaltet haben sie zusammen den Widerstand 6 Ω, also gilt:

$$\frac{1}{x} + \frac{1}{2x} = \frac{1}{6\,\Omega} \Rightarrow \frac{3}{2x} = \frac{1}{6\,\Omega} \Rightarrow x = \frac{3}{2} \cdot 6\,\Omega = 9\,\Omega$$

Der eine Widerstand hat somit 9 Ω, der andere 18 Ω.

25. Bei Parallelschaltung der vier Widerstände gilt für den Gesamtwiderstand:

$$\frac{1}{3\,\Omega} + \frac{1}{3\,\Omega} + \frac{1}{4\,\Omega} + \frac{1}{R_0} = \frac{1}{1\,\Omega}$$

$$\frac{4}{12\,\Omega} + \frac{4}{12\,\Omega} + \frac{3}{12\,\Omega} + \frac{1}{R_0} = \frac{12}{12\,\Omega}$$

$$\frac{11}{12\,\Omega} + \frac{1}{R_0} = \frac{12}{12\,\Omega}$$

$$\frac{1}{R_0} = \frac{12}{12\,\Omega} - \frac{11}{12\,\Omega}$$

$$\frac{1}{R_0} = \frac{1}{12\,\Omega} \Rightarrow R_0 = 12\,\Omega$$

26. a) Zur Berechnung der Gesamtstromstärke müssen wir zunächst den Gesamtwiderstand R der Schaltung bestimmen. Da alle Einzelwiderstände gegeben sind, lässt sich R „von innen nach außen" berechnen.

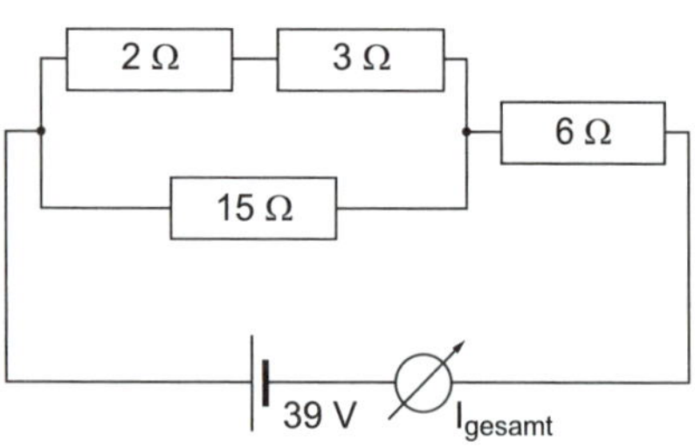

Wir ersetzen zuerst die Reihenschaltung aus 2-Ω- und 3-Ω-Widerstand durch den Ersatzwiderstand der Größe 5 Ω.

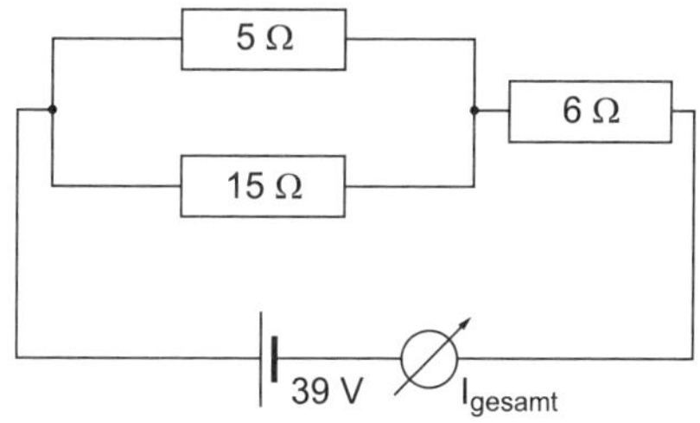

Als Nächstes können wir die Parallelschaltung von 5 Ω und 15 Ω ersetzen. Für den zugehörigen Ersatzwiderstand erhalten wir:

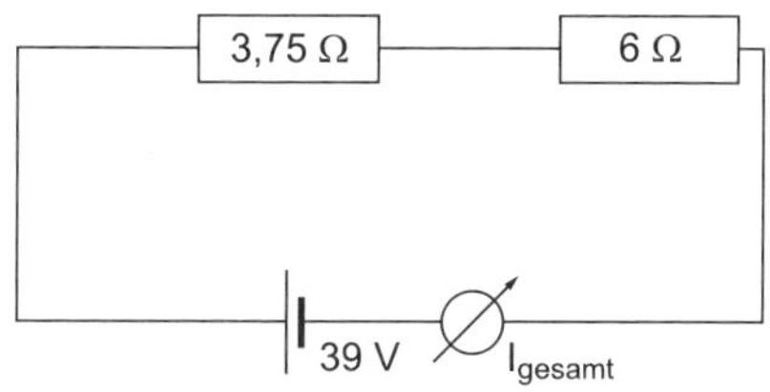

$$\frac{1}{R_{\text{Ersatz}}} = \frac{1}{5\,\Omega} + \frac{1}{15\,\Omega}$$
$$= \frac{3}{15\,\Omega} + \frac{1}{15\,\Omega} = \frac{4}{15\,\Omega}$$
$$\Leftrightarrow \quad R_{\text{Ersatz}} = \frac{15}{4}\,\Omega = 3{,}75\,\Omega$$

Die Reihenschaltung von 3,75 Ω und 6 Ω liefert den Gesamtwiderstand:
$R = 3{,}75\,\Omega + 6\,\Omega = 9{,}75\,\Omega$

Bei einer Gesamtspannung von 39 V ergibt sich wegen $R = \frac{U}{I_{\text{gesamt}}}$ für die Gesamtstromstärke:

$$I_{\text{gesamt}} = \frac{U}{R} = \frac{39\text{ V}}{9{,}75\,\Omega} = 4\text{ A}$$

b) Mit dem Ergebnis für I_{gesamt} aus Teilaufgabe a lässt sich sofort die abfallende Spannung am 6-Ω-Widerstand berechnen, an dem der gesamte Strom durchfließen muss:

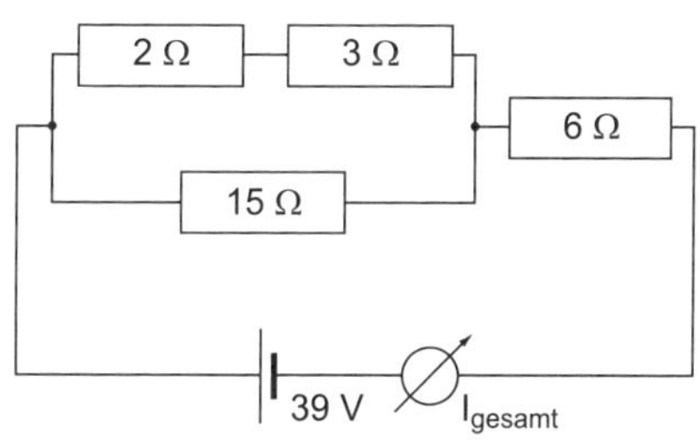

$$R_{\text{rechts}} = \frac{U_{\text{rechts}}}{I_{\text{gesamt}}}$$
$$U_{\text{rechts}} = R_{\text{rechts}} \cdot I_{\text{gesamt}}$$
$$= 6\,\Omega \cdot 4\text{ A} = 24\text{ V}$$

An der Parallelschaltung links fällt folglich die restliche Spannung
$U_{\text{links}} = U - U_{\text{rechts}} = 39\text{ V} - 24\text{ V} = 15\text{ V}$
ab. Diese Spannung liegt unmittelbar am 15-Ω-Widerstand des unteren Zweiges an. Im oberen Zweig teilt U_{links} sich im Verhältnis der Widerstände 2 Ω und 3 Ω auf:

$$\frac{U_{\text{oben, links}}}{U_{\text{oben, rechts}}} = \frac{2}{3} \quad \Rightarrow \quad U_{\text{oben, links}} = \frac{2}{3} \cdot U_{\text{oben, rechts}}$$

Da die beiden Widerstände in Reihe geschaltet sind, gilt außerdem
$U_{oben,\,links} + U_{oben,\,rechts} = U_{links}$,
sodass nach Einsetzen folgt:

$$\frac{2}{3} \cdot U_{oben,\,rechts} + U_{oben,\,rechts} = U_{links}$$

$$\frac{5}{3} \cdot U_{oben,\,rechts} = U_{links}$$

$$U_{oben,\,rechts} = \frac{3}{5} \cdot U_{links} = \frac{3}{5} \cdot 15\text{ V} = 9\text{ V}$$

$$U_{oben,\,links} = U_{links} - U_{oben,\,rechts} = 15\text{ V} - 9\text{ V} = 6\text{ V}$$

27. Die „Lötstellen" erhalten zur besseren Übersichtlichkeit die Namen A, B, C und D.

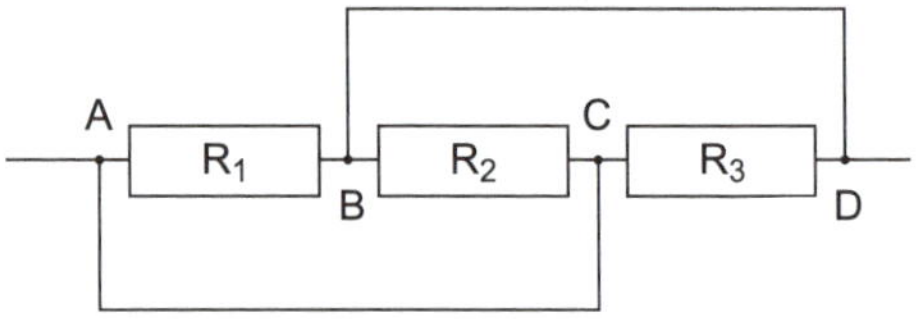

Zunächst kann man sich die Kabel elastisch vorstellen; aus dem Mittelstrang der Schaltung wird ein „Z" gebogen. Die Kabel AC und BD verkürzen sich dabei.

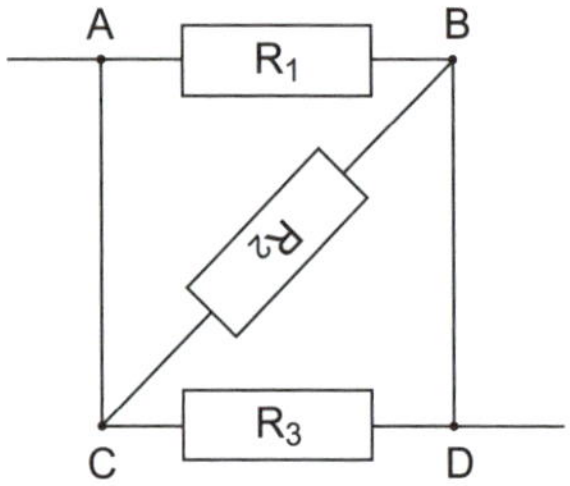

Weiterhin kann man die linke Lötstelle bei C nach oben und die rechte bei B nach unten verschieben.

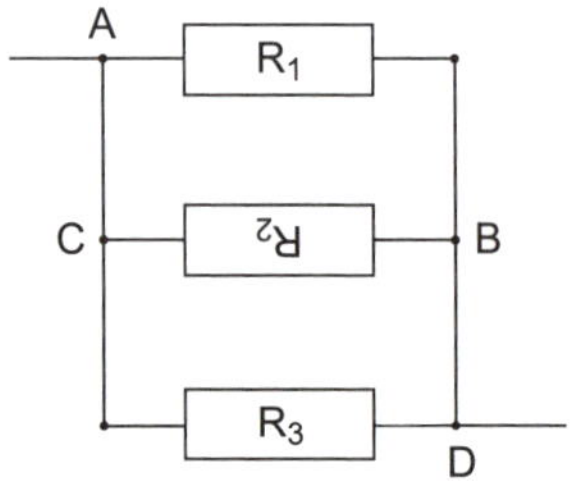

Lässt man nun noch die Lötstelle bei A nach unten bis C und die bei D nach oben bis B „wandern", dann erkennt man deutlich, dass es sich um eine verbogene Parallelschaltung handelt.

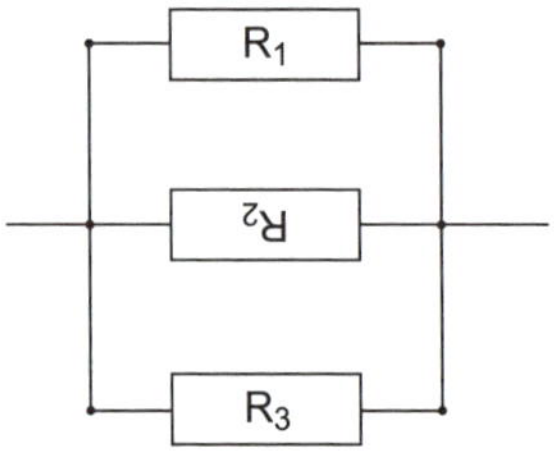

Der Ersatzwiderstand ergibt sich also nach der Formel:

$$\frac{1}{R_{ges}} = \frac{1}{R_1} + \frac{1}{R_2} + \frac{1}{R_3}$$

Wir bilden den Hauptnenner und erhalten:

$$\frac{1}{R_{ges}} = \frac{R_2R_3 + R_1R_3 + R_1R_2}{R_1R_2R_3} \quad \Leftrightarrow \quad R_{ges} = \frac{R_1R_2R_3}{R_2R_3 + R_1R_3 + R_1R_2}$$

28. a) Solange alle vier Lampen leuchten, stellen je zwei davon in Parallelschaltung einen $\frac{R}{2}$- Widerstand dar:

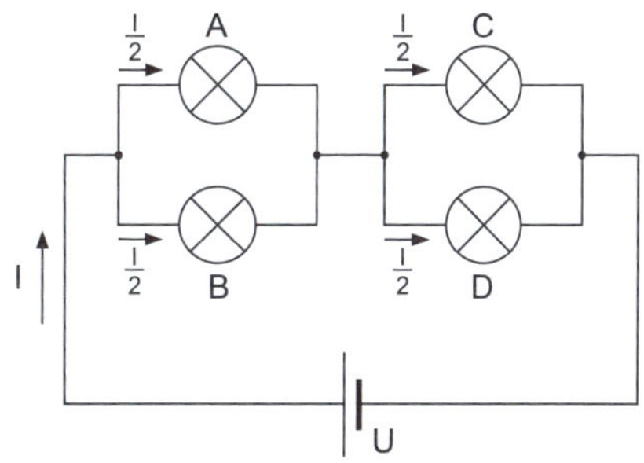

$$\frac{1}{R_{parallel}} = \frac{1}{R} + \frac{1}{R} = \frac{2}{R}$$

$$\Leftrightarrow \quad R_{parallel} = \frac{R}{2}$$

Der Gesamtwiderstand beträgt wegen der Reihenschaltung zweier solcher Widerstände gerade wieder R:

$$R_{gesamt} = 2 \cdot R_{parallel} = 2 \cdot \frac{R}{2} = R$$

Bei einer Spannung U fließt demnach insgesamt ein Strom der Stärke $I = \frac{U}{R}$, der sich auf die Parallelzweige gleichmäßig verteilt:

$$I_{parallel,\,oben} = I_{parallel,\,unten} = \frac{1}{2} \cdot I = \frac{U}{2 \cdot R}$$

Wird Lampe A entfernt, dann fließt der gesamte Strom I* durch die Lampe B. Es handelt sich um eine Reihenschaltung aus R (B) und $R_{parallel} = \frac{R}{2}$ (C und D), der Gesamtwiderstand beträgt nun:

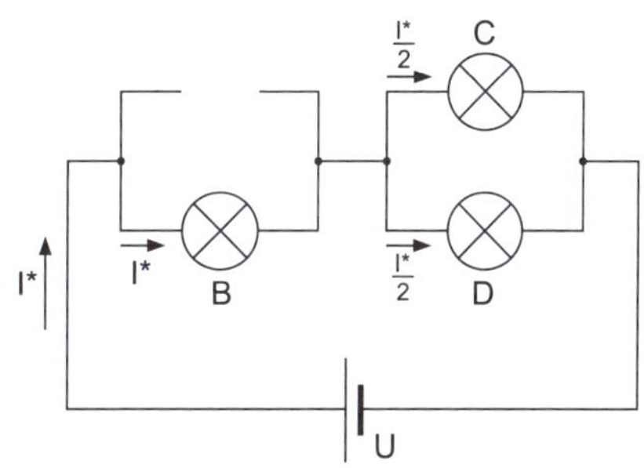

$$R^*_{gesamt} = R + \frac{R}{2} = \frac{3}{2}R$$

Für die neue Gesamtstromstärke folgt:

$$I^* = \frac{U}{R^*_{gesamt}} = \frac{U}{\frac{3}{2}R} = \frac{2}{3}I > \frac{1}{2}I = I_{parallel,\,unten}$$

Die Lampe B leuchtet also heller als anfangs.

Wegen der Parallelschaltung fließt aber durch C und D nur jeweils

$$\frac{1}{2} \cdot I^* = \frac{1}{2} \cdot \frac{2}{3} I = \frac{1}{3} I < \frac{1}{2} I,$$

sodass diese beiden Lampen jetzt weniger hell leuchten.

b) Wird auch noch Lampe D entfernt, bleibt eine Reihenschaltung mit einem Gesamtwiderstand von 2 R übrig. Der Strom fließt mit einer Gesamtstromstärke von
$I^{**} = \frac{U}{2R} = \frac{1}{2} I$
durch beide Lampen B und C. Diese leuchten also wieder ebenso hell wie am Anfang!

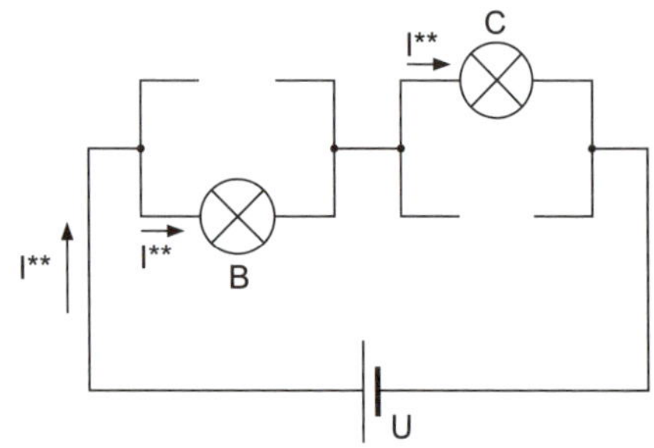

29. a) Der Stromkreis ist wegen des geöffneten Schalters S unterbrochen und die gesamte Versorgungsspannung von 230 V liegt am Voltmeter an.

b) Zunächst werden die Widerstände der beiden Lampen L_1 und L_2 aus den Betriebsdaten berechnet:

$$R_1 = \frac{230\ \text{V}}{0{,}20\ \text{A}} = 1150\ \Omega$$

$$R_2 = \frac{4{,}00\ \text{V}}{0{,}20\ \text{A}} = 20\ \Omega$$

Beide Widerstände sind in Reihe geschaltet, also fällt die Gesamtspannung von 230 V portionsweise ab:

$$\frac{U_1}{U_2} = \frac{R_1}{R_2} \quad \Leftrightarrow \quad U_1 = U_2 \cdot \frac{R_1}{R_2}$$

Da zudem gilt
$U_1 + U_2 = U$,
erhält man nach Einsetzen und Auflösen nach U_2:

$$U_2 \cdot \frac{R_1}{R_2} + U_2 = U$$

$$U_2 \cdot \left(\frac{R_1}{R_2} + 1\right) = U$$

$$U_2 \cdot \frac{R_1 + R_2}{R_2} = U$$

$$U_2 = \frac{R_2}{R_1 + R_2} \cdot U = \frac{20\ \Omega}{1150\ \Omega + 20\ \Omega} \cdot 230\ \text{V} \approx 3{,}9\ \text{V}$$

Die Spannung bleibt also unter der Versorgungsspannung von 4 V der Lampe L_2.

c) Die Lampe L_2 wird das Experiment ohne Schaden überstehen, weil keine Überspannung anliegt und damit keine zerstörerische, zu große Stromstärke erreicht wird.

30. a) Division der beiden Messwerte liefert:

$$R_x = \frac{U}{I} = \frac{6{,}0\ \text{V}}{0{,}000010\ \text{A}} = 600\,000\ \Omega = 0{,}60\ \text{M}\Omega$$

b) Berücksichtigt man die Innenwiderstände der Geräte, so ergibt sich folgende Situation:
Das Voltmeter (R_U) und R_x sind parallel geschaltet. An dieser Parallelschaltung liegen die gemessenen 6,0 V an und durch die gesamte Parallelschaltung fließt der Strom der gemessenen Stärke 10 μA. Dieser Gesamtstrom teilt sich aber auf die beiden Parallelzweige auf. Der durch R_x fließende Strom ist daher kleiner als 10 μA bei gleicher Spannung 6,0 V, R_x damit größer als in Teilaufgabe a berechnet. Der in a berechnete Widerstand von 0,60 MΩ gibt ziemlich genau den Gesamtwiderstand der Parallelschaltung an, aus dem sich R_x bestimmen lässt:

$$\frac{1}{0{,}6\ \text{M}\Omega} = \frac{1}{R_x} + \frac{1}{1{,}0\ \text{M}\Omega}$$

$$\Leftrightarrow\ \frac{1}{R_x} = \frac{1}{0{,}6\ \text{M}\Omega} - \frac{1}{1{,}0\ \text{M}\Omega} = \frac{10}{6\ \text{M}\Omega} - \frac{6}{6\ \text{M}\Omega} = \frac{4}{6\ \text{M}\Omega}\ \Leftrightarrow\ R_x = 1{,}5\ \text{M}\Omega$$

Das Ergebnis aus Teilaufgabe a weist also einen sehr großen Fehler auf und ist damit unbrauchbar.

c) In dieser Schaltung wird tatsächlich nur der Strom gemessen, der durch R_x fließt. Dafür wird diesmal der Spannungswert etwas zu groß ausfallen, weil die Spannung portionsweise an R_x und dem Stromstärkemessgerät (1,0 Ω Innenwiderstand in Reihe zu den 1,5 MΩ von R_x) abfällt. Wegen des vergleichsweise sehr kleinen Wertes von R_I fällt aber auch fast die ganze gemessene Spannung an R_x ab und der Wert ist brauchbar. Es werden etwa 6,0 V und $\frac{6{,}0\ \text{V}}{1{,}5\ \text{M}\Omega} = 4{,}0\ \mu\text{A}$ zu messen sein.

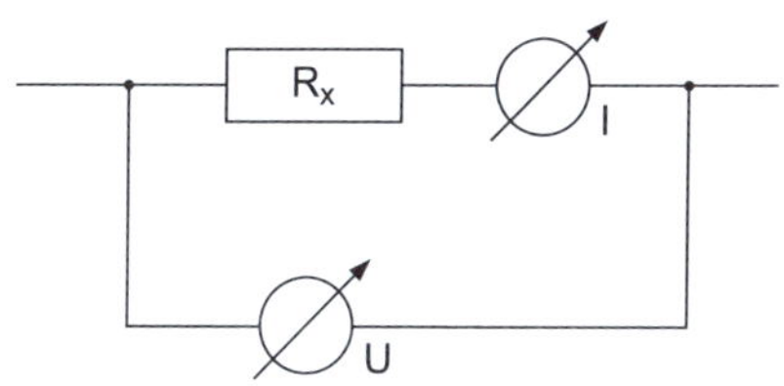

d) Für $R_x = 1{,}0\ \Omega$ liefert die Schaltung B ein schlechtes Ergebnis: Der Spannungsabfall am Amperemeter ($R_I = 1{,}0\ \Omega$) ist nicht mehr vernachlässigbar im Vergleich zu dem an $R_x = 1{,}0\ \Omega$ selbst; vielmehr fällt gerade die Hälfte an jedem der beiden Widerstände ab, die gemessenen 6,0 V setzen sich also zusammen aus nur 3,0 V an R_x und weiteren 3,0 V an R_I. Das für R_x berechnete Ergebnis wird dann etwa um den Faktor 2 zu groß sein und bei ca. 2,0 Ω liegen, also 100 % Fehler aufweisen.
Die Schaltung A dagegen liefert eine nur minimal zu große Stromstärke, weil der große Teil des Stromes durch den kleinen Messwiderstand R_x fließt und nicht durch das hochohmige Voltmeter. Damit wird (weil die Stromstärke bei der Formel $R_x = \frac{U}{I}$ im Nenner steht) der Widerstand R_x nur minimal kleiner berechnet als in der Wirklichkeit.

e) Die Schaltung A liefert prinzipiell eine zu große Stromstärke, weil der Parallelstrom durch das Voltmeter mitgemessen wird. Damit ist das für R_X berechnete Ergebnis (wegen I im Nenner) zu klein.
Die Schaltung B liefert dagegen prinzipiell eine zu große Spannung, weil der Spannungsabfall am Amperemeter mitgemessen wird. Damit wird das für R_X berechnete Ergebnis (wegen U im Zähler) immer zu groß.

f) Einen unbekannten Widerstand R_X sollte man zunächst mit einem der beiden Verfahren grob messen. Ergibt sich ein kleiner Wert (in der Größenordnung von R_I), dann ist die Schaltung A besser. Für einen großen Wert (in der Größenordnung von R_U) ist die Schaltung B vorzuziehen.

31. a) Der FI-Schalter sollte direkt an der Hauptsicherung sein, damit er auch jeden Fehlerstrom erkennt, egal in welchem Teilstromkreis er auftritt.

b) Fällt der Föhn in die Wanne, fließt wegen der Leitfähigkeit des Badewassers Strom zur Erde ab. Dieser Strom ist zwar durch den FI-Schalter in das Haus hineingeflossen, fließt aber jetzt auf anderem Wege wieder hinaus, sodass die Abflussstromstärke kleiner sein wird. Der FI-Schalter sollte sofort reagieren und den Stromkreis öffnen.

32. *Vorbemerkung:* Wie funktioniert ein **Drehspulinstrument** als Stromstärke- und Spannungsmessgerät?
Beim Drehspulinstrument wird die **magnetische Wirkung** des elektrischen Stromes dazu verwendet, dessen Stärke zu messen **(Amperemeter)**. Das Amperemeter wird in Reihe in den Stromkreis eingefügt. Eine im Amperemeter befindliche Spule wird drehbar im Magnetfeld eines Dauermagneten gelagert. Wird sie von einem mehr oder weniger starken Strom durchflossen, dann wird sie selbst zu einem entsprechend mehr oder weniger starken Magneten und tritt mit dem Dauermagneten in Wechselwirkung: Gleichnamige Pole stoßen sich ab, ungleichnamige ziehen sich an. Die Spule dreht sich infolge dieser Kraftwirkung; eine Spiralfeder wird dadurch gespannt und liefert eine zunehmende Gegenkraft, bis sich ein Gleichgewicht aus magnetischer Kraft und Federkraft eingestellt hat. Ein Zeiger an der Drehspule zeigt den Drehwinkel an, auf einer geeichten Skala lässt sich die Stromstärke ablesen.
Die Spule ist aus einem gut leitenden Draht gewickelt, dennoch hat auch dieser Leiter einen Widerstand, er stellt den so genannten **Innenwiderstand** des Drehspulinstrumentes dar.
Das Schaltsymbol für das Amperemeter berücksichtigt den Innenwiderstand nicht. Er soll möglichst klein sein und muss korrekterweise in Reihenschaltung gezeichnet werden (siehe Abbildung).

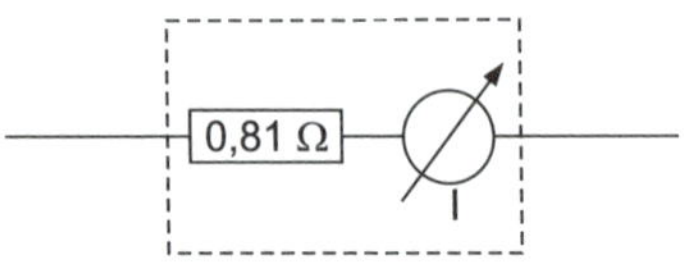

Merkregel: **Amperemeter müssen niederohmig sein.**

Bei einem **Spannungsmesser (Voltmeter)** handelt es sich meist ebenfalls um Drehspulinstrumente, in denen eigentlich eine Stromstärke gemessen wird. Über die Beziehung $U = R \cdot I$ lässt sich aber bei bekanntem Innenwiderstand R stets der gemessenen Stromstärke auch die anliegende Spannung zuordnen, eine geeichte Skala liefert „direkt" die Werte. Weil Spannungen parallel abgegriffen werden, sollte die Stromstärke im Messzweig möglichst klein sein, um den eigentlich zu messenden Stromkreis wenig zu stören. Darum haben Drehspulinstrumente, die gerade als Spannungsmesser verwendet werden, einen großen Innenwiderstand (durch Vorschalten).
Merkregel: **Voltmeter müssen hochohmig sein.**

Lösung:

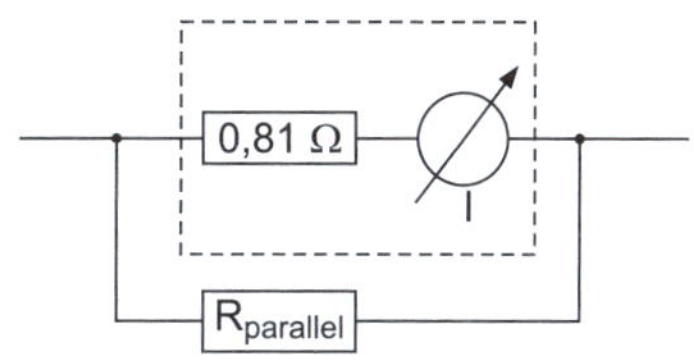

Der Messbereich des Drehspulinstrumentes ist mit maximal 1,00 A angegeben, folglich darf durch das Gerät nicht mehr Strom fließen.
Wenn damit aber Ströme bis 10,0 A gemessen werden sollen, dann muss man eine „Umleitung" in Form einer Parallelschaltung bauen, die den Rest von 9,0 A am Messgerät vorbeiführt (siehe Abbildung). Die Größe dieses Parallelwiderstands ergibt sich aus folgender Überlegung:
Wenn das Verhältnis der Stromstärken in den beiden Ästen 1 A zu 9 A sein soll, dann müssen die Widerstände gerade im umgekehrten Verhältnis stehen, also 9 : 1. Folglich muss der Parallelwiderstand ein Neuntel des Innenwiderstands besitzen, also $R_{\text{parallel}} = \frac{1}{9} \cdot 0{,}81\,\Omega = 0{,}09\,\Omega$.

33. a) Das Gerät selbst verträgt nur 1,0 mA, die übrigen 249,0 mA müssen mithilfe einer Parallelschaltung am Amperemeter vorbeigeleitet werden.

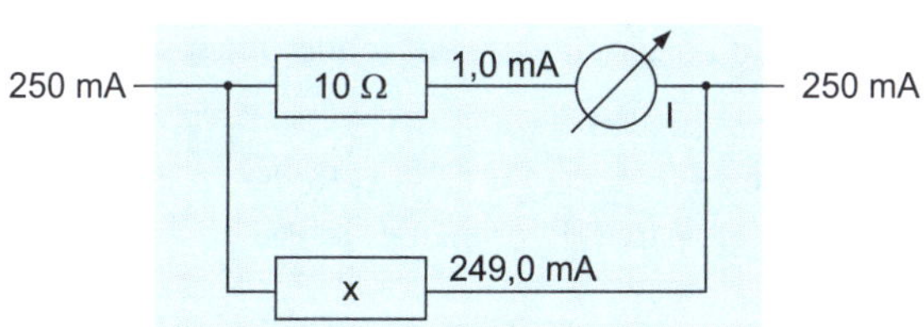

Die Widerstände in den Parallelzweigen verhalten sich dann gerade umgekehrt wie die Stromstärken, also gilt:

$$\frac{I_{\text{Messgerät}}}{I_{\text{Umleitung}}} = \frac{x}{10\,\Omega} \quad \Rightarrow \quad x = \frac{I_{\text{Messgerät}}}{I_{\text{Umleitung}}} \cdot 10\,\Omega = \frac{1{,}0\text{ mA}}{249{,}0\text{ mA}} \cdot 10\,\Omega \approx 0{,}040\,\Omega$$

b) Das Gerät soll bei Vollausschlag (d. h. eigentlich bei der Stromstärke $I_0 = 1{,}0$ mA) den Spannungswert 20 V anzeigen. Hierzu muss der Strom durch einen Gesamtwiderstand von

$$R = \frac{U}{I} = \frac{20\ \text{V}}{1{,}0\ \text{mA}} = \frac{20\ \text{V}}{0{,}001\ \text{A}} = 20\,000\ \Omega$$

fließen. Daher muss zum Innenwiderstand von 10 Ω noch ein Vorwiderstand von 20 000 Ω – 10 Ω = 19 990 Ω in Reihe geschaltet werden.

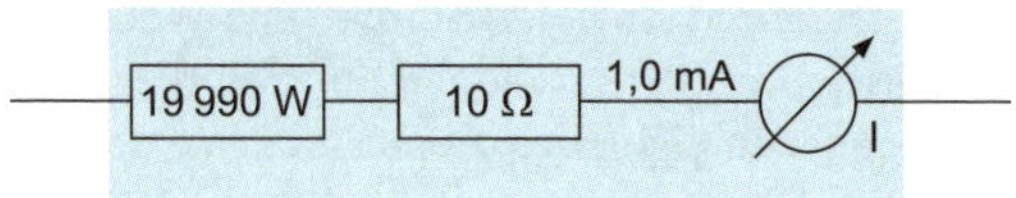

c) Für kleinere Messbereiche sind auch kleinere Vorwiderstände notwendig, so etwa bei 10 V Maximalausschlag 9 990 Ω, bei 5 V nur noch 4 990 Ω und so weiter; den kleinsten Messbereich erhält man also ganz ohne Vorwiderstand. Der Spannungsabfall an einem Innenwiderstand von 10 Ω beträgt bei 0,001 A gerade 0,01 V.
Für das Messen im Bereich bis 0,01 V ist es aber besser, ein empfindlicheres Drehspulinstrument mit entsprechend kleinerem Innenwiderstand und dafür großem Vorwiderstand zu verwenden, denn: Spannungen werden stets parallel gemessen und dies ist umso genauer möglich, je weniger Strom im Messgerät fließt. Dafür ist es wichtig, dass das Gerät einen möglichst großen Gesamtwiderstand hat. Um eine Maximalspannung von 0,01 V zu messen, ist daher ein Drehspulinstrument mit nur 1,0 Ω Innenwiderstand bei 0,1 mA Maximalstromstärke besser geeignet. Der Gesamtwiderstand beträgt dann 100 Ω, der notwendige Vorwiderstand 99 Ω.

34. Je 40 °C wächst die Stromstärke um 8,0 mA, also um 0,5 mA je 2,5 °C. Die Temperatur bei 14,5 mA ist also 40 °C + 5 · 2,5 °C = 52,5 °C.

35. Silizium-Solarzellen sind langlebiger und effizienter (bis 20 %), aber teurer. Grätzel-Zellen (Farbstoff und Elektrolyt statt Silizium) dagegen sind sehr dünn, flexibel (biegbar) und kostengünstig, dafür aber nicht sehr haltbar.

36. Für 72 V müssen 6 Module zu je 24 · 0,5 = 12 V in Reihe geschaltet werden. 50 dieser Stränge mit je 0,2 A parallel geschaltet liefern 10 A.

37. Bei dieser Aufgabe ist es notwendig, den Punkt P am Spiegel zu finden, an dem ein Strahl etwa vom Fuß ins Auge reflektiert wird.

Dazu überlegt man sich am besten, dass beim Spiegel ein virtuelles Bild hinter dem Spiegel im gleichen Abstand entsteht. Mit dessen Hilfe kann man (vom Auge ausgehend) die Fußspitze des Spiegelbildes anvisieren und eine Gerade durch die beiden Punkte legen. Diese Gerade schneidet den Spiegel in dem gesuchten Punkt P (siehe Abbildung).

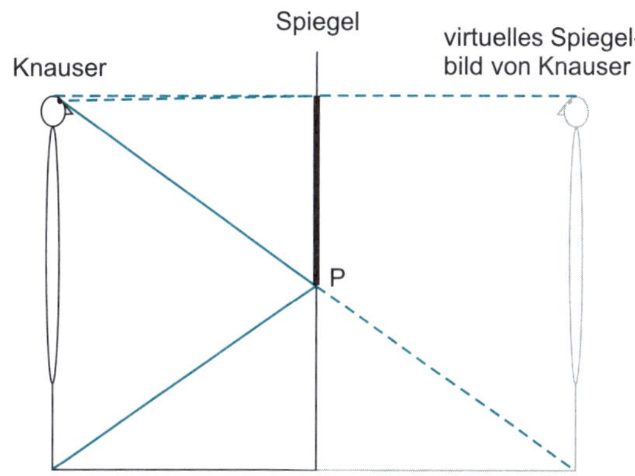

Aus Symmetriegründen ergibt sich:

- Die Unterkante des Spiegels zeigt gerade noch die Fußspitze, wenn sie in halber Augenhöhe hängt.
- Die Oberkante des Spiegels zeigt gerade noch den Scheitel, wenn sie in der Mitte zwischen Augen- und Scheitelhöhe hängt.

Für unseren Familienspiegel bedeutet dies: Die Oberkante richtet sich nach Sohn Kristof Knauser, der bei Augenhöhe 1,90 m und Scheitelhöhe 2,00 m mindestens 1,95 m benötigt. Die Unterkante richtet sich nach Hund Kleffi, dessen Augen sich in 0,20 m Höhe befinden und folglich einen Spiegel bis auf 0,10 m über dem Boden notwendig machen. Der Spiegel muss also von 0,10 m bis 1,95 m reichen und damit 1,85 m hoch sein.

38. Die Bilder der Regale R1 und R2 nach einer Spiegelung sind R1' und R2' bzw. R1'' und R2'', nach Doppelspiegelung dann R1''' und R2'''. Der **unmittelbar von A einsehbare Bereich** ist hell unterlegt:

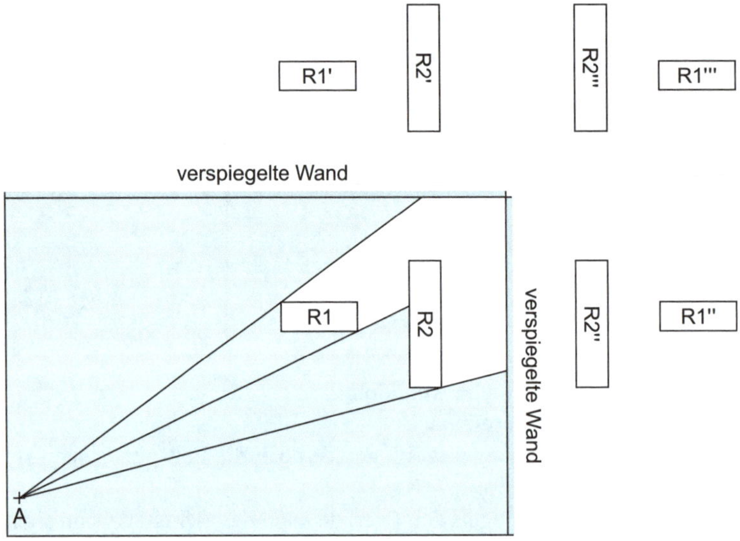

Mit **einer Spiegelung** kommen folgende, dunkel unterlegte Bereiche dazu (man sieht „direkt“ zum virtuellen Spiegelbild!):

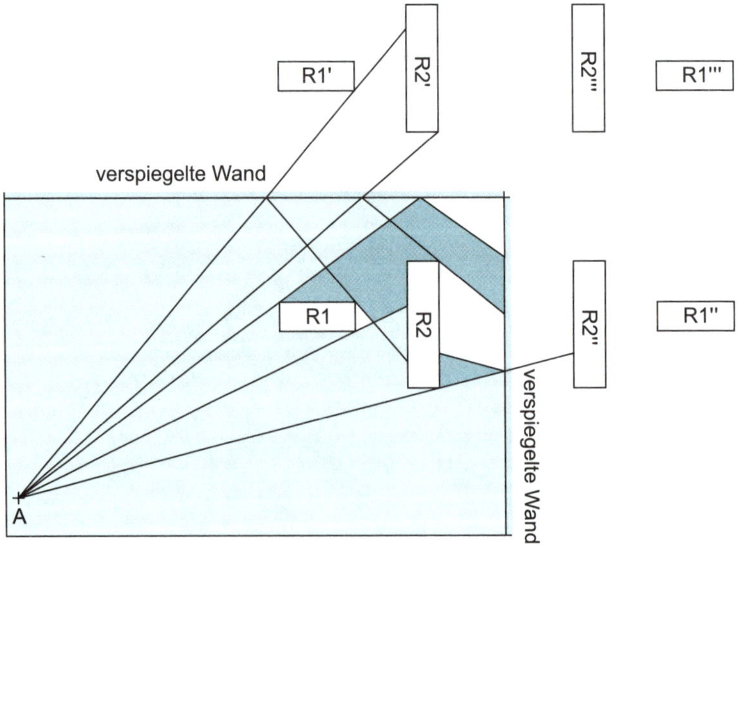

Über **zwei Spiegelwände** kann man von A aus schließlich noch den schwarz unterlegten Bereich zusätzlich einsehen:

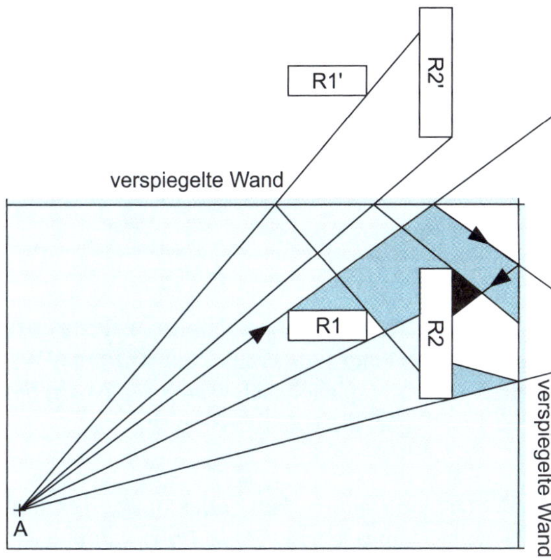

Bis auf die weiße Zone lassen sich also alle Raumbereiche durch die Kamera in A einsehen.

39. Der Spiegel vertauscht vorne und hinten: Beim Vorwärtsblick in den Spiegel (z. B. den Rückspiegel beim Auto) schaut man nach hinten ohne sich aber umzudrehen. Darum erscheinen etwa Schriften spiegelverkehrt; man sieht ihre „Rückseite".

40. a) Wenn man zunächst mit etwas Abstand in den Suppenlöffel blickt, sieht man sein Gesicht „auf dem Kopf". Nähert man sich dann dem Löffel, vergrößert sich das Bild. Das virtuelle, aufrechte Bild ist möglicherweise nicht zu erkennen, da sich bei zu großer Annäherung das Bild stark verzerrt.

b) Blickt man auf die nach außen gewölbte Löffelseite, sieht man ein aufrechtes Bild.

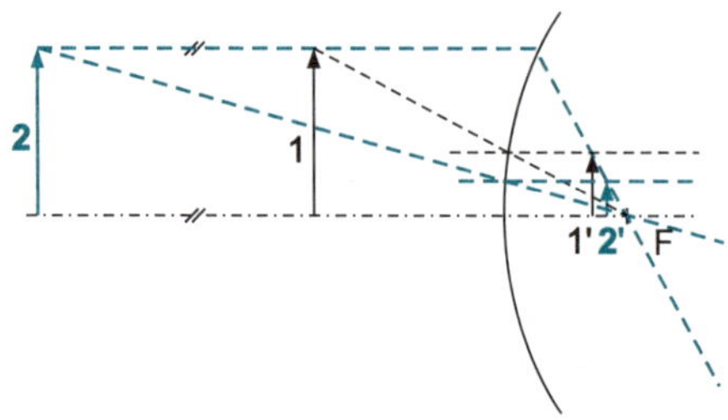

41. Über sich sieht der Fisch einen kreisförmigen Bereich wie ein „Fenster zum Himmel“, allerdings wegen der Brechung sieht er alles außerhalb des Wassers verzerrt. Außerhalb dieses Kreises spiegelt sich wegen der Totalreflexion (flacher Winkel, vergleiche Lichtleiter) die Unterwasserwelt.

42. Bei trockener Scheibe findet fast vollständige Totalreflexion des Teststrahls an den Innenwänden der Scheibe (Grenzschicht Glas – Luft) statt und der Sensor misst maximale Intensität. Bei Regen verlässt ein Teil des Strahls die Scheibe, weil das Wasser (optisch dichter als die Luft) an der Grenzschicht einen Teilstrahl austreten lässt.

43. a)

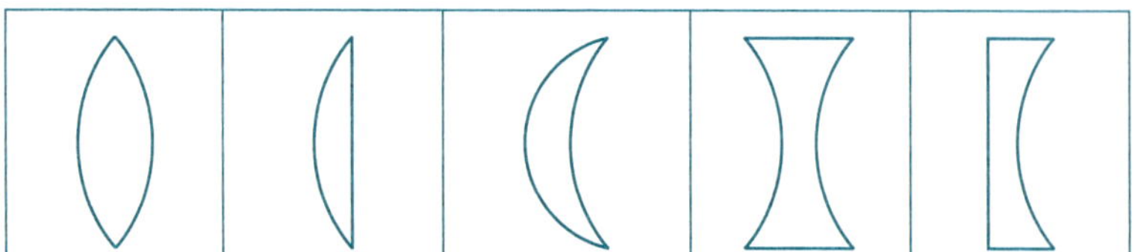

Bikonvex-Linse	Plankonvex-Linse	Konvexkonkav-Linse	Bikonkav-Linse	Plankonkav-Linse

b) Die Bikonkav- und die Plankonkav-Linse sind Zerstreuungslinsen.

44. Kämen die Strahlen aus dem Brennpunkt, dann würde die Brechkraft der Linse gerade reichen, um sie zu Parallelstrahlen zu brechen. Entspringt das Bündel weiter entfernt (linkes Bild), dann ist es weniger divergent als ein Brennstrahlbündel und die Brechkraft der Linse genügt sogar zum Erzeugen eines konvergenten Bündels. Liegt die Lichtquelle näher als F an der Linse (rechtes Bild), dann ist das Lichtbündel stärker divergent als das Brennstrahlbündel, sodass die Linse es mit ihrer Brechkraft nicht schafft, ein Parallelbündel zu erzeugen; es ist aber weniger divergent als vor der Brechung.

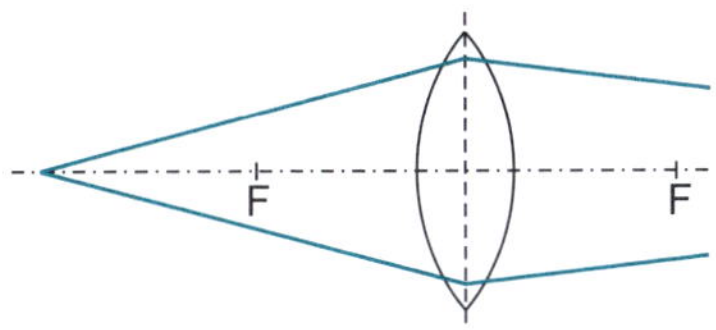

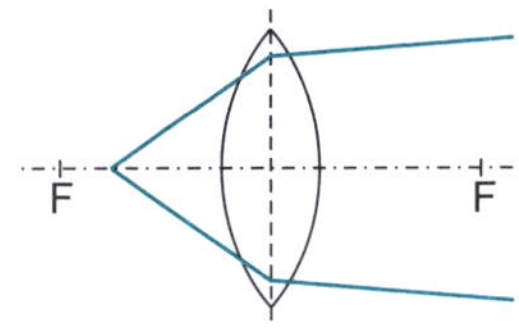

45.

Gegenstandweite g	Bildweite b	Bildgröße B	Art des Bildes
g > 2f	f < b < 2f	B < G	reell
g = 2f	b = 2f	B = G	reell
f < g < 2f	b > 2f	B > G	reell
0,5f < g < f	b > f	B > G	virtuell

46. Bei kleinerer Brennweite werden Bildweite und -größe ebenfalls kleiner (siehe Abbildung).

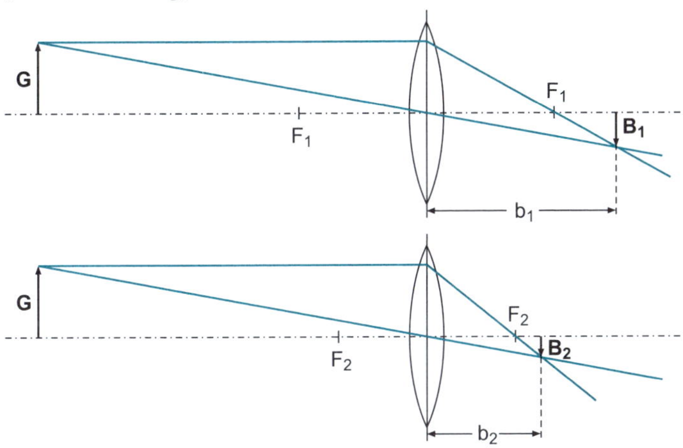

47. Mit steigender Wellenlänge des Lichts wird der Brechungswinkel im Wasser **größer**.

Anmerkung:
Die Abhängigkeit des Brechungswinkels von der Farbe des Lichts wird **Dispersion** genannt. Dank ihr lässt sich weißes Licht mithilfe eines **Prismas** in die einzelnen Farben aufteilen. Auch ist sie verantwortlich für die Entstehung des **Regenbogens**.

48. a) Strahlengang:

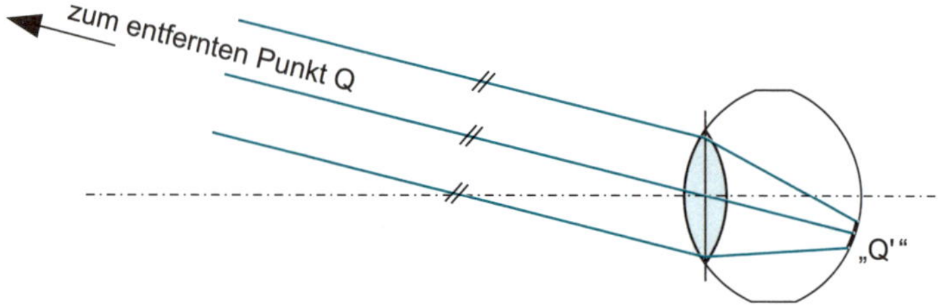

b) Zur Unterstützung der zu geringen Brechkraft der (entspannten) Augenlinse muss eine **Sammellinse** in den Strahlengang gebracht werden, die das zunächst parallele Licht etwas „vorbricht", also zu einem leicht konvergenten Bündel bricht, für das die Brechkraft der Linse dann wiederum gerade ausreicht, ein scharfes Bild auf der Netzhaut zu erzeugen.

c) Ohne Sehhilfe kann zwar durch Akkommodieren (also Verformen der Augenlinse zur Brechkrafterhöhung) durchaus scharf gestellt werden auf entfernte Objekte, das strengt aber auf Dauer sehr an. Auf kurze Entfernungen reicht die Brechkraft dann nicht einmal mit deformierter Linse aus und man ist auf die Brille angewiesen. Das trotz Anstrengung mögliche Scharfsehen auf große Entfernungen ist der Grund für den Namen „Weitsichtigkeit".

49. Das rote und das grüne Licht ergeben zusammen gelbes Licht.

50. Löst man $v = \frac{\Delta x}{\Delta t}$ nach der zurückgelegten Strecke Δx auf, ergibt sich:
$\Delta x = v \cdot \Delta t = 0{,}0010\,\frac{m}{s} \cdot 1{,}5\text{ h} = 0{,}0010\,\frac{m}{s} \cdot 1{,}5 \cdot 3\,600\text{ s} = 5{,}4\text{ m}$

51. Mit $v = \frac{\Delta x}{\Delta t}$ erhält man als Fahrtzeit:

$$\Delta t = \frac{\Delta x}{v} = \frac{3\,900\text{ m}}{30\,\frac{m}{s}} = 130\text{ s} = 2\text{ min }10\text{ s}$$

52. Durch Einsetzen in die Gleichung $v = \frac{\Delta x}{\Delta t}$ ergibt sich $v = \frac{100\text{ m}}{10{,}0\text{ s}} = 10{,}0\,\frac{m}{s}$.

53. Weil der Schall die Strecke 4 500 m zweimal durchläuft, benötigt er:

$$\Delta t = \frac{\Delta x}{v} = \frac{2 \cdot 4\,500\text{ m}}{1\,500\,\frac{m}{s}} = 6\text{ s}$$

54. Das Signal legt in 0,0005 s die Strecke $0{,}0005\ \text{s} \cdot 340\ \frac{\text{m}}{\text{s}} = 17\ \text{cm}$ zurück.
Da die Signallaufstrecke doppelt so groß ist wie der Abstand zum Beutetier, beträgt dieser 8,5 cm.

55. Person 1 steht mit einer Stoppuhr an der Ziellinie 100 m entfernt von der Person 2 an der Startlinie und startet die Uhr, wenn die Person 2 die Starterklappe betätigt. Die Bewegung sieht Person 1 praktisch ohne Verzögerung, weil das Licht so schnell ist. Stoppt sie die Uhr, wenn sie die Klappe hört (etwa 0,29 s später), dann hat sie die Laufzeit des Schalls gemessen und kann mit der Strecke 100 m die Geschwindigkeit berechnen. (Die Messung wird genauer, wenn man den Abstand vergrößert, z. B. auf 200 m.)

56. Die Lichtschranken werden in 1,0 m Abstand voneinander in Fahrtrichtung versetzt angebracht. Ein heranfahrendes Auto unterbricht zunächst Strahl 1 und startet damit die Uhr, beim Passieren von Strahl 2 wird die Uhr wieder gestoppt. Mit der so bestimmten Fahrzeit kann auf die Durchschnittsgeschwindigkeit auf der 1,0 m langen Messstrecke geschlossen werden.

57. a) Der Läufer muss bis zur Tunneleinfahrt 100 m zurücklegen und benötigt dafür $\frac{100\ \text{m}}{10{,}0\ \frac{\text{m}}{\text{s}}} = 10{,}0\ \text{s}$.
In dieser Zeit fährt der Zug $25{,}0\ \frac{\text{m}}{\text{s}} \cdot 10{,}0\ \text{s} = 250\ \text{m}$ weit, er muss also noch weiter als $x_1 = 250\ \text{m}$ vor dem Tunnel sein.

b) Der Läufer muss bis zur Tunnelausfahrt 200 m zurücklegen und benötigt dafür $\frac{200\ \text{m}}{10{,}0\ \frac{\text{m}}{\text{s}}} = 20{,}0\ \text{s}$; in dieser Zeit fährt der Zug 500 m weit, er muss also (wegen der Tunnellänge von 300 m) noch weiter als $x_2 = 500\ \text{m} - 300\ \text{m} = 200\ \text{m}$ vor dem Tunnel sein.

c) Der Läufer sollte in diesem Fall in Zugfahrtrichtung laufen, weil die Mindestentfernung des Zuges von der Tunneleinfahrt geringer ist.

d) Betrachten wir ein Zahlenbeispiel: Fährt der Zug etwa mit $v_{Zug} = 30{,}0\ \frac{\text{m}}{\text{s}}$ etwas schneller, ergibt sich $x_1 = 300\ \text{m}$ und $x_2 = 600\ \text{m} - 300\ \text{m} = 300\ \text{m}$ und es ist egal, in welche Richtung er läuft.
Für noch größere Zuggeschwindigkeiten (etwa $v_{Zug} = 40{,}0\ \frac{\text{m}}{\text{s}}$ mit $x_1 = 400\ \text{m}$ und $x_2 = 800\ \text{m} - 300\ \text{m} = 500\ \text{m}$) ist es besser, dem Zug entgegen zu laufen. Fährt der Zug langsamer, ist die erste Lösung günstiger.

e) Betrachten wir zunächst wieder ein Zahlenbeispiel: Wenn der Läufer langsamer als mit 10,0 $\frac{m}{s}$ unterwegs ist, z. B. $v_{Läufer} = 5{,}0\ \frac{m}{s}$, dann würde er zur Einfahrt 20 s und zur Ausfahrt 40 s benötigen. Als Mindestabstände ergäben sich:

$x_1 = 500\text{ m}$ und $x_2 = 1\,000\text{ m} - 300\text{ m} = 700\text{ m}$

Das Entgegenlaufen ist folglich sinnvoller.

Entscheidend zur Klärung der Fragen aus den Teilaufgaben d und e ist die Grenzgeschwindigkeit v_G, bei der es gerade egal ist, in welcher Richtung der Sprinter losläuft. Bei dieser Geschwindigkeit benötigt er die Zeit $t_1 = \frac{100\text{ m}}{v_G}$ bis zum Eingang sowie die Zeit $t_2 = \frac{200\text{ m}}{v_G} = 2t_1$ zum Ausgang des Tunnels. Der Zeitunterschied beträgt also:

$t_2 - t_1 = 2t_1 - t_1 = t_1$

Dies ist genau die Zeit $t_3 = \frac{300\text{ m}}{v_{Zug}}$, die der Zug für die Tunneldurchfahrung benötigen darf. Es gilt somit $t_3 = t_1$ und folglich:

$$\left.\begin{aligned} t_3 &= \frac{300\text{ m}}{v_{Zug}} \\ t_1 &= \frac{100\text{ m}}{v_G} \end{aligned}\right\} \Rightarrow \frac{300\text{ m}}{v_{Zug}} = \frac{100\text{ m}}{v_G} \Rightarrow v_G = \frac{1}{3} v_{Zug}$$

Ist wie in Teilaufgabe e die Zuggeschwindigkeit mit $v_{Zug} = 25{,}0\ \frac{m}{s}$ vorgegeben, ergibt sich für die Grenzgeschwindigkeit:

$v_G = \frac{1}{3} \cdot 25{,}0\ \frac{m}{s} \approx 8{,}33\ \frac{m}{s}$

Fazit: Läuft der Mann schneller als $v_G = 8{,}33\ \frac{m}{s}$, dann ist es günstiger, zum Tunnelausgang zu laufen; langsameren „Sprintern“ ist dagegen der Lauf zum Tunneleingang zu empfehlen.

58. Da das linke Flugzeug sich näher am Punkt S befindet und schneller fliegt (wegen des längeren Geschwindigkeitspfeils), kommt es viel früher bei S an als das rechte Flugzeug. Ein Zusammenstoß ist also nicht zu befürchten.

59. Pfeillängen: A: 2 cm; B: 1 cm; C: 4,5 cm; D: 2,5 cm; E: 3 cm

Geht man von einem Maßstab 1 cm $\triangleq 2\ \frac{m}{s}$ aus (wobei der gewählte Maßstab egal für die Beantwortung der Frage ist), so ergeben sich mit der Formel $\Delta t = \frac{\Delta x}{v}$ die verbleibenden Laufzeiten:

$$\Delta t_A = \frac{70\text{ m}}{2 \cdot 2\ \frac{m}{s}} = 17{,}5\text{ s}$$

$$\Delta t_B = \frac{40\text{ m}}{1 \cdot 2\ \frac{m}{s}} = 20{,}0\text{ s}$$

$$\Delta t_C = \frac{95\text{ m}}{4{,}5 \cdot 2\ \frac{m}{s}} \approx 10{,}6\text{ s}$$

$$\Delta t_D = \frac{65\text{ m}}{2{,}5 \cdot 2\,\frac{\text{m}}{\text{s}}} = 13{,}0\text{ s}$$

$$\Delta t_E = \frac{80\text{ m}}{3 \cdot 2\,\frac{\text{m}}{\text{s}}} \approx 13{,}3\text{ s}$$

Zuerst kommt der Läufer auf C ins Ziel, gefolgt von den Läufern auf D, E, A und B.

60. $\Delta v = v_2 - v_1 = -50\,\frac{\text{km}}{\text{h}} = -13{,}9\,\frac{\text{m}}{\text{s}}$

$$a = \frac{\Delta v}{\Delta t} = \frac{-13{,}9\,\frac{\text{m}}{\text{s}}}{6{,}0\text{ s}} = -2{,}3\,\frac{\text{m}}{\text{s}^2}$$

Am negativen Vorzeichen von a erkennt man, dass es sich um einen Bremsvorgang handelt, die Beschleunigung ist also der Bewegung entgegengerichtet. Da nur der Kraftbetrag von Interesse ist, kann mit dem Betrag der Beschleunigung weitergerechnet werden:

$$F = 1\,500\text{ kg} \cdot 2{,}3\,\frac{\text{m}}{\text{s}^2} \approx 3{,}5\text{ kN}$$

61. a)

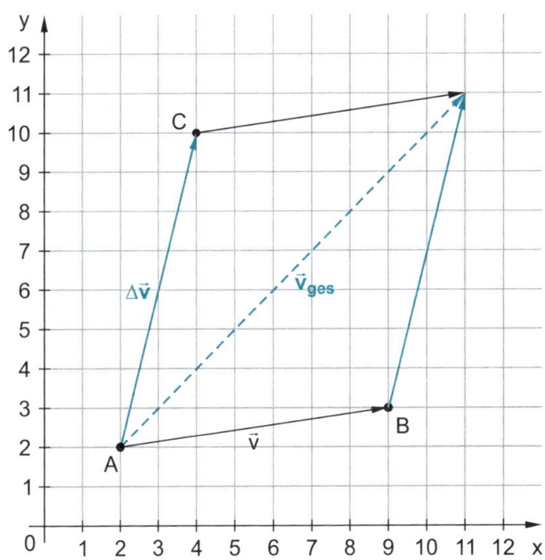

b)

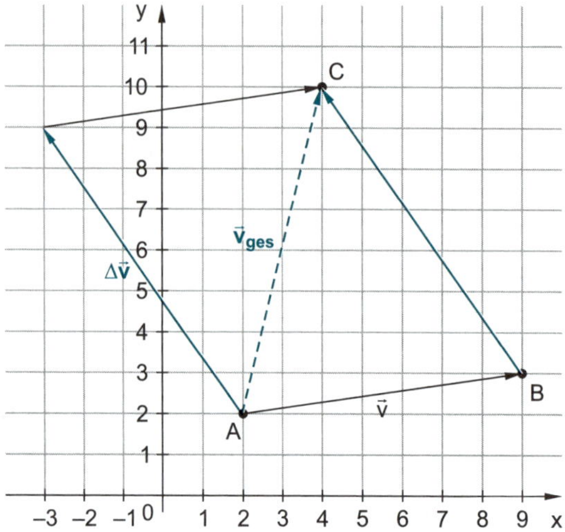

62.

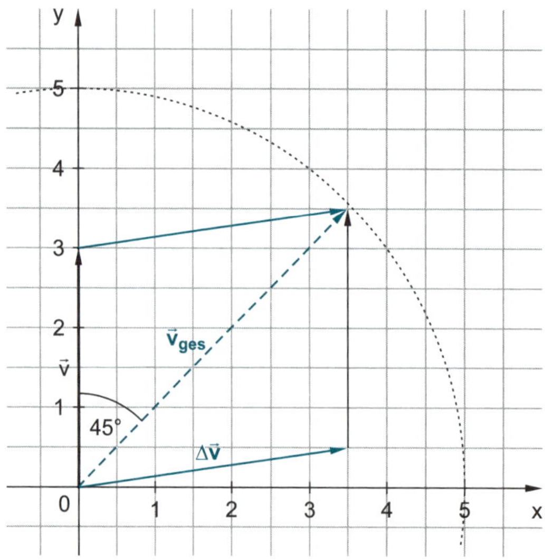

Der Pfeil der Zusatzgeschwindigkeit ist ca. 3,5 cm lang, das entspricht einer Geschwindigkeit von ca. 3,5 $\frac{m}{s}$.

63.

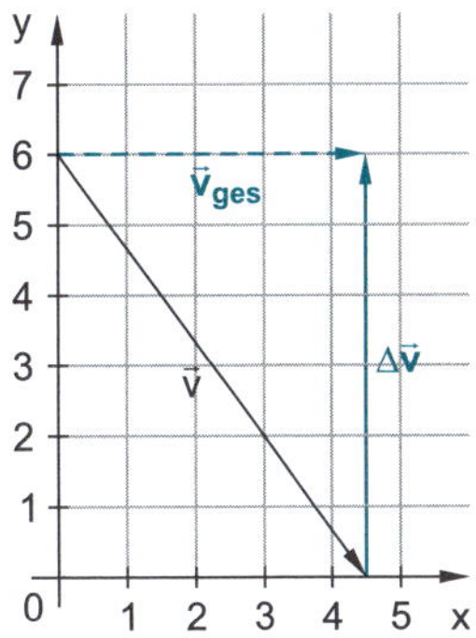

64. Nur die Aussage III passt zur Zeichnung.

65. Die größtmögliche Endgeschwindigkeit 13 $\frac{m}{s}$ ergibt sich, wenn die Ausgangs- und die Zusatzgeschwindigkeit gleichgerichtet sind. Bei entgegengesetzten Richtungen ergibt sich die kleinstmögliche Endgeschwindigkeit von 1 $\frac{m}{s}$ („rückwärts").

66. a) Nein, denn ein Dreieck mit den Seitenlängen 6, 2 und 9 gibt es nicht. (Eine Ausgangsgeschwindigkeit von 6 $\frac{m}{s}$ und eine Zusatzgeschwindigkeit von 2 $\frac{m}{s}$ können maximal eine Endgeschwindigkeit von 8 $\frac{m}{s}$ ergeben.)

b) Nein, denn ein Dreieck mit den Seitenlängen 6, 2 und 3 gibt es nicht. (Eine Ausgangsgeschwindigkeit von 6 $\frac{m}{s}$ und eine Zusatzgeschwindigkeit von 2 $\frac{m}{s}$ können minimal eine Endgeschwindigkeit von 4 $\frac{m}{s}$ ergeben.)

67. Die Aussagen II, III und IV sind richtig.

68. $F \cdot \Delta t = m \cdot \Delta v \quad \Rightarrow \quad F = \frac{m \cdot \Delta v}{\Delta t} = \frac{1\,500\text{ kg} \cdot \frac{54}{3{,}6}\frac{\text{m}}{\text{s}}}{5{,}0\text{ s}} = 4{,}5\text{ kN}$

Der Lkw hat deutlich mehr Masse. Weil m auf der rechten Gleichungsseite steht, muss auf der linken Seite die Zeit Δt auch größer sein.

69. $F \cdot \Delta t = m \cdot \Delta v \quad \Rightarrow \quad F = \frac{m \cdot \Delta v}{\Delta t} = \frac{600\,000\text{ kg} \cdot \frac{72}{3{,}6}\frac{\text{m}}{\text{s}}}{30\text{ s}} = 400\text{ kN}$

70. Bei einem Unfall treten große Geschwindigkeitsänderungen auf und dank der verlängerten „Knautschzeit" sind die auf die Fahrgäste einwirkenden Bremskräfte weniger groß.

71. Die Masse des Fahrzeugs (samt den Insassen) wird größer, die Kraft des Motors bleibt, also wird in der gleichen Zeit weniger Zusatzgeschwindigkeit erreicht.

72. Der Fahrradhelm schützt vor schweren Kopfverletzungen, weil er beim Unfall die Einwirkzeit der Geschwindigkeitsänderung vergrößert und damit die Kräfte auf den Kopf verringert.

73.

F in N	15	**12 000**	18	180
Δt in s	3	0,1	4	**2,2**
Δv in $\frac{m}{s}$	**5**	12	24	5
m in kg	9	100	**3**	80

74. a) Die Endgeschwindigkeit beträgt $33{,}5\ \frac{m}{s}$.

b) Die Endgeschwindigkeit beträgt $22{,}4\ \frac{m}{s}$.

c) Die Zusatzgeschwindigkeit beträgt $18\ \frac{m}{s}$ und ist unter einem Winkel von 33,7° zur Ausgangsgeschwindigkeit gerichtet.

75. a) Das umgangssprachliche „Gewicht“ von 50 kg beschreibt physikalisch korrekt die Masse, die zugehörige Gewichtskraft auf der Erde wäre dann etwa 500 N.

b) Korrekt muss man sagen: „1 kg Masse wird von der Erde mit etwa 10 N angezogen.“ oder „1 kg erfährt (auf der Erde) die Gewichtskraft 10 N.“

c) Wenn man im Alltag davon spricht, dass jemand „viel Kraft hat“, ist damit nicht die physikalische Größe Kraft gemeint. Letztere kann einem Körper nicht innewohnen (wie z. B. Masse oder Energie), sondern sie ist eine Wechselwirkungsgröße. Man könnte also sagen, dass der Sprinter aufgrund seiner Athletik besonders viel Kraft auf den Boden ausüben kann, sich also sehr stark von ihm abstoßen kann.
Außerdem ist es aus physikalischer Sicht stets besser, Kraft mit einer Geschwindigkeitsänderung bzw. einer Beschleunigung in Verbindung zu bringen als mit einer Geschwindigkeit (auch wenn man argumentieren könnte, dass im realen Fall stetig Kräfte in Bewegungsrichtung wirken müssen, um eine konstante Geschwindigkeit zu halten, da gegen die Reibungskräfte angekämpft werden muss).

76. a) Die Aussage, dass alle Gegenstände gleich stark beschleunigt werden, gilt nur, wenn die **Luftreibung** vernachlässigt werden kann. Beim Experiment der beiden ist das aber nicht der Fall, weil das Blatt Papier beim Fallen deutlich mehr Reibung erfährt und deshalb länger unterwegs ist.

b) Evakuiert man ein Fallrohr aus Glas mit einer Vakuumpumpe, dann fallen das Blatt Papier und der Kugelschreiber im Inneren gleich schnell; belüftet man es wieder, segelt das Papier gemütlich hinterher.

77. a) In welchem Maßstab die Kraftpfeile gezeichnet werden, ist egal. Wählt man beispielsweise 1 cm für 10 N, so ergibt sich:

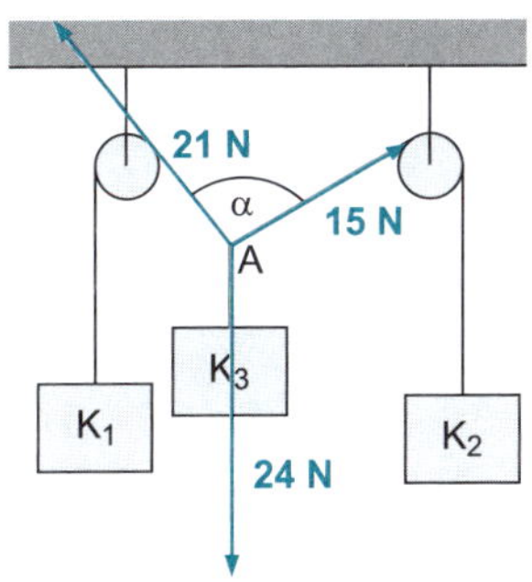

b) Das Verhältnis der Dreiecksseiten muss gleich dem Verhältnis der Kraftpfeillängen bzw. der Kraftbeträge sein. Das ist für Dreieck A der Fall, denn wenn man die Zahlenwerte 24, 21 und 15 der Kraftbeträge durch 3 teilt, erhält man die Seitenlängen 8, 7 und 5 des Dreiecks A.

c) Es handelt sich um den Nebenwinkel des Winkels 82° in Dreieck A, der Winkel α beträgt somit 98°.

78. a)

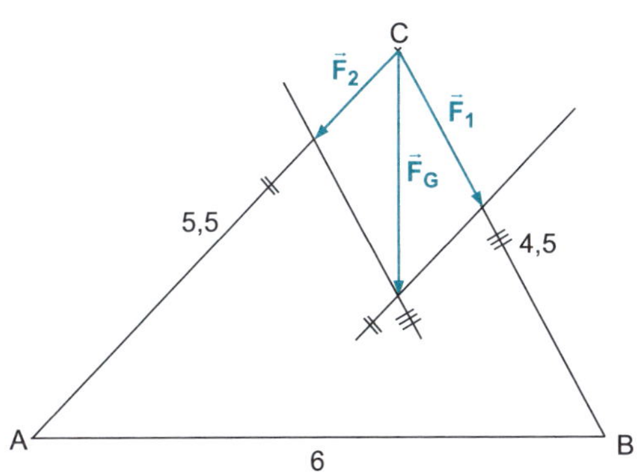

b) Für die Kraftbeträge erhält man aus der Zeichnung etwa:
$F_1 = 18$ N; $F_2 = 13$ N

c) Verschieben von $\vec{F}_1$ und $\vec{F}_2$ entlang der Stäbe nach A und B und anschließendes zeichnerisches Zerlegen in waagerechte und senkrechte Anteile ergibt die in Abbildung B gezeigte Konstruktion.

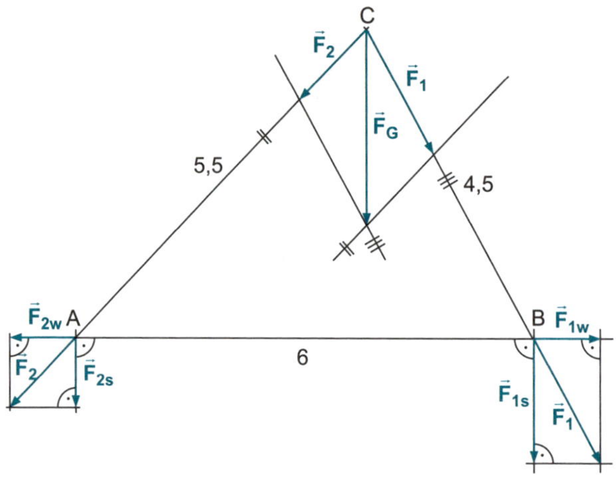

Als Beträge der Kräfte erhält man etwa $F_{2w} = F_{1w} = 9$ N für die horizontalen Teilkräfte (die sich gegenseitig aufheben) und $F_{2s} = 9$ N sowie $F_{1s} = 16$ N für die vertikalen Anteile, die zusammen gerade die 25 N ergeben, wie es sein soll. Wie einem das Gefühl schon „sagt", wirkt rechts eine größere, senkrechte Kraft auf den Untergrund.

d) Der untere, waagerechte Stab ließe sich durch ein Seil ersetzen, weil er nur eine Zugkraft erfährt.

79. a)

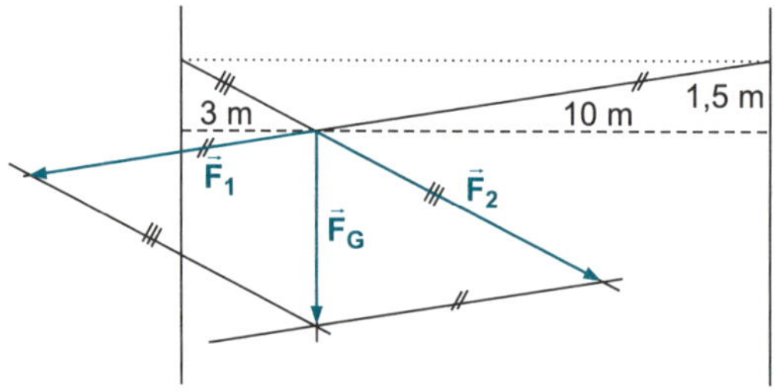

b) Für die Seilkräfte $\vec{F}_1$ und $\vec{F}_2$ erhält man zeichnerisch die Beträge von etwa $F_1 = 315$ N und $F_2 = 340$ N.

c) Zunächst noch ohne Zeichnung lässt sich schon erahnen, dass sich die beiden waagerechten Anteile auf die Befestigungshaken gegenseitig aufheben werden und dass die senkrechten Anteile zusammen genau die 200 N des Laternengewichts ergeben, wenn man das Seilgewicht vernachlässigt.

In der Tat bestätigt dies auch die Zeichnung. Wegen der besseren Übersichtlichkeit wurden hier die Gegenkräfte $-\vec{F}_1$ und $-\vec{F}_2$ eingezeichnet und zerlegt. Dies sind die Kräfte, mit denen die Seile tatsächlich ziehen, um die Gewichtskraft auszugleichen.

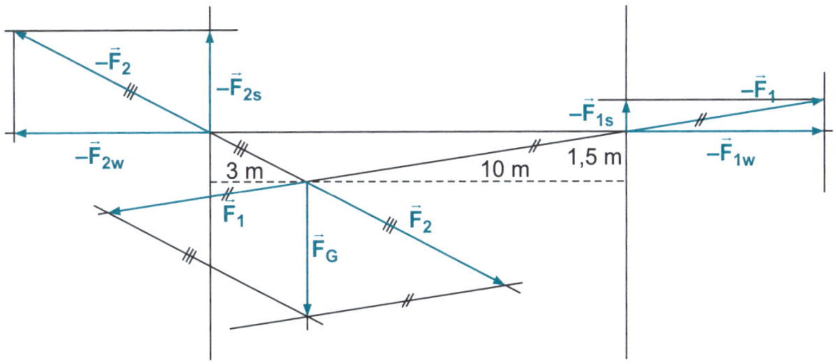

80. Eine saubere Zeichnung der doppelten schiefen Ebene mit den richtigen Winkelgrößen gibt die Kraftrichtungen vor. Der Maßstab für $\vec{F}_{G,1}$ ist unabhängig von der Dreiecksgröße, man könnte z. B. 7,5 cm für die 15,0 kN verwenden, also den Maßstab 1 cm für 2,0 kN (aber auch jeden anderen; hier wurde 3,75 cm verwendet). Gleichgewicht herrscht genau dann, wenn die Hangabtriebskräfte links und rechts, die die Wagen längs der Ebene nach unten ziehen, gleich groß sind. Man zerlegt daher die Gewichtskraft $\vec{F}_{G,1}$ in die Hangabtriebs und die Normalkraft, indem man die Seilverlängerung bzw. das Lot dazu durch die Spitze von $\vec{F}_{G,1}$ parallel verschiebt. Die Hangabtriebskraft auf der anderen Seite beim rechten Wagen hat den gleichen Betrag, da sich beide Wagen im Gleichgewicht

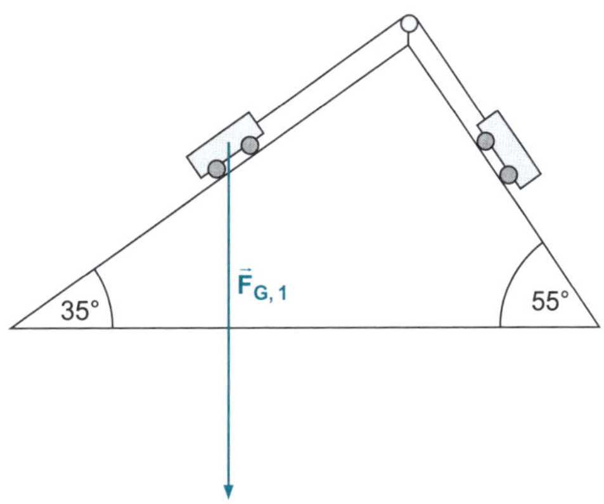

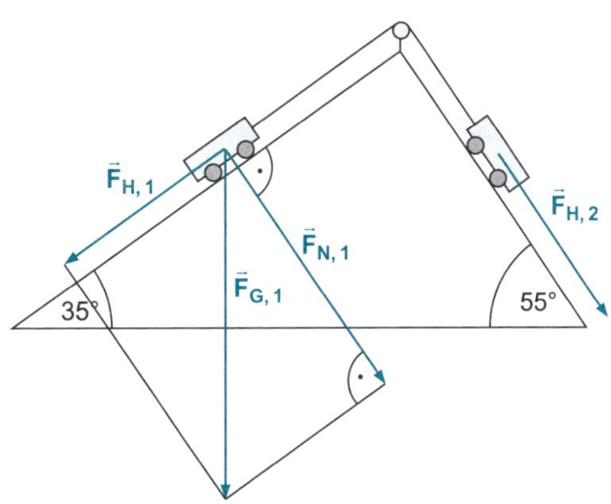

befinden.
Diese Hangabtriebskraft stellt nun wiederum eine Seite eines Kräfteparallelogramms (hier sogar -rechtecks) dar mit der Diagonalen $\vec{F}_{G,2}$ parallel zu $\vec{F}_{G,1}$ (also senkrecht nach unten). Da die Richtung der Normalkraft auf den zweiten Wagen ebenfalls bekannt ist, lässt sich $\vec{F}_{G,2}$ konstruieren. Man misst jetzt die Länge des Pfeils für $\vec{F}_{G,2}$ ab und rechnet mit dem Maßstab von $\vec{F}_{G,1}$ um zu etwa 10,5 kN für $F_{G,2}$.

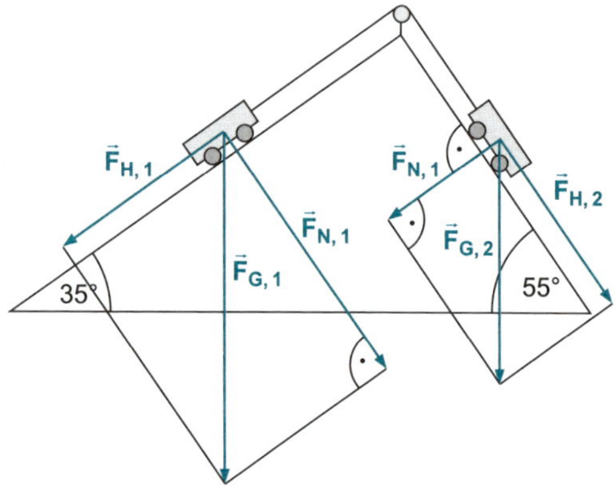

81. a) Es herrscht ein Kräftegleichgewicht, wenn auf der linken Seite die große Figur sowie die zwei kleinen Figuren und auf der rechten Seite die große und die mittelgroße Figur ziehen. Die Beträge der beiden entgegengesetzt wirkenden Kräfte betragen jeweils 250 N.

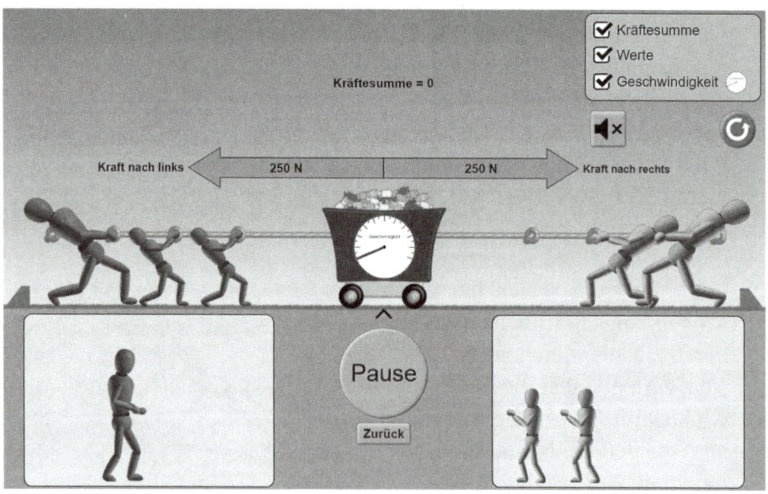

b) Schiebt man das Geschenk mit 50 N an und stoppt die Zeit, bis dieses auf $40\,\frac{m}{s}$ beschleunigt ist, erhält man ca. 40 s. Aus diesen Werten ergibt sich für die Beschleunigung:

$$a = \frac{\Delta v}{\Delta t} = \frac{40\,\frac{m}{s}}{40\,s} = 1\,\frac{m}{s^2}$$

Es folgt: $F = m \cdot a \iff m = \frac{F}{a} = \frac{50\,N}{1\,\frac{m}{s^2}} = 50\,kg$

Alternative:

Stoppt man die Zeit, bis 50 kg mit 50 N auf $10\,\frac{m}{s}$ beschleunigt sind, kommt man auf etwa 10 s, bei 100 kg auf ca. 20 s. Beim Geschenk dauert es ungefähr 10 s, also hat es etwa 50 kg Masse.

c) Die Haftreibung ist so groß, dass ca. 125 N nötig sind, um bei „mittelstarker Reibung“ einen Gegenstand von 50 kg zu bewegen. Sobald der Gegenstand gleitet, wird die Reibungskraft wesentlich kleiner. Ohne Kraft von außen bremst die Reibungskraft den Gegenstand, bis er zum Stillstand kommt.

d) Beim Wassereimer sieht man schön die Trägheit des Wassers, das beim Beschleunigen nach hinten schwappt, beim Bremsen nach vorne, so wie man das vom Autofahren her kennt.

82. a) Die Kraft $\vec{F}_G$ muss auf fünf durch Rollen verbundene Seilabschnitte wirken, die also jeweils den fünften Teil halten müssen.

Dann gilt:

$F = \frac{1}{5} F_G$

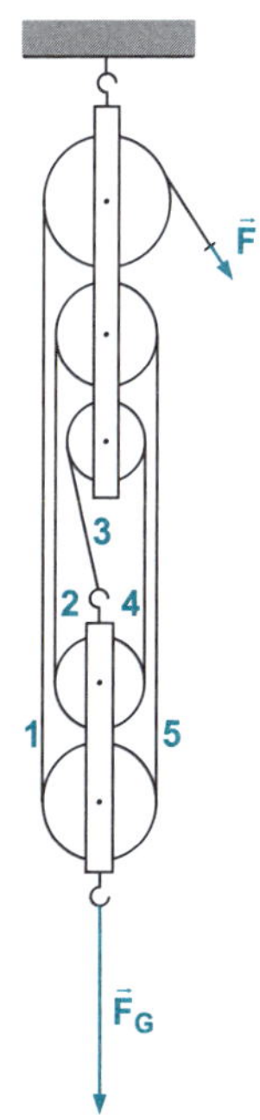

b) Die ganze Gewichtskraft F_G hängt an sechs Seilabschnitten, die jeweils über Rollen verbunden sind, also trägt jeder der Abschnitte a bis f den sechsten Teil von F_G. Entsprechend ist auch $F = \frac{1}{6} F_G$.

Die Kräfte auf die Aufhängepunkte betragen jeweils:

Nummer	1	2	3	4
Kraft	$\frac{1}{6}F_G$	$2 \cdot \frac{1}{6}F_G = \frac{1}{3}F_G$	$\frac{1}{3}F_G$	$\frac{1}{3}F_G$

83. a) Einseitige Hebel: Schubkarre, Nussknacker, Schraubenschlüssel
Zweiseitige Hebel: Wippe, Balkenwaage, Zange

b) Zunächst muss für ein *intensives* Wipperlebnis Hilde ganz nach außen, ihr Kraftarm ist also 3,00 m. Danach muss sich Rudi richten, um das Wippen auch in *entspannter* Weise zu ermöglichen (d. h., die Produkte aus Kraftbeträgen und Kraftarm müssen gleich sein). Es muss also gelten:

$$1\,000\text{ N} \cdot x = 450\text{ N} \cdot 3\text{ m} \quad \Rightarrow \quad x = \frac{450\text{ N} \cdot 3{,}0\text{ m}}{1\,000\text{ N}} = 1{,}35\text{ m}$$

Rudi muss auf der anderen Seite der Wippe in 1,35 m Abstand vom Drehpunkt Platz nehmen.

c) Bei allen Stäben muss ein Gleichgewicht bestehen, d. h., die Produkte aus Kraft und Kraftarm müssen gleich sein. Wir berechnen also der Reihe nach:

- Mit $a + b = 30$ cm folgt für den linken, unteren Stab:
$$2\text{ N} \cdot a = 4\text{ N} \cdot b$$
$$2\text{ N} \cdot a = 4\text{ N} \cdot (30\text{ cm} - a)$$
$$2\text{ N} \cdot a + 4\text{ N} \cdot a = 120\text{ Ncm}$$
$$a = \frac{120\text{ Ncm}}{2\text{ N} + 4\text{ N}} = 20\text{ cm} \quad \Rightarrow \quad b = 30\text{ cm} - 20\text{ cm} = 10\text{ cm}$$
- Analog gilt beim rechten, unteren Stab mit $e + f = 30$ cm:
$$8\text{ N} \cdot e = 7\text{ N} \cdot (30\text{ cm} - e)$$
$$e = \frac{210\text{ Ncm}}{8\text{ N} + 7\text{ N}} = 14\text{ cm} \quad \Rightarrow \quad f = 30\text{ cm} - 14\text{ cm} = 16\text{ cm}$$
- Beim linken, oberen Stab $(c + d = 30)$ wirkt auf den Kraftarm d die gesamte Gewichtskraft des darunter hängenden Stabes:
$$4\text{ N} \cdot c = (2\text{ N} + 4\text{ N}) \cdot (30\text{ cm} - c)$$
$$c = \frac{180\text{ Ncm}}{4\text{ N} + 6\text{ N}} = 18\text{ cm} \quad \Rightarrow \quad d = 30\text{ cm} - 18\text{ cm} = 12\text{ cm}$$
- Entsprechend gilt für den oberen Stab $(g + h = 50\text{ cm})$:
$$(4\text{ N} + 2\text{ N} + 4\text{ N}) \cdot g = (8\text{ N} + 7\text{ N}) \cdot (50\text{ cm} - g)$$
$$g = \frac{750\text{ Ncm}}{10\text{ N} + 15\text{ N}} = 30\text{ cm} \quad \Rightarrow \quad h = 50\text{ cm} - 30\text{ cm} = 20\text{ cm}$$

84. Bei Schraubenfedern gilt das Gesetz von Hooke:

$F = D \cdot s$

Einsetzen der Zahlenwerte ergibt:

$F = 25\,\frac{N}{cm} \cdot 7{,}0\,cm = 175\,N$

85. Wir wenden das Gesetz von Hooke an und lösen die Formel nach der Dehnungslänge s auf:

$F = D \cdot s \quad \Rightarrow \quad s = \frac{F}{D} = \frac{12{,}5\,N}{25{,}0\,\frac{N}{cm}} = 0{,}500\,cm$

86. Bei Feder S_2 sind 30 N nötig für 1 cm Dehnung, bei Feder S_1 nur 25 N, also ist Feder S_2 härter.

87. a) Man kann sich die Auswirkung einer Reihenschaltung zweier Federn auf die Gesamtfederhärte gut veranschaulichen, indem man zunächst einen Extremfall betrachtet: Stellen wir uns die zweite Feder sehr hart vor, gleicht sie praktisch einem starren, unelastischen Stab; hängt man sie an die erste „normale" Feder, wirken sich daher nur deren elastische Eigenschaften aus, die gesamte Federhärte ist also gleich der Federhärte der ersten Feder. Dies gilt genauso, wenn wir uns die erste Feder sehr hart und die zweite elastisch vorstellen: Auch hier ist die Gesamtfederhärte praktisch gleich der Federhärte der normalen (also hier der zweiten) Feder. Verringern wir nun in beiden Fällen die Federhärte der sehr starren Feder, machen sie also elastisch, wird eine zusätzliche Auslenkung ermöglicht. Die Federhärte wird somit insgesamt kleiner und liegt dabei immer unter den Federhärten der beiden Einzelfedern: Die Reihenschaltung zweier Federn ist weicher als jede einzelne Feder.

b) Zieht man beispielsweise mit 40 N, dann wird Feder 1 um 8 cm gedehnt, Feder 2 um 5 cm. Die Reihenschaltung wird also um 13 cm gedehnt, was die Überlegung aus Teilaufgabe a bestätigt. Für die Federhärte D_3 der Reihenschaltung folgt:

$D_3 = \frac{F}{s} = \frac{40\,N}{13\,cm} \approx 3{,}1\,\frac{N}{cm}$

c) Bei der Parallelschaltung müssen für eine bestimmte Dehnung s beide Einzelfedern um s gedehnt werden. Dafür ist jeweils die Kraft F notwendig, insgesamt also die doppelte Kraft $2 \cdot F$. Daher wird auch die Gesamtfederhärte doppelt so groß:

$D_4 = \frac{2 \cdot F}{s} = 2 \cdot \frac{F}{s} = 2 \cdot D_1$

88. Messwerttabelle:

m in g	50	100	250
F_G in N	0,5	1,0	2,5
s in cm	8,5	16,5	41,0

F_G-s-Diagramm:

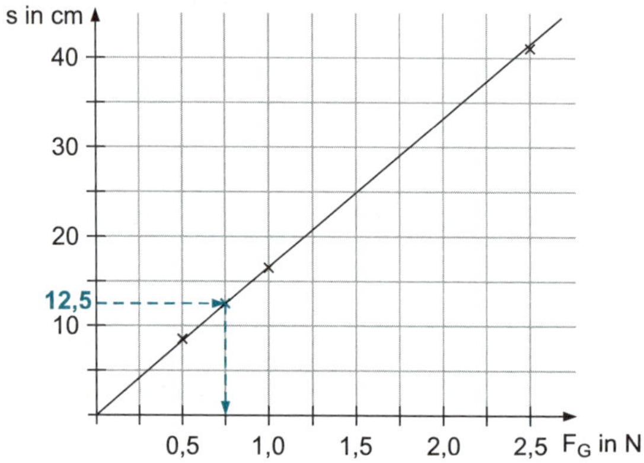

Die Punkte im F_G-s-Diagramm liegen auf einer Geraden, das Gesetz von Hooke gilt.

Hängt man das kleinste Massestück mit unbekannter Masse an die Feder, misst man eine Ausdehnung von 12,5 cm. Mithilfe der vorher gezeichneten Geraden lässt sich daraus eine Gewichtskraft von 0,75 N ermitteln (siehe Hilfslinien im Diagramm). Dies entspricht einer Masse von 75 g.
Auf gleiche Weise kommt man beim mittelgroßen Massestück auf 100 g und beim größten Massestück auf 200 g.

89.

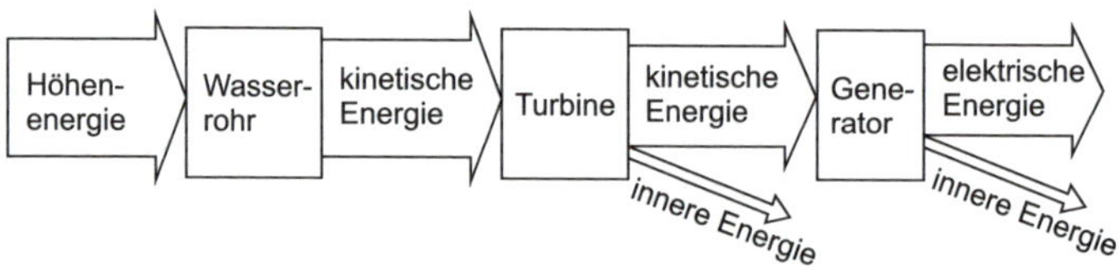

90. Bei der Fahrt ohne Reibung bewegt sich die Skateboard-Fahrerin stetig zwischen den beiden höchsten Punkten der Fahrbahn hin und her. Die maximale Höhe bleibt dabei auch nach mehreren Durchläufen gleich. Der Balken der Gesamtenergie bleibt konstant. Die Höhen der kinetischen Energie und der potenziellen Energie (sprich der Höhenenergie) addieren sich zu jedem Zeitpunkt zur Höhe der Gesamtenergie (Energieerhaltung!). Befindet sich die Fahrerin an einem der höchsten Punkte der Bahn, nimmt die Höhenenergie ihren maximalen Wert an. Die kinetische Energie ist dann null, da die

Fahrerin an dieser Stelle umkehrt. Dagegen ist die kinetische Energie am tiefsten Punkt der Bahn maximal und die Höhenenergie null.
Nach Aktivieren der Reibung wird die maximale Höhe der Fahrerin bei jedem Durchlauf kleiner bzw. die Balken der kinetischen Energie und der Höhenenergie werden stetig kürzer. Hingegen wächst der Balken der thermischen Energie an. Dies ist die Energie, die aufgrund von Reibung entwertet wird und nicht mehr in kinetische Energie oder Höhenenergie umgewandelt werden kann.

91.

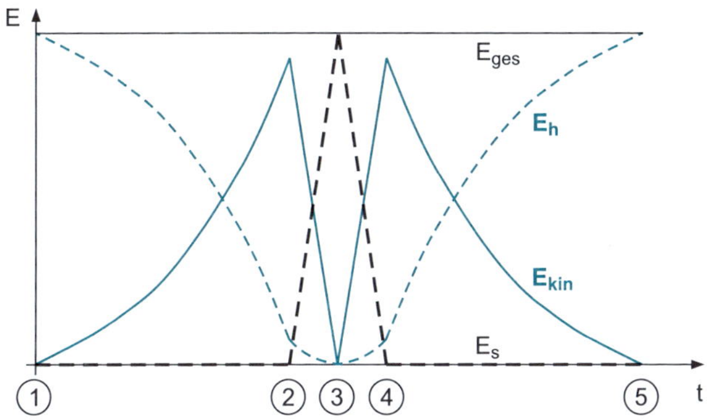

92. Wegen der verschiedenen Hubhöhen ist die Arbeit für die einzelnen Würfel unterschiedlich groß. Es ergibt sich:

$$W_{hub} = m \cdot g \cdot h_1 + m \cdot g \cdot h_2 + m \cdot g \cdot h_3 + m \cdot g \cdot h_4 + m \cdot g \cdot h_5$$
$$= m \cdot g \cdot (h_1 + h_2 + h_3 + h_4 + h_5)$$
$$= 3{,}0\ \text{kg} \cdot 9{,}81\ \frac{\text{N}}{\text{kg}} \cdot (0 + 0{,}10\ \text{m} + 0{,}20\ \text{m} + 0{,}30\ \text{m} + 0{,}40\ \text{m}) \approx 29\ \text{J}$$

93. Mit $F = 15$ kN und $t = 2$ min $= 120$ s sowie $h = 16{,}0$ m ergibt sich die Leistung:

$$P = \frac{W}{t} = \frac{F \cdot h}{t} = \frac{15\,000\ \text{N} \cdot 16{,}0\ \text{m}}{120\ \text{s}} = 2{,}0\ \text{kW}$$

94. Die Hubarbeit je Treppenstufe ist:

$$W_{Stufe} = F_G \cdot h = 400\ \text{N} \cdot 0{,}18\ \text{m} = 72\ \text{J}$$

Bei einer Leistung von 1,0 kW muss der Schüler in einer Sekunde die Arbeit 1,0 kJ verrichten, d. h., er müsste

$$n = \frac{1\,000\ \text{J}}{72\ \text{J}} \approx 14\ \text{Stufen pro Sekunde}$$

ersteigen – ein schwieriges Unterfangen.

95. Da die Geschwindigkeit sich nicht ändert, ist die „verlorene" Höhenenergie auf der Pistenlänge s gleich der verrichteten Reibungsarbeit F_R:

$$m \cdot g \cdot h = F_R \cdot s \quad \Rightarrow \quad m = \frac{F_R \cdot s}{g \cdot h} = \frac{160\ \text{N} \cdot 300\ \text{m}}{9{,}81\ \frac{\text{N}}{\text{kg}} \cdot 55\ \text{m}} \approx 89\ \text{kg}$$

96. a) Die Höhenenergie hat sich beim Aufprall vollständig in kinetische Energie umgewandelt, es gilt:

$$m \cdot g \cdot h = \frac{1}{2} \cdot m \cdot v^2$$

Nach Division beider Seiten durch m folgt:

$$v = \sqrt{2 \cdot g \cdot h} = \sqrt{2 \cdot 9{,}81\ \frac{\text{m}}{\text{s}^2} \cdot 120\ \text{m}} \approx 48{,}5\ \frac{\text{m}}{\text{s}}$$

Anmerkung: Die Geschwindigkeit ist also von der Masse unabhängig.

b) In 30 m Höhe hat er $h' = 120\ \text{m} - 30\ \text{m} = 90\ \text{m}$ an Höhe (und damit an Höhenenergie) verloren, die jetzt als kinetische Energie vorliegt. Mit derselben Gleichung wie in Teilaufgabe a erhält man mit der geänderten Höhe:

$$v = \sqrt{2 \cdot g \cdot h'} = \sqrt{2 \cdot 9{,}81\ \frac{\text{m}}{\text{s}^2} \cdot 90\ \text{m}} \approx 42{,}0\ \frac{\text{m}}{\text{s}}$$

c) Hier ist zunächst die Gleichung $g \cdot h = \frac{1}{2} \cdot v^2$ nach h aufzulösen:

$$h = \frac{v^2}{2 \cdot g} = \frac{(50\ \frac{\text{m}}{\text{s}})^2}{2 \cdot 9{,}81\ \frac{\text{m}}{\text{s}^2}} \approx 127\ \text{m}$$

Wegen der 10 m Resthöhe ist der Körper folglich aus einer Ruhelage in 137 m Höhe gefallen.

97. a) Einsetzen in die Formel liefert nach der Umrechnung $v = 180\ \frac{\text{km}}{\text{h}} = 50\ \frac{\text{m}}{\text{s}}$ unmittelbar:

$$E_{kin} = \frac{1}{2} m \cdot v^2 = \frac{1}{2} \cdot 1\,000\ \text{kg} \cdot (50\ \frac{\text{m}}{\text{s}})^2 = 1\,250\,000\ \text{J} = 1{,}25\ \text{MJ}$$

b) Die Bremskraft F_1 verrichtet über den Weg $s_1 = 50$ m die Bremsarbeit W_1, die (um das Fahrzeug zum Stillstand zu bringen) genauso groß sein muss wie die kinetische Energie vor dem Bremsvorgang:

$$\left.\begin{array}{l} W_1 = F_1 \cdot s_1 \\ W_1 = E_{kin} \end{array}\right\} \Rightarrow \quad F_1 \cdot s_1 = E_{kin}$$

$$F_1 = \frac{E_{kin}}{s_1} = \frac{1\,250\,000\ \text{J}}{50\ \text{m}} = 25\,000\ \text{N} = 25\ \text{kN}$$

c) Wieder muss die Bremsarbeit den gleichen Betrag haben wie die kinetische Energie vor dem Bremsen, also:

$$F_2 \cdot s_2 = E_{kin} \quad \Rightarrow \quad s_2 = \frac{E_{kin}}{F_2} = \frac{1\,250\,000\ \text{J}}{6\,250\ \text{N}} = 200\ \text{m}$$

98. a) Die verrichtete Beschleunigungsarbeit ist (bei konstant angenommener Kraft) $W_B = F \cdot s_1$ und steckt nach dem Beschleunigungsvorgang als kinetische Energie $E_{kin} = \frac{1}{2} m v_1^2$ in der Bewegung des Autos. Es gilt also mit $v_1 = 72 \frac{km}{h} = 20 \frac{m}{s}$:

$$\frac{1}{2} m \cdot v_1^2 = F \cdot s_1 \quad \Rightarrow \quad F = \frac{m \cdot v_1^2}{2 \cdot s_1} = \frac{1800 \text{ kg} \cdot (20 \frac{m}{s})^2}{2 \cdot 100 \text{ m}} = 3{,}6 \text{ kN}$$

b) Am Anfang der Beschleunigungsstrecke hat das Fahrzeug die kinetische Energie $\frac{1}{2} m v_1^2$, am Ende $\frac{1}{2} m v_2^2$, die Energiezufuhr auf dieser Strecke s_2 beträgt folglich:

$$\frac{1}{2} m \cdot v_2^2 - \frac{1}{2} m \cdot v_1^2 = \frac{1}{2} m \cdot (v_2^2 - v_1^2)$$

Dies ist genau die verrichtete Beschleunigungsarbeit $F \cdot s_2$, also gilt (mit $144 \frac{km}{h} = 40 \frac{m}{s}$) für die Beschleunigungsstrecke:

$$F \cdot s_2 = \frac{1}{2} m \cdot (v_2^2 - v_1^2)$$

$$\Rightarrow \quad s_2 = \frac{m \cdot (v_2^2 - v_1^2)}{2 \cdot F} = \frac{1800 \text{ kg} \cdot \left((40 \frac{m}{s})^2 - (20 \frac{m}{s})^2\right)}{2 \cdot 3600 \text{ N}} = 300 \text{ m}$$

c) Bei konstanter Bremskraft $F_{Br} = 5{,}0$ kN wird (ausgehend von der Geschwindigkeit v_2) über den Bremsweg s_3 die Bremsarbeit $F_{Br} \cdot s_3$ verrichtet, die sich aus der Bewegung des Fahrzeugs speist. Dessen kinetische Energie $\frac{1}{2} m v^2$ nimmt dadurch vollständig ab. Daher folgt:

$$F_{Br} \cdot s_3 = \frac{1}{2} m \cdot v_2^2$$

$$\Rightarrow \quad s_3 = \frac{m \cdot v_2^2}{2 \cdot F_{Br}} = \frac{1800 \text{ kg} \cdot (40 \frac{m}{s})^2}{2 \cdot 5000 \text{ N}} = 288 \text{ m}$$

d) Nach $s_4 = 30$ m Bremsweg ist bereits die Bremsarbeit

$$F_{Br} \cdot s_4 = 5{,}0 \text{ kN} \cdot 30 \text{ m} = 150 \text{ kJ}$$

verrichtet worden. Die restliche kinetische Energie beträgt noch

$$\frac{1}{2} m \cdot v_2^2 - F \cdot s_4,$$

mit der Restgeschwindigkeit v_3 gilt dann:

$$\frac{1}{2} m \cdot v_3^2 = \frac{1}{2} m \cdot v_2^2 - F_{Br} \cdot s_4$$

$$\Rightarrow \quad v_3^2 = v_2^2 - \frac{2 \cdot F_{Br} \cdot s_4}{m} \quad \Rightarrow \quad v_3 = \sqrt{v_2^2 - \frac{2 \cdot F_{Br} \cdot s_4}{m}}$$

$$v_3 = \sqrt{(40 \frac{m}{s})^2 - \frac{2 \cdot 5000 \text{ N} \cdot 30 \text{ m}}{1800 \text{ kg}}} \approx 37{,}86 \frac{m}{s} \approx 136 \frac{km}{h}$$

e) Wäre diese restliche kinetische Energie vor dem Aufprall durch Umwandlung aus Höhenenergie bei freiem Fall entstanden, ergäbe sich nach dem Energieerhaltungssatz die Gleichung:

$m \cdot g \cdot h = \frac{1}{2} m \cdot v_3^2$

Sie lässt sich durch m dividieren, d. h., die Fallhöhe hängt nicht von der Masse des fallenden Objektes ab:

$g \cdot h = \frac{1}{2} v_3^2 \quad \Rightarrow \quad h = \frac{v_3^2}{2 \cdot g} = \frac{(38\,\frac{m}{s})^2}{2 \cdot 9{,}81\,\frac{m}{s^2}} \approx 74\text{ m}$

99. Die Gewichtskraft der besetzten Kabine ist

$F_G = 1\,400\text{ N} + 6 \cdot 670\text{ N} = 5\,420\text{ N},$

die Fahrtzeit beträgt $t = 6{,}5\text{ min} = 390\text{ s}$. Für die Leistung erhält man also:

$P = \frac{F_G \cdot h}{t} = \frac{5\,420\text{ N} \cdot 1150\text{ m}}{390\text{ s}} \approx 16\text{ kW}$

100. Der Zusammenhang zwischen Leistung und Geschwindigkeit lautet:

$P = \frac{W}{t} = \frac{F \cdot s}{t} = F \cdot \frac{s}{t} = F \cdot v = 1{,}2 \cdot 10^4\text{ N} \cdot 0{,}75\,\frac{m}{s} = 9{,}0\text{ kW}$

101. Bei einer Geschwindigkeit von $v = 46\,\frac{km}{h} \approx 12{,}8\,\frac{m}{s}$ und einer Zugkraft von $F = 105\text{ kN}$ ergibt sich für die Leistung:

$P = \frac{W}{t} = \frac{F \cdot s}{t} = F \cdot \frac{s}{t} = F \cdot v = 1{,}05 \cdot 10^5\text{ N} \cdot 12{,}8\,\frac{m}{s} \approx 1{,}3\text{ MW}$

102. Mit $E_{ges} = 1{,}4 \cdot 10^{11}$ Wh und $E_{Einwohner} = 3{,}3 \cdot 10^9$ J ergibt sich die Einwohnerzahl n durch Quotientenbildung. Hier müssen aber zunächst die Energieeinheiten einheitlich gewählt werden. Es gilt

$1\text{ Wh} = 1\text{ W} \cdot 1\text{ h} = 1\,\frac{J}{s} \cdot 3\,600\text{ s} = 3\,600\text{ J}$

und damit:

$n = \frac{1{,}4 \cdot 10^{11} \cdot 3\,600\text{ J}}{3{,}3 \cdot 10^9\text{ J}} = \frac{1{,}4 \cdot 10^2 \cdot 3600}{3{,}3} \approx 152\,727$

Das Kraftwerk könnte etwa 153 000 Menschen versorgen, das entspricht in etwa der Einwohnerzahl von Städten wie Regensburg und Ingolstadt.

103. Die Leistungsaufnahme – also die Höhenenergie, die pro Sekunde durch Wasserkraft auf die Turbinen als kinetische Energie übertragen werden – beträgt mit $h = 200$ m, $V = 80\text{ m}^3$ und der Dichte $\rho = 1\,000\,\frac{kg}{m^3}$ von Wasser:

$P_{in} = \frac{m \cdot g \cdot h}{t} = \frac{80\,000\text{ kg} \cdot 9{,}81\,\frac{N}{kg} \cdot 200\text{ m}}{1\text{ s}} \approx 157\text{ MW}$

Da laut Angabe eine Nutzleistung von 120 MW zur Verfügung steht, besitzt das Kraftwerk einen Wirkungsgrad von:

$$\eta = \frac{120\ \text{MW}}{157\ \text{MW}} \approx 0{,}76 = 76\ \%$$

104. a) Zunächst kommt in der Formel für die Leistung gar keine Geschwindigkeit vor. Durch Umformen erhält man aber:

$$P_{nutz} = \frac{W}{t} = \frac{F \cdot s}{t} = F \cdot \frac{s}{t} = F \cdot v$$

Die aufzubringende Kraft ist gleich der Gewichtskraft F_G, sodass folgt:

$$P_{nutz} = F_G \cdot v = m \cdot g \cdot v = 150\ \text{kg} \cdot 9{,}81\ \frac{\text{N}}{\text{kg}} \cdot 1{,}2\ \frac{\text{m}}{\text{s}} \approx 1{,}77\ \text{kW}$$

b) Die aufgenommene Leistung beträgt bei einem Wirkungsgrad von 75 %:

$$P_{in} = \frac{P_{nutz}}{0{,}75} \approx \frac{1{,}77\ \text{kW}}{0{,}75} = 2{,}36\ \text{kW}$$

105. a) Der Wirkungsgrad ist gegeben durch $\eta = \frac{P_{nutz}}{P_{in}}$. Durch Auflösen der Formel nach P_{nutz} folgt:

$$P_{nutz} = \eta \cdot P_{in} = 0{,}80 \cdot 4\ \text{kW} = 3{,}2\ \text{kW}$$

b) Die zu verrichtende Hubarbeit beträgt:

$$W = m \cdot g \cdot h = 3\,000\ \text{kg} \cdot 9{,}81\ \frac{\text{N}}{\text{kg}} \cdot 160\ \text{m} \approx 4{,}7\ \text{MJ}$$

Für die benötigte Zeit ergibt sich:

$$P_{nutz} = \frac{W}{t} \quad \Rightarrow \quad t = \frac{W}{P_{nutz}} \approx \frac{4{,}7 \cdot 10^6\ \text{J}}{3{,}2 \cdot 10^3\ \text{W}} \approx 1\,470\ \text{s} = 24{,}5\ \text{min}$$

106. a) Die gesuchte Kraft F_1 übt der Radler auf einer Streckenlänge von $s_1 = 20$ m aus, die verrichtete Arbeit ist also einerseits $W_1 = F \cdot s$. Andererseits gilt wegen $P_1 = \frac{W_1}{t_1}$ auch $W_1 = P_1 \cdot t_1$. Gleichsetzen ergibt:

$$P_1 \cdot t_1 = F_1 \cdot s_1 \quad \Rightarrow \quad F_1 = \frac{P_1 \cdot t_1}{s_1} = \frac{1\,200\ \text{W} \cdot 2{,}5\ \text{s}}{20\ \text{m}} = 150\ \text{N}$$

b) Löst man die analoge Gleichung $P_2 \cdot t_2 = F_2 \cdot s_2$ nach P_2 auf, erhält man:

$$P_2 = \frac{F_2 \cdot s_2}{t_2} = \frac{300\ \text{N} \cdot 10\ \text{m}}{1{,}5\ \text{s}} = 2{,}0\ \text{kW}$$

c) Die Beschleunigungsarbeit $P_2 \cdot t_2$ wurde vollständig in kinetische Energie umgewandelt, es gilt also:

$$P_2 \cdot t_2 = \frac{1}{2} m \cdot v^2$$

$$\Rightarrow \quad v = \sqrt{\frac{2 \cdot P_2 \cdot t_2}{m}} = \sqrt{\frac{2 \cdot 2\,000\ \text{W} \cdot 1{,}5\ \text{s}}{60\ \text{kg}}} = \sqrt{100}\ \frac{\text{m}}{\text{s}} = 10\ \frac{\text{m}}{\text{s}}$$

Anmerkung: Falls Unsicherheit bei der Rechnung besteht, lässt sich stets eine Einheitenüberprüfung durchführen, so wie hier:

$$\sqrt{\frac{Ws}{kg}} = \sqrt{\frac{J}{kg}} = \sqrt{\frac{Nm}{kg}} = \sqrt{N \cdot \frac{m}{kg}} = \sqrt{\frac{kgm}{s^2} \cdot \frac{m}{kg}} = \sqrt{\frac{m^2}{s^2}} = \frac{m}{s}$$

107. a) Die verrichtete Arbeit ist Hubarbeit, das Fahrzeug hat nachher mehr Höhenenergie als vorher. Für den Betrag dieser Arbeit ergibt sich:

$W = m \cdot g \cdot h = 1\,000\ kg \cdot 9{,}81\ \frac{N}{kg} \cdot 800\ m = 7{,}848\ MJ$

b) Da die Steigung der Passstraße konstant ist, kann man sie als schiefe Ebene auffassen (siehe Abbildung). Die Dreiecke, die die drei Kraftpfeile sowie die drei Kanten der schiefen Ebene aufspannen, sind ähnlich. Somit sind die Seitenverhältnisse gleich und es gilt:

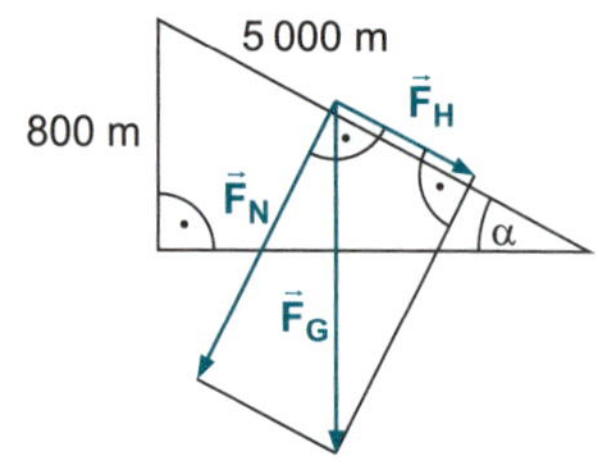

$$\frac{F_H}{F_G} = \frac{800\ m}{5\,000\ m}$$

$$\Rightarrow\ F_H = \frac{800\ m}{5\,000\ m} \cdot F_G = \frac{800}{5000} \cdot m \cdot g = \frac{800}{5\,000} \cdot 1\,000\ kg \cdot 9{,}81\ \frac{N}{kg} \approx 1{,}57\ kN$$

c) Bei Dauerfahrt an diesem Hang muss der Motor stets gegen die Hangabtriebskraft arbeiten. Seine Leistung ist $P = \frac{F_H \cdot s}{t} = F_H \cdot \frac{s}{t} = F_H \cdot v$ und damit:

$$v = \frac{P}{F_H} = \frac{2{,}5 \cdot 10^4\ W}{1{,}57 \cdot 10^3\ N} \approx 15{,}92\ \frac{m}{s} \approx 57\ \frac{km}{h}$$

d) Die Fahrtzeit ist wegen $v = \frac{\Delta x}{\Delta t}$:

$$\Delta t = \frac{\Delta x}{v} = \frac{5\,000\ m}{16\ \frac{m}{s}} = 312{,}5\ s = 5{,}2\ min$$

108. Für die elektrische Leistungsaufnahme der Waschmaschine ergibt sich:

$P_{el} = U \cdot I = 230\ V \cdot 11{,}0\ A = 2\,530\ W = 2{,}53\ kW$

An dieser Stelle bieten sich zwei Wege an, um die Kosten zu ermitteln. Bei der ersten (und etwas umständlicheren) Methode wird zunächst die gesamte elektrische Arbeit der Maschine während eines Waschgangs ermittelt:

$W_{el} = 2\,530\ W \cdot 50\ min = 2\,530\ W \cdot 3\,000\ s = 7{,}59\ MJ$

Da 1 kWh = 3,6 MJ gilt, erhält man:

$W_{el} = \frac{7{,}59}{3{,}6}\ kWh \approx 2{,}11\ kWh$

Die Kosten betragen daher $2{,}11\ kWh \cdot 32\ \frac{Cent}{kWh} \approx 67{,}5$ Cent.

Die zweite (und elegantere) Methode vermeidet die Umrechnung in die Einheit Joule: Bei einer Leistungsaufnahme von $P_{el} = 2{,}53$ kW würde in einer Stunde genau die Arbeit $W_{el} = 2{,}53$ kWh nötig sein, während eines Waschgangs von 50 Minuten also die Arbeit:

$$\frac{50\,\text{min}}{60\,\text{min}} \cdot 2{,}53\,\text{kWh} \approx 2{,}11\,\text{kWh}$$

Dies führt wieder wie oben auf Energiekosten von 67,5 Cent.

109. Eine Spannungsänderung von 220 V auf 230 V bedeutet eine Anhebung um etwa 4,5 %.
Ein ohmscher Widerstand lässt aber wegen $I = \frac{U}{R}$ bei einer um 4,5 % höheren Spannung auch eine um 4,5 % höhere Stromstärke durch, sodass die aufgenommene Leistung sogar auf

$$P_{el}' = U' \cdot I' = 1{,}045 \cdot U \cdot 1{,}045 \cdot I = 1{,}092 \cdot P_{el}$$

wächst, also um 9,3 %. Damit steigen die Rechnungsbeträge tatsächlich um 9,3 % an.

110. a) Da mit dem Tauchsieder Wasser erhitzt wird, ist die abgegebene Wärmeenergie hier erwünscht. Deshalb kann man diesbezüglich nicht von Energieentwertung sprechen.

b) Mit $I = \frac{U}{R}$ folgt bei bekannter Versorgungsspannung $U = 110$ V und dem Widerstand $R = 10\ \Omega$ für die Leistung:

$$P_{el} = U \cdot I = U \cdot \frac{U}{R} = \frac{U^2}{R} = \frac{(110\,\text{V})^2}{10\,\Omega} = 1\,210\,\text{W}$$

111. a) Tatsächlich hat der Autor des Leserbriefs recht mit der Behauptung, dass ein eingeschaltetes Fahrlicht den Benzinverbrauch erhöht.
Die Beleuchtung wird zwar über die Batterie elektrisch versorgt, diese wiederum wird aber von der Lichtmaschine – einem vom Automotor betriebenen Generator – ständig wieder aufgeladen, d. h., die entnommene elektrische Energie wird auf diese Weise ersetzt. Für das Antreiben der Lichtmaschine ist mechanische Energie notwendig, die der Motor durch das Verbrennen von Treibstoff (chemische Energie) erzeugt. Der Benzinverbrauch wird folglich höher.

b) Für die Fahrbeleuchtung benötigt man zwei Glühlampen von etwa 60 W (Fahrlicht), zwei Rücklichter von etwa 5 W und eine Kennzeichenbeleuchtung mit etwa 5 W, insgesamt also etwa 135 W elektrische Leistung. Bei einem Motor mit 65 kW Leistung (entspricht 88 PS) macht dies etwa 0,2 % aus.

Nimmt man als durchschnittliches Fahrzeug eines mit 6 Liter Benzinverbrauch (Literpreis ca. 2,00 €) auf 100 km Fahrstrecke an und eine Jahresfahrleistung von 20 000 km, dann ergeben sich Treibstoffkosten von etwa

$$\frac{20\,000\text{ km}}{100\text{ km}} \cdot 6\,\ell \cdot 2{,}0\,\frac{€}{\ell} = 2\,400\text{ €}$$

pro Jahr. Schaltet man bei jeder Fahrt das Fahrlicht ein, fallen davon $0{,}2\,\% \cdot 2\,400\text{ €} = 4{,}80\text{ €}$ jährlich als Zusatzkosten an, monatlich also 40 Cent. Berücksichtigt man dabei noch, dass ohnehin etwa ein Drittel der Jahresstrecke bei Dunkelheit (und deshalb mit Licht) gefahren wird, dann reduziert sich dieser Mehrbetrag nochmals auf etwa 26,7 Cent pro Monat, also weniger als jede Unfallversicherung!
Das Argument der erhöhten Benzinrechnung überzeugt also keineswegs.

112. a) Wenn zwei Heizspiralen in Reihe geschaltet sind, haben sie zusammen einen Widerstand von 180 Ω. Damit sind insgesamt 90 Ω parallel zu 180 Ω geschaltet und es ergibt sich für den Gesamtwiderstand:

$$\frac{1}{R} = \frac{1}{90\,\Omega} + \frac{1}{180\,\Omega} = \frac{2}{180\,\Omega} + \frac{1}{180\,\Omega} = \frac{3}{180\,\Omega} = \frac{1}{60\,\Omega} \quad \Leftrightarrow \quad R = 60\,\Omega$$

Bei der Betriebsspannung von 230 V fließen demnach

$$I = \frac{U}{R} = \frac{230\text{ V}}{60\,\Omega} \approx 3{,}83\text{ A},$$

das liefert eine Leistung von etwa $P_{el} = U \cdot I = 230\text{ V} \cdot 3{,}83\text{ A} \approx 881\text{ W}$.

b) Bei einer Leistung von 881 W = 0,881 kW wird in einer Stunde eine Energie von 0,881 kWh umgesetzt, in 15 Minuten also der vierte Teil davon, nämlich ca. 0,22 kWh zu je 32 Cent. Der 15-minütige Betrieb kostet also ca. 7 Cent.

113. An dem Vorwiderstand fallen dann 230 V – 110 V = 120 V, also mehr als die Hälfte der Versorgungsspannung ab, die restlichen 110 V liegen an der Glühlampe an und lassen durch diese einen Strom der betriebsüblichen Stromstärke fließen. Dieser Strom fließt (wegen der Reihenschaltung) auch durch den Vorwiderstand und erzeugt dort eine sogenannte Verlustleistung, die größer ist als die Nutzleistung der Glühlampe:

$$\left.\begin{array}{l} P_L = U_L \cdot I \\ P_V = U_V \cdot I \end{array}\right\} \Rightarrow P_V = \frac{U_V}{U_L} \cdot P_L = \frac{120\text{ V}}{110\text{ V}} \cdot 60\text{ W} \approx 65{,}5\text{ W}$$

Die Energierechnung wird mehr als doppelt so teuer ausfallen.

114. Große „Energiefresser" sind z. B. Ölradiator, Föhn, Schnellkochplatte, Bügeleisen. Eher genügsame Geräte dagegen sind etwa Batteriewecker, Fernbedienungen, Mobiltelefon, Taschenrechner.

115. a) 170 € oder 17 000 Cent pro Jahr bedeuten bei einem kWh-Preis von 32 Cent eine umgesetzte Energie von

$$\frac{17\,000\,\text{Cent}}{32\,\frac{\text{Cent}}{\text{kWh}}} \approx 531\,\text{kWh}$$

an 365 Tagen, täglich also etwa $\frac{531\,\text{kWh}}{365} \approx 1{,}455\,\text{kWh}$. Dies entspricht einer stündlichen Energieaufnahme von etwa

$$\frac{1{,}455\,\text{kWh}}{24} \approx 0{,}061\,\text{kWh} = 61\,\text{Wh}$$

bzw. einer mittleren Leistung von etwa 61 W aller Standby-Schaltungen im Haushalt.

b) 13 Milliarden Kilowattstunden kosten „nur" etwa $1{,}3 \cdot 10^{10} \cdot 32$ Cent = 4,16 Mrd. €.
Deutschland gibt also mehr Geld für die Standby-Schaltungen aus, als seine Hauptstadt insgesamt an jährlichen Stromkosten hat.

116. Täglich 0,3 kWh zu je 32 Cent bedeuten (wenn man den Strompreis als konstant annimmt) in 15 Jahren Mehrkosten in Höhe von $15 \cdot 365 \cdot 0{,}3 \cdot 0{,}32\,€ \approx 526\,€$.
Die 150 € bei der Neuanschaffung des sparsameren Gerätes rechnen sich schon nach $\frac{150}{526} \cdot 15 \approx 4{,}3$ Jahren.

117. Eine Spannung von 5 V ist gleichbedeutend mit einer Potenzialdifferenz von 5 V, die Höhendifferenz in der Spannungsquelle muss also 5 betragen. Die Höhe 5 auf der einen Seite und die Höhe 0 auf der anderen Seite ändern sich jeweils bis zum Erreichen des ersten Widerstandes nicht. Auf die Spannung bezogen bedeutet das, dass die 5 V ungeschwächt an der Parallelschaltung anliegen sowie innerhalb dieser in allen Zweigen bis zum ersten Widerstand. Wir erhalten also zunächst folgendes Bild:

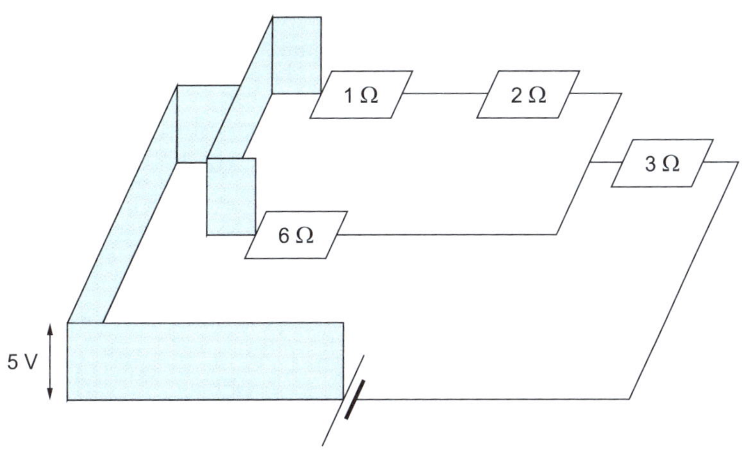

Wie nimmt nun das Potenzial bzw. fällt die Spannung innerhalb der Parallelschaltung ab? Dazu müssen wir ihren Widerstand kennen. Im „hinteren" Zweig liegen insgesamt 1 Ω + 2 Ω = 3 Ω, parallel geschaltet zu den „vorderen" 6 Ω, also folgt:

$$\frac{1}{R_{\text{Parallelschaltung}}} = \frac{1}{3\,\Omega} + \frac{1}{6\,\Omega} = \frac{3}{6\,\Omega} \quad \Leftrightarrow \quad R_{\text{Parallelschaltung}} = 2\,\Omega$$

Diese 2 Ω sind in Reihe geschaltet zu den 3 Ω auf der rechten Seite. Die Spannung von insgesamt 5 V fällt daher proportional zu den Widerständen ab, also 2 V an der Parallelschaltung und die restlichen 3 V am 3-Ω-Widerstand. Dementsprechend muss das Potenzial zwischen den Widerständen in der Parallelschaltung und dem 3-Ω-Widerstand 3 V betragen, die Leitung in der Zeichnung hat dort die Höhe 3:

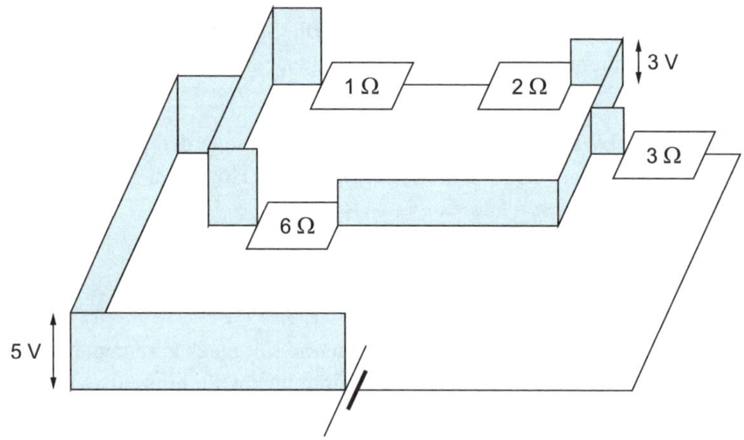

Innerhalb des „hinteren" Zweiges fallen also 2 V ab, und zwar wegen der Reihenschaltung im Verhältnis 1 zu 2 an den Widerständen 1 Ω und 2 Ω. Wir erhalten somit $\frac{1}{3} \cdot 2\text{ V} \approx 0{,}67\text{ V}$ Spannungsabfall am 1-Ω-Widerstand und $\frac{2}{3} \cdot 2\text{ V} \approx 1{,}33\text{ V}$ am 2-Ω-Widerstand. Wenn links vom 1-Ω-Widerstand das Potenzial 5 V beträgt und es in ihm um 0,67 V sinkt, dann beträgt es zwischen ihm und dem 2-Ω-Widerstand 4,33 V.

Das Bild sieht nun so aus:

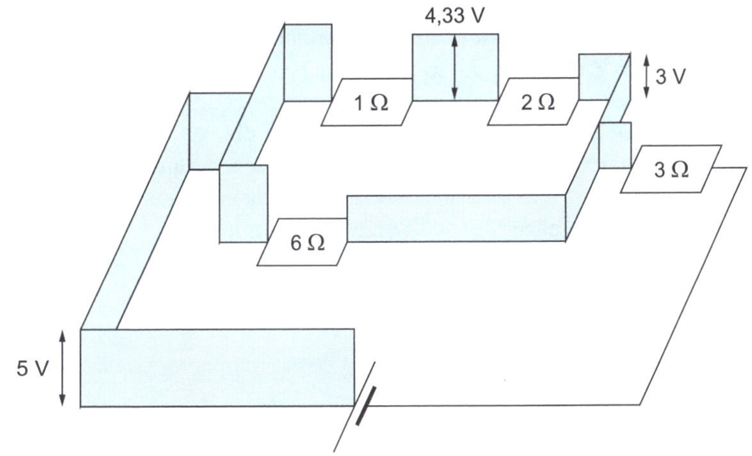

Innerhalb der Widerstände sinkt das Potenzial linear, damit erhalten wir den endgültigen Leitungsverlauf:

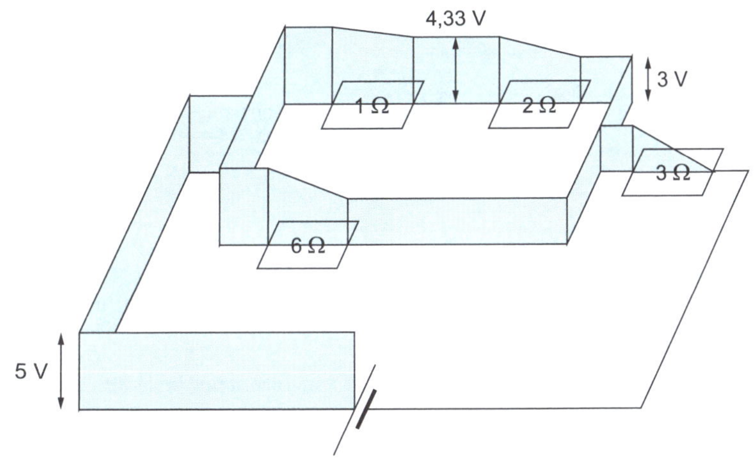

118. Im Kreisdiagramm sind die Kreissektoren, die zu erneuerbaren Energiequellen gehören, farbig gekennzeichnet. Der Anteil des Stromverbrauchs, der aus erneuerbaren Energien gewonnen wurde, ergibt sich zu etwa 46 %. Folglich wurden $0{,}46 \cdot 504\ \text{TWh} \approx 232\ \text{TWh}$ aus erneuerbaren Energiequellen gewonnen.

119. Wie das Kreisdiagramm im Detail aussieht, hängt ab von der Quelle, der Wahl der Anwendungsbereiche und dem Jahr, aus dem die Zahlen stammen. In jedem Fall ist deutlich ersichtlich, dass ein großer Teil der verbrauchten Energie für die Raumwärme benötigt wird. Auf Platz 2 liegt Warmwasser, gefolgt von weiteren Bereichen.
Das folgende Kreisdiagramm zeigt beispielhaft die Aufteilung der verbrauchten Energie auf die Anwendungsbereiche Raumwärme, Warmwasser, sonstige Prozesswärme (Kochen, Bügeln etc.), sonstige Elektrogeräte (z. B. Fernsehgeräte) und Beleuchtung im Jahr 2019.

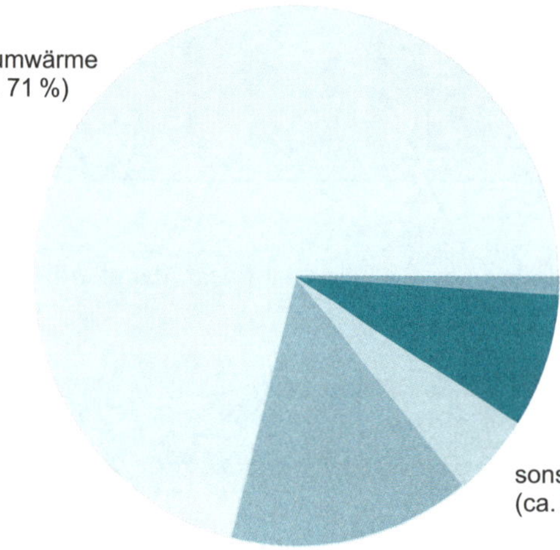

120. oben: Helium; Mitte: Helium und Quecksilber; unten: Natrium

121. Eine Strahlungsleistung von 1 000 W je Quadratmeter bedeutet, dass pro Sekunde und Quadratmeter 1 000 J Energie auf der Erde ankommen, das sind umgerechnet $1\,000 \cdot 6{,}25 \cdot 10^{18}$ eV $= 6{,}25 \cdot 10^{21}$ eV. Also treffen pro Sekunde

$$\frac{6{,}25 \cdot 10^{21}\,\text{eV}}{2{,}16\,\text{eV}} \approx 2{,}9 \cdot 10^{21}$$

auf jeden Quadratmeter.

122. Das Sonnenspektrum ist das Spektrum des Lichts, das von der Sonne nach Verlassen der Sonnenatmosphäre in den Weltraum abgestrahlt wird. Es kann mithilfe von Satellitenmessungen ermittelt werden. Vergleicht man die Intensitätsverteilung dieses Spektrums mit der Intensitätsverteilung des Sonnenlichts, das nach Durchlaufen der Erdatmosphäre auf der Erdoberfläche ankommt, kann man auf die Absorption durch die Erdatmosphäre schließen. Das Absorptionsspektrum der Erdatmosphäre ergibt sich als Summe der Absorptionsspektren der einzelnen Gase.

123. Die Erdatmosphäre besteht zu 99 % aus den beiden Gasen Stickstoff (7 und Sauerstoff (21 %). Die Simulation zeigt, dass weder Stickstoff noc Sauerstoff UV-Licht absorbieren, sie lassen es passieren. Ozon, das in bestimmten Schichten der Atmosphäre enthalten ist, absorbiert hinge einen Teil des UV-Lichts. Dies ist wichtig für uns Menschen, da UV schädlich für unseren Körper (insbesondere für Haut und Augen) ist